2023

Priscilla Milena **Simonato de Migueli**

Proteção Previdenciária do Filho Socioafetivo na Pensão por Morte

Dados Internacionais de Catalogação na Publicação (CIP) de acordo com ISBD

M636p   Migueli, Priscilla Milena Simonato de
     Proteção Previdenciária do Filho Socioafetivo na Pensão por Morte / Priscilla Milena Simonato de Migueli. - Indaiatuba, SP : Editora Foco, 2023.
     200 p. ; 16cm x 23cm.

       Inclui bibliografia e índice.
     ISBN: 978-65-5515-835-9

      1. Direito. 2. Direito previdenciário. 3. Filho Socioafetivo. 4. Pensão por Morte. I. Título.

2023-1783   CDD 341.67   CDU 34:368.4

Elaborado por Vagner Rodolfo da Silva – CRB-8/9410
Índices para Catálogo Sistemático:
    1. Direito previdenciário 341.67
    2. Direito previdenciário 34:368.4

Priscilla Milena Simonato de Migueli

Proteção Previdenciária do Filho Socioafetivo na Pensão por Morte

2023 © Editora Foco
Autora: Priscilla Milena Simonato de Migueli
Diretor Acadêmico: Leonardo Pereira
Editor: Roberta Densa
Assistente Editorial: Paula Morishita
Revisora Sênior: Georgia Renata Dias
Capa Criação: Leonardo Hermano
Diagramação: Ladislau Lima e Aparecida Lima
Impressão miolo e capa: FORMA CERTA

DIREITOS AUTORAIS: É proibida a reprodução parcial ou total desta publicação, por qualquer forma ou meio, sem a prévia autorização da Editora FOCO, com exceção do teor das questões de concursos públicos que, por serem atos oficiais, não são protegidas como Direitos Autorais, na forma do Artigo 8º, IV, da Lei 9.610/1998. Referida vedação se estende às características gráficas da obra e sua editoração. A punição para a violação dos Direitos Autorais é crime previsto no Artigo 184 do Código Penal e as sanções civis às violações dos Direitos Autorais estão previstas nos Artigos 101 a 110 da Lei 9.610/1998. Os comentários das questões são de responsabilidade dos autores.

NOTAS DA EDITORA:

Atualizações e erratas: A presente obra é vendida como está, atualizada até a data do seu fechamento, informação que consta na página II do livro. Havendo a publicação de legislação de suma relevância, a editora, de forma discricionária, se empenhará em disponibilizar atualização futura.

Erratas: A Editora se compromete a disponibilizar no site www.editorafoco.com.br, na seção Atualizações, eventuais erratas por razões de erros técnicos ou de conteúdo. Solicitamos, outrossim, que o leitor faça a gentileza de colaborar com a perfeição da obra, comunicando eventual erro encontrado por meio de mensagem para contato@editorafoco.com.br. O acesso será disponibilizado durante a vigência da edição da obra.

Impresso no Brasil (07.2023) – Data de Fechamento (07.2023)

2023
Todos os direitos reservados à
Editora Foco Jurídico Ltda.
Rua Antonio Brunetti, 593 – Jd. Morada do Sol
CEP 13348-533 – Indaiatuba – SP

E-mail: contato@editorafoco.com.br
www.editorafoco.com.br

Às minhas filhas Pietra e Helena,
que me ensinaram o amor mais puro e verdadeiro.

AGRADECIMENTOS

São tantas as pessoas e situações que me proporcionaram a coragem e incentivo para o ingresso no Doutorado e para a sua conclusão. Porém, antes de todas as pessoas e situações, agradeço a Deus que sempre esteve ao meu lado nos momentos de incerteza, de dificuldade e de felicidade. Sem Ele, nenhuma das minhas conquistas pessoais e profissionais teriam se concretizado.

Ao Professor Doutor Wagner Balera, que desde o meu ingresso no Mestrado da PUC/SP em 2009, inspirou-me e conduziu a minha trajetória acadêmica. Sempre atencioso e preciso no processo de orientação da tese. Sorte daqueles que são alunos do Professor Wagner Balera, pois aprendem a lecionar com dedicação e comprometimento.

Aos meus pais, Antonio Carlos Simonato e Maria Suzeti Ferri Simonato.

Meu pai que já não está mais entre nós, certamente, estaria muito orgulhoso com mais esta conquista. Ele que me despertou o olhar para o Direito e o incentivo para o estudo e realização profissional.

Minha mãe que, dia a dia, me inspira: como mãe e profissional. Como mãe, vibra com cada um dos meus passos exitosos e me consola nos momentos difíceis. Como profissional, fez-me despertar o amor pela docência, pois exerce há anos a carreira docente e demostrou-me ser plenamente possível conciliar a carreira profissional e o cuidado materno.

Ao meu marido Giuliano Rossi de Migueli, que me impulsiona e me encoraja para todos os desafios da vida pessoal e profissional. É ele que está ao meu lado diariamente e é meu apoio para enfrentar todos os obstáculos. É o exemplo de caráter empatia, respeito, leveza e competência.

Às minhas filhas, Pietra e Helena, que foram inspiradoras para a escolha do tema desta tese. Amor e afeto de filho é imensurável. É por elas e para elas todas as minhas conquistas profissionais. Talvez, hoje eu seja para elas um exemplo e uma fonte de inspiração. Na verdade, elas que são para mim exemplo e inspiração. Pietra me ensina a ter disciplina com os estudos, foco, perseverança e garra. Helena, com o seu jeito carinhoso, fez nascer em mim um lado mais amável e afetuoso. Entende que não é sempre que se vence, mas é a primeira a torcer para que tudo corra bem. É aquela que impulsiona.

Não poderia deixar de agradecer à "minha avó", forma carinhosa que ela gostava de ser chamada. Vó Landa, que horas antes da sua partida, como se soubesse que aquela seria a nossa última conversa, aconselhou-me sobre diversos assuntos, entre eles, sobre o meu prosseguimento nos estudos e na condução do meu escritório de advocacia. Ela foi e sempre será um exemplo de mulher!

À minha irmã Geisla, que é parceira de vida. É irmã, sócia, revisora de artigos e de tese. É aquela que compartilha comigo os pensamentos do Direito, principalmente do Direito Previdenciário. Sem ela, não conseguiria conciliar a advocacia, a docência e a escrita desta tese.

À minha sogra Vera, que se desdobra a cada compromisso profissional que eu tenho para que eu possa exercê-lo com tranquilidade e dedicação, enquanto ela cuida com muito carinho das minhas filhas.

Ao meu sogro Libério, que me acolheu como filha e torce e vibra por cada conquista profissional.

À Faculdade de Direito de São Bernardo do Campo, instituição em que me graduei em 2006 e tenho a honra de ser Professora Titular de Direito do Trabalho e Previdência Social, desde 2022. Agradeço pelo incentivo acadêmico e pelo fomento financeiro na reta final da conclusão do Doutorado.

A toda equipe do escritório Simonato Advogados, que compreendeu minha ausência, principalmente no momento de elaboração da tese.

Ao Instituto dos Advogados Previdenciários – IAPE, que estou como Presidente desde 2020. É o instituto do meu coração e local em que pude, pela primeira vez, proferir uma palestra em 2006, quando eu ainda era estudante da graduação. Agradeço desta forma, ao Prof. Dr. Hélio Gustavo Alves, que naquele ano presidia o instituto e confiou a mim esta responsabilidade. Sem dúvida, foi o incentivo que eu precisava para despertar o amor pela docência.

Ao Prof. Dr. Miguel Horvath Júnior, que me orientou na elaboração da dissertação do Mestrado concluído na PUC/SP em 2012. Sempre atencioso e disposto a compartilhar material e pesquisas para elaboração de artigos e textos acadêmicos.

A todos os professores da PUC/SP, principalmente aos que compõem a banca avaliadora da tese.

A todos os filhos e pais socioafetivos, que esta tese contribua para que seja concretizada a proteção social tão necessária a toda sociedade.

PREFÁCIO

É fato e esperança que a humanidade caminha rumo à civilização do amor, já profetizada por São Paulo VI.

Nesse contexto e nesse rumo a afetividade se infiltra de modo nas instituições e colore, por assim dizer, todos os critérios de interpretação da fenomenologia jurídica.

É bem verdade, igualmente, que o Direito Previdenciário, em sua qualidade de instrumento de luta dos trabalhadores em busca de melhores condições de vida e, igualmente de vanguarda da compreensão das mudanças nas relações socioafetivas – não é demais lembrar que a qualidade do filho de qualquer condição foi por primeiro reconhecida em nossa seara especializada do Direito, ainda quando o código de 1916 se mostrava, no particular, mais retrógrado do que as Ordenações – há de acolher as expressões de afetividade que brotam numa sociedade demarcada por profundas e inexplicáveis desigualdades.

De modo ousado, a tese doutoral que ora é dada à estampa, se situa no estágio avançado do pós-positivismo. E, graças ao instrumental científico, logra dar guarida ao notável escopo de proteção, pela via da pensão por morte, da filiação socioafetiva.

Para defender, com coragem, esse tema inovador e ousado, não faltou preparo técnico à sua autora.

Com efeito, para além das questões patrimoniais que, por certo hão de estar na tela efetiva das preocupações do legislador – quem, afinal, custeará as prestações? – é de ser considerada a essencial dimensão da dignidade humana.

Advirto, que a questão do financiamento é essencial. E as reformas previdenciárias têm descurado das medidas urgentes e necessárias aptas a dar resposta às transformações da realidade demográfica, estatística e econômica as impõe.

E Priscilla Milena Simonato de Migueli cuidou de e se forrar do tão indispensável preparo, de arte a demonstrar – como acaba de fazer – sua inovadora proposta.

Percorreu com tenacidade os degraus do Mestrado e do Doutorado em Direito Previdenciário na Pontifícia Universidade Católica de São Paulo, que foram acompanhados *pari passu* por mim, na qualidade de seu orientador.

Enfrentou, em pleno curso de elaboração de sua tese, o árduo concurso para a Cadeira de Direito do Trabalho e Seguridade Social da prestigiosa Faculdade de Direito de São Bernardo do Campo do qual saiu vitoriosa. Tem se relevado, aliás, docente didática e admirada por seu preparo técnico e bom apuro no preparo das respectivas lições.

Com dedicação e competência, exerce a advocacia previdenciária e não descura de cuidar da organização profissional desse setor do mercado de trabalho jurídico, mediante a função que exerce como Presidente do IAPE – Instituto dos Advogados Previdenciários, esse que tem sido um lócus cuja folha de serviços só cresce em favor da competente missão profissional a que nos dedicamos.

Em suma, estamos diante de obra que nos obrigará a pensar no tema e no problema da condição humana e na medida em que bem poderemos dar-lhe o devido encaminhamento.

Que tenha uma feliz acolhida!

Wagner Balera
Professor Titular da Faculdade de Direito Pontifícia Universidade Católica de São Paulo.

SUMÁRIO

AGRADECIMENTOS... VII

PREFÁCIO IX

1. INTRODUÇÃO.. 1

2. A MORTE COMO RISCO SOCIAL... 13
    2.1   Da proteção social 13
    2.2   O risco social.. 15
    2.3   Conceito de morte do Direito Civil.. 18

3. DA PENSÃO POR MORTE... 25
    3.1   Da ausência de carência 26
    3.2   Da qualidade de segurado 27
    3.3   Do recolhimento *post mortem* 33
    3.4   Da data de início da relação jurídica do benefício (DIB) da pensão por morte.. 36
    3.5   Da habilitação provisória ao benefício de pensão por morte 40
    3.6   Da extinção da relação jurídica da pensão por morte devida aos dependentes filhos do segurado.. 42
    3.7   Do critério pessoal... 46
    3.8   Do critério quantitativo 46

4. DOS FILHOS COMO DEPENDENTES DO SEGURADO – CRITÉRIO PESSOAL DO RECEBIMENTO DA PENSÃO POR MORTE 51
    4.1   Da historicidade da proteção concedida aos dependentes do segurado .. 51
    4.2   Da proteção aos dependentes após a promulgação da Constituição Federal de 1988... 53
    4.3   Da comprovação de dependência econômica dos filhos e das pessoas a eles equiparadas.. 56

4.3.1 A presunção de dependência econômica dos filhos e o limite etário para o seu reconhecimento	60
4.3.2 Dos filhos inválidos	67
4.3.3 Dos filhos com deficiência intelectual, mental ou deficiência grave..	69
4.4 A igualdade jurídica entre os filhos – uma análise da historicidade da proteção constitucional	71
4.5 Das pessoas equiparadas a filho(a)..	75
4.5.1 Enteado	76
4.5.2 Do menor tutelado..	77
4.5.3 Menor sob guarda..	78
4.5.4 Da adoção..	84
5. A CARACTERIZAÇÃO JURÍDICA DA FILIAÇÃO SOCIOAFETIVA..................	89
5.1 Possibilidade de reconhecimento da filiação socioafetiva na Constituição de 1988	91
5.2 Possibilidade do reconhecimento da filiação socioafetiva no Código Civil de 2002	100
5.3 Possibilidade de reconhecimento da filiação socioafetiva em instrumentos jurídicos internacionais	111
5.4 Possibilidade do reconhecimento da filiação socioafetiva no Estatuto da Criança e do Adolescente..	124
6. A POSSIBILIDADE DE CONCESSÃO DO BENEFÍCIO DE PENSÃO POR MORTE AOS FILHOS SOCIOAFETIVOS..	131
6.1 Do pensamento sistemático ao pensamento problemático e sistêmico: a possibilidade de concessão da pensão por morte nas relações socioafetivas..	131
6.2 A filiação socioafetiva na pensão por morte e a aplicabilidade prática: a perspectiva dos tribunais superiores – STF e STJ..	153
7. CONCLUSÃO..	171
REFERÊNCIAS..	177

1
INTRODUÇÃO

— Sabe, Portuga, se você não me quer, não faz mal. Eu não queria fazer você chorar... Ele alisou demoradamente os meus cabelos. — Não é isso, meu filho. Não é isso. A vida a gente não resolve assim de uma só manobra. Mas eu vou te propor uma coisa. Não poderei tirar-te dos teus pais nem da tua casa. Se bem que gostasse muito de o fazer. Isso não é direito. Mas de agora em diante, eu que gostava de ti como um filhinho, vou te tratar como se fosses mesmo o meu filho. Eu me ergui exultante. — Verdade, Portuga? — Posso até jurar, como tu sempre dizes. Fiz uma coisa que raramente fazia ou gostava de fazer com os meus familiares. Beijei o seu rosto gordo e bondoso...[1]

Se a arte imita a vida,[2] em 1968 a literatura brasileira já evidenciava que o afeto é base das relações familiares. Na obra literária "Meu pé de laranja lima" de José Mauro de Vasconcelos, o personagem principal é uma criança, chamada Zezé, que precisou crescer cedo demais. Vivia num lar agressivo, sem afeto dos pais, e encontrou em uma terceira pessoa, o Portuga, a relação familiar baseada no afeto, premissa básica e fundamental para que se possa compreender a tese central da presente pesquisa: a proteção previdenciária da relação familiar socioafetiva no benefício da pensão por morte depende da comprovação de afeto.

Segundo a Associação Nacional dos Registradores de Pessoas Naturais – Arpen-Brasil, em todo o território nacional, em 2021, 6% das pessoas que nasceram não receberam o nome do pai. São, ao todo, 96.282 crianças sem o nome do pai no registro de nascimento, das 1.586.938 pessoas nascidas registradas pelos cartórios em todo o Brasil.

Outro fato é que, já nos primeiros sete meses do ano de 2022, o Brasil registrou mais de 100 mil pessoas sem o nome do pai. Ademais, o número é expressivo, sendo o maior para o período desde 2016, quando foi lançada a Central de Informações do Registro Civil, que interliga dados dos registros de nascimento em todo o Brasil.[3] Esse número expressivo de crianças sem o reconhecimento do

---

1. VASCONCELOS, José Mauro de. *Meu pé de Laranja Lima*. 3. ed. São Paulo: Melhoramento, 1968, p. 159.
2. Aristóteles. *Física I-II*: prefácio, tradução, introdução e comentários: Lucas Angioni. Campinas, SP: Editora da Unicamp, 2009.
3. MAIS DE 100 MIL CRIANÇAS FORAM REGISTRADAS SEM O NOME DO PAI EM 2022, DIZ LEVANTAMENTO. *Associação Nacional dos Registradores de Pessoas Naturais (Arpen-Brasil)*. 2022.

pai no registro de nascimento reflete uma cultura nacional de ausência de afeto e responsabilidade do pai biológico. Essa premissa é necessária para compreender a tese que se propõe na presente pesquisa.

Sabe-se que o conceito de família vem passando por transformações culturais, assim como a hermenêutica jurídica recebe influência do momento jusfilosófico do pós-positivismo. O pós-positivismo é uma perspectiva filosófica do Direito que busca estabelecer uma relação entre direito e a ética por meio da relação entre valores, princípios e regras, juntamente com a inserção da teoria dos direitos fundamentais.[4]

Essa inserção da teoria dos direitos fundamentais constituiu uma verdadeira virada ontológica no pensamento filosófico do Direito, em meados da segunda metade do século XX, que estabeleceu a dignidade da pessoa humana como o centro do ordenamento jurídico.

A virada ontológica ocorreu fundamentalmente com base no conceito de dignidade da pessoa humana evidenciado por Kant. Para Kant, no reino dos fins tudo possui preço ou dignidade. Quando uma coisa está acima de todo o preço, não podendo ser substituída, possui então dignidade. Assim, coisas têm preço, já pessoas têm um valor absoluto, que é a dignidade. Ademais, cada pessoa é um fim em si mesma, detentora de dignidade. Já as coisas podem ser utilizadas discricionariamente.[5] Com base nisso, Kant desenvolve o conceito de dignidade da pessoa humana, que é a base da teoria dos direitos fundamentais e da teoria dos direitos humanos.

Os direitos fundamentais são, portanto, todos os direitos que se relacionam com a dignidade da pessoa humana e encontram-se insculpidos internamente dentro das Constituições das ordens jurídicas diversas. Já os direitos humanos também são os direitos que se relacionam com a dignidade da pessoa humana, porém, encontram-se consagrados em instrumentos jurídicos internacionais, atingindo diversas ordens jurídicas que se relacionam por meio do direito internacional.

Foi com base no conceito kantiano de dignidade da pessoa humana que ocorreu, na segunda metade do século XX, no contexto das guerras mundiais, uma necessidade social de valorização do ser humano, diante de tantas violações de direitos que ocorreram nesse período de guerras mundiais. Apesar de Kant

---

Disponível em: https://arpenbrasil.org.br/mais-de-100-mil-criancas-foram-registradas-sem-o-nome-do-pai-em-2022-diz-levantamento. Acesso em: 10 out. 2022.
4. ALEXY, Robert. *Teoria dos direitos fundamentais*. São Paulo: Malheiros, 2015.
5. KANT, Immanuel. *Fundamentação da metafísica dos costumes*. Trad. Paulo Quintela. Lisboa, Portugal: Edições 70, 2007.

ter desenvolvido o conceito de dignidade da pessoa humana em 1785, quando a "Fundamentação da Metafísica dos Costumes"[6] foi publicada pela primeira vez, o conceito de dignidade da pessoa humana é retomado no período pós-guerra, ocorrendo uma virada ontológica no paradigma da filosofia do Direito. Isso porque, a dignidade da pessoa humana passa a ser o centro do ordenamento jurídico.

Nesse contexto, Luigi Ferrajoli escreve que os direitos fundamentais são direitos subjetivos que podem ser atribuídos a todos os seres humanos, universalmente, somente pelo fato de serem pessoas com capacidade de agir.[7] É exatamente essa capacidade de agir, essa racionalidade intrínseca, que qualifica o ser humano como fim em si, não podendo ser utilizado como meio para nada.

A tese desta pesquisa utiliza principalmente o paradigma filosófico pós-positivo do Direito, com base na teoria de Alexy,[8] para responder sobre a possibilidade de pensão por morte nas relações familiares de filiação socioafetiva. Isso porque, entende a pensão por morte nas relações familiares de filiação socioafetiva como um direito fundamental decorrente da interpretação valorativa.

Pautar-se pelo paradigma das teorias pós-positivistas de Alexy e Dworkin significa, preliminarmente, entender que o Direito constitui um sistema ordenado e aberto, constituído por regras, princípios e valores. Significa, também, compreender que esse sistema ordenado[9] afere sua validade por meio dele próprio, sendo que as normas inferiores extraem seu fundamento de validade nas normas superiores, estabelecendo uma verdadeira compatibilidade vertical interna a esse sistema. Por meio desse sistema, a Constituição Federal ocupa o ápice da estrutura, sendo fundamento de validade de todas as espécies normativas.

Quando se analisa o direito como um sistema ordenado, não se pode interpretar a norma somente pela interpretação gramatical, típica do positivismo. O mesmo acontece com o benefício previdenciário da pensão por morte.

A partir do neoconstitucionalismo,[10] que determinou a chegada da constituição e dos direitos fundamentais, centrados na dignidade da pessoa humana,

---

6. KANT, Immanuel. *Fundamentação da metafísica dos costumes*. Trad. Paulo Quintela. Lisboa, Portugal: Edições 70, 2007.
7. FERRAJOLI, Luigi. *Derechos y garantias*: la ley del más débil. Trad. para o espanhol: Perfecto Andrés Ibánez e Andrea Greppi. Madri: Editorial Trotta, 2004. p. 37.
8. ALEXY, Robert. *Teoria dos direitos fundamentais*. São Paulo: Malheiros, 2015.
9. BALERA, Wagner. *Noções Preliminares de Direito Previdenciário*. São Paulo: Quartier Latin, 2010, p. 103.
10. A termo "neoconstitucionalismo" foi utilizado pela primeira vez por Susanna Pozzolono no XVIII Congresso Mundial de Filosofia Jurídica e Social, em 1997, em Buenos Aires, e fazia referência a um grupo específico de jusfilósofos que se comportavam de uma maneira particular no Direito: Ronald Dworkin, Robert Alexy, Gustavo Zagrebelsky e Carlos Santiago Nino. POZZOLO, Susanna. *Neoconstitucionalismo y especificidad de la interpretación constitucional*. Doxa, v. 21, n. II, p. 339.

para o centro do ordenamento jurídico, não se pode mais conceber a interpretação da norma jurídica somente em seu sentido literal, ou gramatical, mas sim em conjunto com todo o ordenamento jurídico.

Os princípios são concebidos então, no neoconstitucionalismo e no pós-positivismo, como vetores de interpretação capazes de fazer uma adequação das regras ao momento vivido pela sociedade. Segundo Miguel Reale, os princípios ocupam posição de destaque com relação às regras, por se aproximarem do conceito de valores, mas não são qualquer tipo de valores, são valores que foram comprovados pela prática em determinado momento histórico da sociedade.[11]

Embora relacionados, para Alexy, valores e princípios são conceitos distintos, e devem ser avaliados em campos distintos, quais sejam, os deontológicos e os axiológicos. Os conceitos deontológicos são conceitos de dever ser. Já os conceitos axiológicos são conceitos de bom, e são utilizados quando algo é classificado como bonito, corajoso, dentre outros.[12]

Ao estabelecer essa diferença básica, Alexy consegue diferenciar os princípios dos valores, dizendo que princípios são mandamentos de otimização. Como mandamentos, pertencem ao campo deontológico. Valores, por sua vez, fazem parte do conceito axiológico. Dessa maneira, os valores, para que possuam força normativa a fim de produzir consequências jurídicas, são introduzidos no ordenamento jurídico como princípios.[13]

Dessa forma, dentro das relações privadas, em especial nas relações de Direito Civil e, mais especificamente, nas relações de Direito de Família, ocorre uma evolução, ou revolução, centrada na afetividade. É o afeto, o valor para a razão jurídica, que determina as relações existenciais familiares.

Reconhece-se nesta pesquisa a diferença conceitual entre paternidade e maternidade socioafetivas. No entanto, usar-se-á o termo paternidade socioafetiva sem distinção da maternidade socioafetiva, por questões de fluidez textual, coerência e coesão. Ademais, usar-se-á também o termo parentalidade para englobar mais do que a paternidade ou a maternidade biológica, ou seja, para incluir também a paternidade e a maternidade socioafetiva.

Justifica-se a presente tese, pois as famílias, que antes eram constituídas por pai, mãe e filhos, e que coabitavam a mesma casa, apresentam, hodiernamente, um grau mais complexo e desafiador na sua formação. Não existe mais um modelo pré-concebido, em que pese existirem algumas nomenclaturas

---

11. REALE, Miguel. *Lições Preliminares de Direito*. 24 ed. São Paulo: Saraiva, 1998, p. 305.
12. ALEXY, Robert. *Teoria dos direitos fundamentais*. São Paulo: Malheiros, 2015.
13. GUERRA FILHO, Willis Santiago. *Teoria da Ciência Jurídica*. 2 ed. São Paulo: Saraiva, 2009, p. 150.

não taxativas, como a família tradicional ou patriarcal,[14] a união estável,[15] a família homoafetiva,[16] a família paralela ou simultânea,[17] a família poliafetivas,[18] a família monoparental,[19] a família anaparental,[20] a família composta, pluriparental ou mosaico,[21] a família natural, extensa ou ampliada,[22] a família

---

14. Família tradicional ou patriarcal é a família do artigo 1.514 do Código Civil de 2022, formada pelo casamento entre homem e mulher. Artigo 1.514. O casamento se realiza no momento em que o homem e a mulher manifestam, perante o juiz, a sua vontade de estabelecer vínculo conjugal, e o juiz os declara casados. BRASIL. Código Civil de 2022. Disponível em: Acesso em: https://www.planalto.gov.br/ccivil_03/leis/2002/l10406compilada.htm. 5 nov. 2022.
15. A união estável se difere da família tradicional pela característica da informalidade. Não existe um casamento formal perante um juiz. A união ocorre por meio do afeto e a sociedade toma conhecimento da união e da formação da família, consistindo em um fato público, duradouro, contínuo e notório. Embora o Código Civil só admita a união estável entre homens e mulheres, existe o entendimento jurisprudencial de que a união estável pode ser reconhecida entre indivíduos de qualquer sexo, seja casal heterossexual, seja casal homoafetivo, desde que presentes os demais requisitos previstos em lei.
16. São as famílias decorrentes da união de pessoas do mesmo sexo. MATOS, Alexandra Gomes dos Santos. A família e a sexualidade no Direito: uma proposta de fortalecimento da democracia brasileira por meio do letramento vernacular. *Revista Direito e Sexualidade*. ISSN 2675-3596. Salvador, v. 3, n. 1, p. 59-78, jan./jun. 2022.
17. A família paralela ou simultânea é formada com uniões estáveis ou casamentos durante o mesmo período. Em outras palavras, o homem ou a mulher, sendo casados, constituem outra família. As famílias simultâneas são frequentes na sociedade, principalmente no universo masculino, em decorrência da cultura machista que naturaliza esse comportamento, mas que condena, de igual forma, quando se trata de mulheres. A família paralela ainda não se encontra positivada no ordenamento jurídico brasileiro. Por isso, o STF se posiciona de forma contrária à existência de famílias paralelas no Brasil, negando a realidade social, sob o fundamento de que o direito brasileiro é monogâmico. MATOS, Alexandra Gomes dos Santos. A família e a sexualidade no Direito: uma proposta de fortalecimento da democracia brasileira por meio do letramento vernacular. *Revista Direito e Sexualidade*. ISSN 2675-3596. Salvador, v. 3, n. 1, p. 59-78, jan./jun. 2022.
18. A família poliafetiva é formada por uma mulher que tem dois ou mais homens e vivem felizes ou, de outra forma, um homem e duas ou mais mulheres. MATOS, Alexandra Gomes dos Santos. A família e a sexualidade no Direito: uma proposta de fortalecimento da democracia brasileira por meio do letramento vernacular. *Revista Direito e Sexualidade*. ISSN 2675-3596. Salvador, v. 3, n. 1, p. 59-78, jan./jun. 2022.
19. A família monoparental é formada pela presença de um dos genitores (pai ou mãe) e os filhos. MATOS, Alexandra Gomes dos Santos. A família e a sexualidade no Direito: uma proposta de fortalecimento da democracia brasileira por meio do letramento vernacular. *Revista Direito e Sexualidade*. ISSN 2675-3596. Salvador, v. 3, n. 1, p. 59-78, jan./jun. 2022.
20. A família anaparental é formada entre pessoas que têm uma relação de parentesco entre si, porém, sem conjugalidade e sem vínculo de ascendência ou descendência, como irmãos e primos. MATOS, Alexandra Gomes dos Santos. A família e a sexualidade no Direito: uma proposta de fortalecimento da democracia brasileira por meio do letramento vernacular. *Revista Direito e Sexualidade*. ISSN 2675-3596. Salvador, v. 3, n. 1, p. 59-78, jan./jun. 2022.
21. A família composta, pluriparental ou mosaica ocorre quando uma mulher e um homem se unem para formar uma nova família com os seus respectivos filhos de casamentos anteriores, refletindo o elevado número de divórcios no Brasil. MATOS, Alexandra Gomes dos Santos. A família e a sexualidade no Direito: uma proposta de fortalecimento da democracia brasileira por meio do letramento vernacular. *Revista Direito e Sexualidade*. ISSN 2675-3596. Salvador, v. 3, n. 1, p. 59-78, jan./jun. 2022.
22. Os conceitos de família natural e extensa ou ampliada encontram-se no artigo 25 e parágrafo único do Estatuto da Criança e do Adolescente: Artigo 25. Entende-se por família natural a comunidade formada pelos pais ou qualquer deles e seus descendentes. Parágrafo único. Entende-se por família extensa ou ampliada aquela que se estende para além da unidade pais e filhos ou da unidade do casal,

substituta,²³ a família eudemonista,²⁴ dentre outras. No entanto, impera a racionalidade jurídica fundamentada na relação de afeto.

No entanto, a norma jurídica insiste em excluir algumas relações socioafetivas do núcleo familiar, dificultando a concessão administrativa da pensão por morte. Surge então um exercício hermenêutico mais aprofundado para garantir o direito à pensão por morte, fazendo com que a concessão do benefício seja mais difícil ou demore mais.

Os objetivos específicos da presente pesquisa são abordados nos capítulos. O Capítulo 2 traz a dogmática previdenciária da morte como risco social. É importante que se compreenda o que é risco social, bem como o conceito de morte positivado pelo legislador do Código Civil de 2022, para que, numa interpretação sistemática, seja compreensível o instituto da morte como um risco social coberto pela doutrina do Direito previdenciário, propiciador no benefício da pensão por morte.

O Capítulo 3 aborda as peculiaridades do benefício previdenciário da pensão por morte. Inicia discorrendo sobre a relação jurídica propiciadora do benefício, que é a relação entre o segurado da previdência e os seus dependentes – sujeito ativo – e o Estado – sujeito passivo. Considerando que o segurado da previdência é toda pessoa física que exerce atividade, seja urbana ou rural, de maneira remunerada, com ou sem vínculo empregatício, bem como aquele que a lei define como tal, passa a abordar a relação do segurado com os dependentes, evidenciando o critério pessoal do benefício.²⁵ Importante destacar ainda que, há o segurado facultativo, que embora não exerça atividade remunerada, opta em verter contribuições para a Previdência Social para obter a proteção previdenciária.

---

formada por parentes próximos com os quais a criança ou adolescente convive e mantém vínculos de afinidade e afetividade. BRASIL. Estatuto da Criança e do Adolescente. Disponível em: https://www.planalto.gov.br/ccivil_03/leis/l8069.htm. Acesso em: 05 nov. 2022.

23. Os artigos 19 e 28 do Estatuto da Criança e do Adolescente discorrem sobre a família substituta: Artigo 19. É direito da criança e do adolescente ser criado e educado no seio de sua família e, excepcionalmente, em família substituta, assegurada a convivência familiar e comunitária, em ambiente que garanta seu desenvolvimento integral. Artigo 28. A colocação em família substituta far-se-á mediante guarda, tutela ou adoção, independentemente da situação jurídica da criança ou adolescente, nos termos desta Lei. BRASIL. Estatuto da Criança e do Adolescente. Disponível em: https://www.planalto.gov.br/ccivil_03/leis/l8069.htm. Acesso em: 05 nov. 2022.

24. A família eudemonista se refere à família que busca a plena realização de seus componentes, por meio do afeto recíproco, a consideração e o respeito, independente do vínculo biológico. MATOS, Alexandra Gomes dos Santos. A família e a sexualidade no Direito: uma proposta de fortalecimento da democracia brasileira por meio do letramento vernacular. *Revista Direito e Sexualidade*. ISSN 2675-3596. Salvador, v. 3, n. 1, p. 59-78, jan./jun. 2022.

25. O artigo 11 da Lei nº 8213/91 elenca todas as possibilidades de segurados da Previdência Social. Ainda, o artigo 15 da Lei nº 8.213/91 concede prazo de manutenção extraordinária da qualidade de segurado, fixando o instituto chamado de período de graça.

A essência da tese desta pesquisa reside exatamente em conferir uma nova interpretação para os dependentes dos segurados, para incluir, além dos dependentes tradicionais elencados no artigo 16 da Lei nº 8.213/91, todos os aspectos da filiação socioafetiva.

Ainda, o Capítulo 3 destaca o critério material do benefício, que é evidenciado pelo evento morte, propiciador do benefício. Posteriormente, aborda sobre a ausência de carência, ou seja, trata de não haver necessidade de que se comprove tempo de contribuição do segurado como requisito para a concessão do benefício. Em seguida, trata da fixação da data de início do benefício, que ocorre a partir da data do óbito ou da data da declaração de ausência, em caso de morte presumida.

Na sequência, trata do instituto da habilitação provisória ao benefício de pensão por morte, que consiste em um pedido que pode ser requerido judicialmente, servindo exclusivamente para fins de rateio dos valores com outros dependentes, sendo proibido o pagamento da respectiva cota até o trânsito em julgado da ação, ressalvada a existência de decisão judicial em contrário. Ademais, na referida ação judicial, o INSS poderá proceder à habilitação excepcional da referida pensão, apenas para efeitos de rateio, descontando-se os valores referentes a esta habilitação das demais cotas, vedado o pagamento da respectiva cota até o trânsito em julgado da ação, ressalvada a existência de decisão judicial em contrário.

Em seguida, aborda o término do benefício, que se dá de diversas maneiras, conforme as características de cada dependente. Trata do critério quantitativo, que delimita como é realizado o cálculo do benefício previdenciário da pensão por morte, observando, para isso, a base de cálculo com suas referidas alíquotas, que variam conforme o motivo da morte, se por acidente do trabalho ou não, conforme o gênero do dependente ou conforme a quantidade de dependentes. Mostra, por fim, as alterações na legislação que modificaram o cálculo no benefício, por meio da Emenda Constitucional 103/19.

O Capítulo 4 aborda a relação jurídica entre os filhos como dependentes do segurado, que constitui o sujeito ativo da relação jurídica previdenciária, acentuando o critério pessoal do recebimento da pensão por morte. O critério pessoal da pensão por morte consiste justamente em analisar quem é dependente do segurado. No âmbito desta pesquisa, o objeto foi delimitado para investigar, essencialmente, dentro dos dependentes do segurado, que podem ser os pais, o cônjuge, o companheiro, os irmãos, os que se relacionam juridicamente com o segurado por meio do instituto da filiação socioafetiva.

Dessa forma, o Capítulo 4 inicia pela historicidade da proteção concedida aos filhos como dependentes do segurado, passa pela proteção aos filhos como dependentes do segurado após a promulgação da Constituição Federal de 1988, entra na comprovação de dependência econômica dos filhos e das pessoas a ele equiparadas e aborda, ainda, a presunção de dependência econômica dos filhos e o limite etário para o seu reconhecimento com a proteção da pessoa com deficiência e inválida.

O Capítulo 5 aborda a caracterização jurídica da relação familiar socioafetiva no ordenamento jurídico brasileiro. Dessa forma, estabelece como premissa para a concessão do benefício previdenciário da pensão por morte aos filhos socioafetivos, o próprio reconhecimento da filiação socioafetiva pela ordem jurídica brasileira. Inicia discorrendo sobre a possibilidade de reconhecimento da relação de filiação socioafetiva na Constituição de 1988. Nesse tópico, utilizando-se da perspectiva do neoconstitucionalismo e da pós-positivista, analisa que a Constituição Federal de 1988, como norma fundamental e suprema para aferir o critério de validade de todas as normas do sistema do Direito, está preparada para valorar a filiação socioafetiva como compatível com o sistema do Direito, concebendo o princípio socioafetivo no direito previdenciário brasileiro. Posteriormente, aborda também a mesma possibilidade no Código Civil de 2002, nos instrumentos jurídicos internacionais e no Estatuto da Criança e do Adolescente.

O Capítulo 6, por fim, aborda a possibilidade de concessão do benefício de pensão por morte nas relações familiares socioafetivas de maneira mais palpável, demonstrando que, por meio da metodologia zetética, é possível estabelecer requisitos possibilidades da concessão do benefício, chegando a uma dogmática para a resolução da questão. Ademais, por meio da análise de conteúdo, analisa a concessão do benefício de pensão por morte na filiação socioafetiva sob a perspectiva do STF e do STJ.

Metodologicamente, a presente pesquisa desenvolve a tese da possibilidade de concessão da pensão por morte na filiação socioafetiva, sob o paradigma científico do pensamento problemático e sistêmico, utilizando-se da técnica de pesquisa zetética de Theodor Viehweg.

O pensamento sistêmico consiste em uma nova forma de pensar, que se contrapõe ao pensamento linear, mecanicista e reducionista decorrente da Revolução Científica do século XVII. A partir do século XVII, na chamada Revolução Científica, a atividade da ciência volta-se à construção de ferramentas voltadas a um saber mais exato e preciso.[26]

---

26. BARBOSA, Mohana Ribeiro. Alexandre Koyré e a Revolução Científica do século XVII: formulação de um novo conceito para a ciência experimental. *XXVI Simpósio Nacional de História*, p. 01-14, 2011.

O século XVII representa um marco importante para as invenções, de maneira que foi amplamente destacado pela história, sendo associado à valorização da experiência, na defesa do caráter supostamente empírico da ciência moderna. Nesse cenário, Francis Bacon é definido por Augusto Comte como o fundador dessa ciência, com base no método experimental. O paradigma científico do século XVII trata-se da oposição entre o saber puramente abstrato do mundo medieval e o saber objetivo e prático que nasceria no século XVII.[27]

Na área das ciências sociais, especialmente no Direito, o conhecimento foi organizado e sistematizado, atingindo seu ápice no positivismo jurídico de Kelsen, em meados do século XVIII, no contexto da Revolução Francesa, constituindo o paradigma sistemático, caracterizado essencialmente pela simplicidade e pela redução epistemológica do Direito à norma e ao ordenamento. A objetividade desse momento da ciência do Direito era representada pela crença da validade da lei e do ordenamento jurídico, cuja única forma de interpretação se dava pelo silogismo. Já a estabilidade era representada pelo dogma da completude do sistema jurídico.[28]

Já no século XX ocorre um novo desenvolvimento científico no qual os cientistas deixam de encontrar simplicidade, ordem e ordenação, com base no surgimento de novas descobertas, especialmente do mundo subatômico, que veio a questionar a possibilidade do conhecimento objetivo das partículas subatômicas. Dessa forma, foi reconhecida a *complexidade* dos fenômenos da natureza, a *instabilidade* dos fenômenos e a *impossibilidade* de se conceber *objetivamente a construção do conhecimento no mundo*.[29]

Na área da ciência do Direito, o século XX é marcado, principalmente no período pós-guerra, pelas preocupações a respeito da função social do Direito, bem como na proposta de abertura do sistema do Direito a fim de reaproximar o Direito da ética e a recuperação da retórica e da tópica herdada do Direito Romano clássico, como modos de interpretação jurídica, que haviam sido abandonados no paradigma do pensamento sistemático, no momento filosófico do Direito do positivismo.[30]

Viewweg desenvolveu a tópica, que consiste no método de investigação científica baseado em perquirir. Buscou seus fundamentos no Direito Romano clássico, na dialética aristotélica. A zetética tem por objetivo desenvolver a cons-

---

27. COMTE, Augusto. *Discurso preliminar sobre o espírito positivo*. Trad. Renato Barboza Rodrigues Pereira. Edição eletrônica: Ed. Ridendo Castigat Mores, 2002.
28. CANARIS, Claus-Wilhelm. *Pensamento sistemático e conceito de sistema na ciência do direito*. 2. ed. Lisboa: Fundação Calouste Gulbenkian, 1996.
29. DINIZ, Maria Helena. *Compêndio de introdução à ciência do direito*. 18. ed. São Paulo: Saraiva, 2007.
30. DINIZ, Maria Helena. *Compêndio de introdução à ciência do direito*. 18. ed. São Paulo: Saraiva, 2007.

ciência em torno das linhas temporal e cultural que estão a perpassar as práticas jurídicas, as normas jurídicas e a ciência jurídica. Dessa forma, a presente tese revisita institutos tradicionais do direito, como o conceito de família, da relação de filiação, paternidade, maternidade, questionando os institutos que são fundamentais para a compreensão da possibilidade de concessão da pensão por morte na filiação socioafetiva e propondo uma nova interpretação que leve em consideração o atual momento filosófico do Direito que é o pós-positivismo.

Questiona-se a axiologia presente na escolha de conteúdos de lei que regulamentaram, até aqui, o benefício previdenciário da pensão por morte, e, de maneira indissociável, questiona-se o existencialismo da relação de filiação socioafetiva e a sua dependência e indissociabilidade com a relação jurídica patrimonial.

O existencialismo refere-se a uma corrente filosófica pautada na análise da existência e no sentido do modo de ser do homem no mundo. Questiona-se o próprio mundo, suas possibilidades cognoscitivas, emotivas e práticas, mas também, e simultaneamente, os esclarecimentos e a interpretação dos modos como o mundo se manifesta ao homem e determina ou condiciona as suas possibilidades. A relação homem e mundo constitui assim o tema único de toda filosofia existencialista.[31]

Já o existencialismo da relação familiar socioafetiva, objeto da presente pesquisa, refere-se ao sentimento do genitor, seja pai ou mãe, de se sentir como pai ou mãe, e ao sentimento do filho ou filha, de se sentir como tal. Questiona-se, com base no paradigma científico sistêmico, em qual medida o existencialismo da relação familiar socioafetiva implica no estabelecimento da relação jurídica previdenciária, com reflexos patrimoniais, relativos ao benefício da pensão por morte. Analisa-se, também, a complexidade ligada à natural indissociabilidade da relação existencial e patrimonial da filiação socioafetiva.

Conceitos jurídicos são importantes, porque trazem um elemento muito caro para a ciência do Direito: a segurança jurídica. No entanto, a leitura zetética propõe, por meio do seu natural questionamento, o verdadeiro sentido dos institutos jurídicos, que são influenciados pela constante mudança social.

Nesse sentido, serão analisados, por meio dessa pesquisa, os percursos históricos, as insuficiências do legislador, os reflexos benéficos ou maléficos dessas insuficiências para os sujeitos ativos da relação jurídica previdenciária aqui pesquisada, bem como a (in)eficácia dos poderes e das autoridades no exercício de suas funções, sejam elas jurisdicionais, legislativas ou executivas, principalmente sob a ótica das decisões emanadas pelos tribunais superiores.

---

31. ABBAGNANO, N. *História da Filosofia*. Lisboa, Portugal: Presença, 1984. v. XIV.

Predomina aqui o raciocínio para a crítica e a reflexão, almejando fomentar o pensamento reflexivo, questionador e crítico sobre práticas, ações, decisões e conceitos jurídicos que envolvem a filiação socioafetiva, e o real intuito do benefício previdenciário da pensão por morte nessa nova relação familiar. A pesquisa gira em torno dos valores, não apenas dos fins, mas também dos meios de se conceder o benefício da pensão por morte na filiação socioafetiva. O estudo da tese por meio da reflexão e crítica teórico-filosófica é a prioridade desta pesquisa.

Para a tópica proposta por Viehweg, não se trata apenas de aplicar as leis ao caso concreto. Trata-se de problematizar, a partir da peculiaridade de cada caso concreto, a fim de alcançar a solução. Ao relacionar o método de Viehweg com ideias estudadas nesta pesquisa, os princípios constituem verdadeiros "*tópoi*"[32] a partir dos quais se argumenta, buscando a solução ao caso concreto por meio da técnica da ponderação.[33]

A zetética visa desenvolver a consciência histórica, social, filosófica e cultural das práticas jurídicas. Nesse sentido, ao problematizar uma questão do Direito por meio do método científico, sempre será possível analisar o resultado da pesquisa na sociedade, especialmente por meio das decisões judiciais do Poder Judiciário.

Dessa forma, no capítulo 6, a partir da análise dos julgados dos tribunais superiores, em especial o STJ e o STF, buscou-se analisar e questionar as premissas utilizadas para o julgamento de casos concretos sobre filiação socioafetiva e a possibilidade de concessão da pensão por morte. Foi utilizado o método de procedimento de análise de conteúdo de Bardin.[34]

Tal método propiciou que, da pré-análise, pudesse se destacar um universo de exploração de decisões judiciais capaz de propiciar uma análise crítica sobre os principais critérios utilizados pelos julgadores no (in)deferimento da pensão por morte no caso da filiação socioafetiva. Ademais, foi possível desenvolver uma crítica sobre a tentativa de valorização das relações existenciais pelos tribunais, e a dualidade com as relações patrimoniais que são indissociáveis na prática, sendo uma consequência da outra.

---

32. Plural da palavra grega tópos, de onde vem a expressão tópica.
33. O momento jusfilosófico do pós-positivismo concebe a ideia de que o caso de difícil solução para o Direito, que vai além da interpretação dedutivista, necessita de uma hermenêutica mais elaborada que proporcione a interpretação do princípio. Dworkin e Alexy desenvolvem então técnicas interpretativas que consideram os princípios como mandados de otimização ou como elementos que devem ser ponderados por meio da proporcionalidade.
34. BARDIN, Laurence. *Análise de conteúdo*. São Paulo: Edições 70, 2011.

Afinal, o pensamento crítico propiciado pelo método da análise de conteúdo de Bardin inegavelmente concebe um olhar para as decisões judiciais que conclui com eficiência todo o raciocínio zetético desenvolvido desde o início da tese, sem deixar de valorizar adequadamente a importância da dogmática para a segurança jurídica do Direito enquanto ciência social aplicada. Tal relação de dualidade entre dogmática e zetética é vista aqui como uma dinâmica complementaridade que se torna incessável quando se busca a racionalidade da ciência do Direito: a justiça, a fim de que se reconheça a filiação socioafetiva no benefício previdenciário da pensão por morte.

2
A MORTE COMO RISCO SOCIAL

Neste capítulo, abordar-se-á o conceito de proteção social e risco social, bem como o conceito de morte, buscando na legislação civilista suas premissas fundamentais e históricas. Em sequência, relaciona-se os dois conceitos para compreender a morte como risco social no Direito Previdenciário e a construção do benefício previdenciário da pensão por morte.

2.1 DA PROTEÇÃO SOCIAL

A Constituição Federal, em seu artigo 193, dispõe que a ordem social tem como primado o trabalho e como objetivo a busca do bem-estar e da justiça sociais.[1] Assim, extrai-se a definição da proteção social, qual seja, a união de medidas passíveis de atender às necessidades de cada ser humano, sempre buscando a finalidade da ordem social.

Nas palavras de Celso Barroso Leite, tem-se a definição de proteção social:

> Proteção social, portanto, é o conjunto das medidas de caráter social destinadas a atender a certas necessidades individuais; mais especificadamente, às necessidades individuais que, não atendidas repercutem sobre os demais indivíduos e em última análise sobre a Sociedade. É, sobretudo nesse sentido, que podemos afirmar, como afirmei que proteção social é uma modalidade de proteção individual.[2]
>
> Resumindo, direi que a "proteção social" e "proteção individual" são a mesma coisa vista de ângulos diferentes; e que a proteção social é o conjunto de medidas que a Sociedade utiliza para atender a determinadas necessidades individuais.
>
> A proteção se preocupa, sobretudo, com os problemas individuais de natureza social, assim entendidos aqueles que, não solucionados, se refletem sobre os demais indivíduos e em última análise sobre a Sociedade. Esta, então, por intermédio do seu agente natural, o Estado, se antecipa a eles, adotando para resolvê-los principalmente medidas de proteção social.[3]

A proteção social é inerente ao Estado, atribuindo a ele a meta de garantir o mínimo de sustento a cada cidadão, conforme ensina Mattia Persiani:

---
1. BRASIL. Constituição Federal. Artigo 193. Ordem social tem como base o primado do trabalho, e como objetivo o bem-estar e a justiça sociais.
2. LEITE, Celso Barroso. *A proteção Social no Brasil*. 3. ed. São Paulo: LTr, 1997, p. 20.
3. LEITE, Celso Barroso. *A proteção Social no Brasil*. 3. ed. São Paulo: LTr, 1997, p. 26-27.

A eliminação das situações de necessidade, como qualquer outra, não pode ser concretizada por indivíduos que são seus titulares, mas deve ser garantida por toda a coletividade organizada no Estado, para a qual, portanto, essa libertação constitui fim a ser visado, recorrendo-se a uma solidariedade que é geral, na medida em que envolve todos os cidadãos.[4]

A Organização Internacional do Trabalho (OIT), fundada em 1919, tem como objetivo promover a justiça social e para tanto, incentiva os países a fomentar programas que permitam a ampliação da Seguridade Social. Desde a sua fundação, a OIT desenvolveu um quadro internacional coerente que orienta o estabelecimento, desenvolvimento e manutenção dos sistemas de segurança social em todo o mundo.[5]

Com a finalidade de delimitar a norma mínima à Segurança Social, a Convenção nº 102 da OIT, que é o primeiro e único documento internacional que aborda acerca da segurança social aprovada na 35ª reunião da Conferência Internacional do Trabalho (Genebra – 1952), entrou em vigor no plano internacional em 27.4.55, traz a base do desenvolvimento social no mundo ao prever a cobertura de riscos sociais que as pessoas podem encontraram ao longo da sua vida, tais como, doença; desemprego; velhice; acidente do trabalho e doenças profissionais, maternidade, invalidez e sobrevivência, este último, relacionado ao tema da tese, uma vez que traz proteção aqueles dependentes que sobreviviam dos rendimentos daquele que o auferia.

Importante frisar que, a segurança e proteção social estão consagradas como direitos humanos na Declaração Universal dos Direitos Humanos, nos artigos 22º e 25º.[6] Também se encontram previstos no Pacto Internacional sobre os Direitos Econômicos, Sociais e Culturais nos artigos 9º e 11.[7]

Posteriormente, em 2012, a OIT reafirmou sobre a proteção social na Resolução nº 202 e trouxe perspectivas de políticas normativas para a busca e concretização da efetiva proteção social universal no século XXI. Na recomendação, a OIT reconhece que a Seguridade Social é uma ferramenta importante para prevenir e reduzir a pobreza, a desigualdade, a exclusão social e a insegurança social. Reafirma que a Seguridade Social tem como objetivo promover a

---

4. PERSIANI, Mattia. *Direito da Previdência Social*. São Paulo: Quartier Latin, 2009.
5. Relatório Mundial sobre Proteção Social 2020-22: a proteção social numa encruzilhada – em busca de um futuro melhor bureau internacional do trabalho. Organização Internacional do Trabalho - OIT, 2021, p. 33. Disponível em: https://www.ilo.org/brasilia/publicacoes/WCMS_818361/lang--pt/index.htm. Acesso em: 12 dez. 2022.
6. Declaração Universal dos Direitos Humanos – DUHU. Nações Unidas Brasil. Disponível em: https://brasil.un.org/pt-br/91601-declara%C3%A7%C3%A3o-universal-dos-direitos-humanos. Acesso em: 17 jan. 2023.
7. BRASIL, Decreto 591, de 6 de julho de 1992. Disponível em: http://www.planalto.gov.br/ccivil_03/decreto/1990-1994/d0591.htm. Acesso em: 17 jan. 2022.

igualdade de oportunidades e a igualdade de gênero e raça, bem como apoiar a transição do emprego informal para o formal.

De forma específica, com relação à Previdência Social, afirma que a proteção previdenciária atua como estabilizadores sociais e econômicos, e ajudam a apoiar uma economia mais sustentável, principalmente em tempos de crise.

No relatório mundial sobre proteção social 2020/22, elaborado após a crise pandêmica do coronavírus, a OIT reafirma a importância da proteção social universal que permite

> às pessoas viver dignamente e abraçar a mudança com confiança, sendo como tal uma condição prévia para um futuro do trabalho centrado nas pessoas. As crises, quer as relacionadas com a saúde, os impactos económicos, as alterações climáticas ou catástrofes e conflitos, sublinharam sempre a necessidade de expandir a proteção social como um instrumento fundamental para combater a pobreza e as desigualdades e reforçar a coesão social.[8]

Para a efetivação da tutela previdenciária são necessários os seguintes sujeitos da relação jurídica: Estado, as entidades previdenciárias, os indivíduos responsáveis pelo pagamento das contribuições e os indivíduos tutelados.[9]

No presente trabalho, busca-se a proteção social do risco morte, uma vez que, com o falecimento do segurado, a família deste, ou seja, seus dependentes, ficarão em situação de necessidade, tendo em vista que haverá a redução dos rendimentos mensais da família, devendo esta ser amparada pela Seguridade Social.

2.2 O RISCO SOCIAL

Antes de analisar a morte como risco social, faz-se necessário delimitar o que vem a ser risco social. Conforme exposto no item anterior, cabe ao Estado a cobertura da proteção social, que no caso do risco social é realizada pela Previdência Social.

Em situações de necessidade, nas quais o segurado, por alguma razão, por algum evento aleatório que aconteça em sua vida, sofre um desequilíbrio econômico por se ver impossibilitado de exercer o seu labor, faz-se necessária a intervenção da Previdência Social.

---

8. Relatório Mundial sobre Proteção Social 2020–22: A proteção social numa encruzilhada – em busca de um futuro melhor Bureau Internacional do Trabalho – Genebra: OIT, 2021, p. 33. Disponível em https://www.ilo.org/wcmsp5/groups/public/---ed_protect/---soc_sec/documents/publication/wcms_851087.pdf.
9. PERSIANI, Mattia. *Direito da Previdência Social*. São Paulo: Quartier Latin, 2009, p. 83.

O conceito de risco surgiu no seguro privado e, em razão de ser agora o Estado o protetor da tutela antecipada, foi criado o conceito de risco social, pois passou a atingir toda a sociedade.

O artigo 201 da Constituição Federal, já com a redação trazida pela Emenda Constitucional nº 103/2019,[10] oriunda da PEC 06/2019,[11] elenca os riscos sociais que são cobertos pela Previdência Social, são eles

> I – cobertura dos eventos de incapacidade temporária ou permanente para o trabalho e idade avançada;
>
> II – Proteção à maternidade, especialmente à gestante;
>
> III – Proteção ao trabalhador em situação de desemprego involuntário;
>
> IV – Salário-família e auxílio-reclusão para os dependentes de baixa renda;
>
> V – Pensão por morte do segurado, homem ou mulher, ao cônjuge ou companheiro e dependentes.

O conceito de risco social está nas palavras de Almansa Pastor, que o descreve como sendo todo acontecimento, futuro e incerto, cuja atualização não dependa exclusivamente da vontade do segurado:

> El riesgo, para a doutrina tradicional Del seguro social, no es más que La possibilidada de que acaezca de um hecho futuro, incierto e involuntario que produce um dano de evaluación AL asegurado. Sin embargo, dehado ahora a um lado lãs notas de evento y dano, los rasgos propios del riesgo em sentido estricto son La futuridad y La incertidumbre, que lo configuran como riesgo-posibilidade.
>
> a) La futuridad implica que el riesgo como objeto de la relación jurídica de seguro social solo es valido cuando el hecho previsto no seia pretérito o passado, sino que este por sobrevenir (posición ex ante de la relación);
>
> b) La incertindumbre implica o desconocimiento de si el hecho há de producir-se, ya em sentido absoluto, incertus na et quando (accidente, enfermedad etc.), ya em sentido relativo, incertud na (vejez) o incertus quando (muerte).[12]

---

10. BRASIL. Emenda Constitucional nº 103, de 12 de novembro de 2019. Disponível em: https://www.planalto.gov.br/ccivil_03/constituicao/emendas/emc/emc103.htm. Acesso em: 20 out. 2022.
11. BRASIL. Proposta de Emenda à Constituição nº 06 de 2019. Disponível em: https://www.camara.leg.br/proposicoesWeb/fichadetramitacao?idProposicao=2192459. Acesso em: 20 out. 2022.
12. PASTOR, José M. Almansa. *Derecho de La Seguridad Social*. Madri: Tecnos, 1991. p. 220. "O risco, para a doutrina tradicional do seguro, não é mais que a possibilidade de que aconteça um fato futuro, incerto e involuntário que produz um dano de avaliação do segurado. No entanto, deixando agora de um lado as notas de evento e dano, os traços próprios do risco em sentido estrito são a "futuridade" e a incerteza, que lhe configuram como risco-possibilidade. A) "futuridade" implica que o risco como objeto da relação jurídica de seguro social só é válido quando o fato previsto não seja pretérito nem passado, mas que esteja por acontecer (posição *ex ante* da relação; B) A incerteza implica o desconhecimento de si que no fato se produzirá, em sentido absoluto, *incertur na et* quando (acidente, enfermidade etc.), e em sentido relativo, *incertud na* (velhice) ou *incertur* quando (morte)". (Tradução Livre).

No mesmo sentido, Mattia Persiani afirma que, por risco, deve-se entender "o juízo de possibilidade ou de probabilidade da ocorrência de um acontecimento...".[13] Para a compreensão do instituto da pensão por morte e a possibilidade da concessão nas relações familiares socioafetivas, é indispensável que se compreenda o evento "morte" como um risco social.

O conceito de risco social possui relação direta com a chamada sociedade de risco, termo cunhado pelo sociólogo Ulrick Beck. Essa, por sua vez, se contextualiza no cenário da globalização, no qual existe um aumento de riscos decorrentes de fatores complexos, como o crescimento do sentimento de nacionalismo, o aumento da pobreza em massa, crises econômicas diversas, o fundamentalismo religioso, possíveis guerras, catástrofes ecológicas e tecnológicas, aumento da desigualdade social, dentre outros.

Beck apresenta sua teoria da sociedade do risco principalmente em seu livro "A sociedade do risco".[14] Nessa obra, o autor situa sua teoria no contexto de outras análises sobre a globalização e os riscos. Beck pretende construir uma teoria social que estabeleça um paradigma dentro da sociologia, para poder reformular a sociedade e a política. Beck manifesta significativo otimismo em relação ao papel que devem e podem chegar a ter a sociologia e, em especial, a sua teoria.

Beck critica as pesquisas empíricas altamente especializadas pelo fato delas permanecerem cegas ante transformações que estão ocorrendo na sociedade, ao pressuporem uma alta estabilidade social que não existe. A título de exemplo, de um lado existem pesquisas que lamentam o crescimento do desemprego, no entanto de outro lado não se chega a questionar como uma sociedade que é baseada na no conflito capital e trabalho está acabando com os empregos. Portanto, para a teoria da sociedade do risco de Beck, não se pode continuar pensando alternativas com velhas categorias.[15]

No que diz respeito ao objeto central dessa pesquisa, que consiste na possibilidade da concessão da pensão por morte na filiação socioafetiva, é preciso mensurar o risco social que deve ser objeto de proteção jurídica previdenciária dos sujeitos dessa relação jurídica. Conforme ensina Daniel Pulino, "o que importa é proteger em qualquer área da seguridade social, são situações de necessidades social".[16]

---

13. PERSIANI, Mattia. *Direito da Previdência Social*. São Paulo: Quartier Latin, 2009. p. 189.
14. BECK, Ulrick. *Sociedade do risco*: rumo a uma outra modernidade. Trad. Sebastião Nascimento. São Paulo: Editora 34, 2011.
15. BECK, Ulrick. *Sociedade do risco*: rumo a uma outra modernidade. Trad. Sebastião Nascimento. São Paulo: Editora 34, 2011.
16. PULINO, Daniel. *A aposentadoria por invalidez no Direito Positivo Brasileiro*. São Paulo, LTR, 2001, p. 40.

Com o falecimento do segurado que contribuía de forma total ou parcial para o sustento da família, a renda familiar resta prejudicada, uma vez que houve uma perda evidente no rendimento. Muitas vezes pode ocorrer que o sustento da família reste comprometido, inclusive de forma total, levando os integrantes da família a uma situação de necessidade e desamparo.

É nesses casos que ocorre a necessidade da cobertura da proteção social, a qual é realizada pelo benefício da pensão por morte, disciplinado nos artigos 74 a 78 da Lei 8.213/1991. Porém, deve-se observar as alterações trazidas pela Emenda Constitucional 103/2019,[17] que mudou algumas regras estabelecidas pela legislação infraconstitucional. As alterações serão estudas do Capítulo 5 desta pesquisa.

Nesse sentido, o evento legal que dá início ao benefício de pensão por morte é a morte de quem se depende economicamente. O risco que se protege é a sobrevivência dos que dependiam economicamente do segurado falecido.

Dessa forma, não basta somente existir o evento morte para a existência do risco social, é necessária a existência de dependentes legalmente previstos, que dependem economicamente do segurado, parcial ou exclusivamente.

2.3 CONCEITO DE MORTE DO DIREITO CIVIL

O conceito de morte no Direito Civil, também utilizado no Regime Geral de Previdência Social, é a extinção da personalidade natural, que pode ser real ou presumida, com fulcro nos artigos 6º e 7º do Código Civil.

A morte traz diversos efeitos jurídicos nas áreas do Direito. Como exemplo de efeitos jurídicos da morte, na esfera cível, temos a extinção da personalidade civil; a dissolução da sociedade conjugal; a transmissão dos bens aos herdeiros; a extinção do usufruto, dentre outros.

No Direito Civil, a personalidade civil começa com o nascimento com vida, ficando resguardados, desde a concepção, os direitos do nascituro, conforme prevê o artigo 2º do Código Civil.

A personalidade civil não se confunde com a capacidade civil. O artigo 1º do Código Civil dispõe que "toda pessoa é capaz de direitos e deveres na ordem civil". A expressão pessoa, na Carta Magna, tem a conotação de ser humano e a expressão "pessoa capaz de direitos e deveres" refere-se à personalidade, pessoa esta que possui direitos, deveres e relações jurídicas.

---

17. BRASIL. Emenda Constitucional nº 103, de 12 de novembro de 2019. Disponível em: https://www.planalto.gov.br/ccivil_03/constituicao/emendas/emc/emc103.htm. Acesso em: 20 out. 2022.

Embora todos tenham a personalidade civil, a capacidade para a prática dos atos da vida civil possui limites previstos no nosso ordenamento jurídico.

Há a incapacidade absoluta e a incapacidade relativa para o exercício do direito.

Conforme assinala Haroldo Guilherme Vieira Fazano:

> Pela capacidade absoluta, a pessoa não pode exercer, direta e pessoalmente, nenhum ato da vida civil. Somente pode agir por representantes, sob pena de nulidade do ato. Todos os absolutamente incapazes, pois, têm capacidade de direito (ou de gozo), mas não têm capacidade de fato (ou de exercício).[18]

O mesmo autor traz o conceito de incapacidade relativa: "A incapacidade relativa prevista no artigo 4º (e seus incisos) do Código Civil diz respeito àquelas pessoas que podem praticar certos atos da vida civil desde que assistidos por quem as possa assistir, por força legal ou judicial, sob pena de anulabilidade do ato".[19]

O Direito Previdenciário, de forma geral, acompanha os mesmos conceitos de morte utilizados pelo Direito Civil, existindo em nosso ordenamento jurídico a morte real e a morte presumida. É de grande valia a análise da ocorrência das mortes acima descritas, uma vez que ambas ensejam a concessão do benefício previdenciário de pensão por morte aos seus dependentes.

A morte real é a comprovada por atestado de óbito emitido pelo cartório de registro de nascimentos, casamentos e óbito, firmado com base em atestado médico ou de duas pessoas qualificadas que tenham presenciado ou verificado a morte.[20]

Não consta em nenhum dispositivo legal qualquer critério para estabelecer o momento exato da morte, utilizando-se para tanto, conceitos extraídos da medicina, que fixa como marco do óbito a morte encefálica, que se dá com a falência total e irreversível do sistema nervoso central.

Antigamente, a morte somente era constatada com a cessação total e permanente de todas as funções vitais do ser humano. Hoje esse conceito está superado.

Por morte encefálica, Maria Helena Diniz conceitua que é a "Abolição total e definitiva das funções do encéfalo, de que dependem todas as demais funções orgânicas. Nesta morte está atingida a coordenação da vida vegetativa".[21] A

---

18. FAZANO, Haroldo Guilherme Vieira. *Curso de direito Civil* – parte geral: das pessoas, dos bens e dos fatos jurídicos. São Paulo: LEX, 2006. p. 177.
19. FAZANO, Haroldo Guilherme Vieira. *Curso de direito Civil* – parte geral: das pessoas, dos bens e dos fatos jurídicos. São Paulo: LEX, 2006. p. 179.
20. Brasil. Lei 6.015/1973. Lei dos Registros Públicos. Disponível em: http://www.planalto.gov.br/ccivil_03/leis/l6015compilada.htm. Acesso em: 8 nov. 2022.
21. DINIZ, Maria Helena. *Dicionário jurídico*. São Paulo: Saraiva, 1998. v. 3, p. 311.

morte encefálica é definida no artigo 3º da Lei nº 9.434/97,[22] alterada pela Lei nº 10.211/01, que dispõe:

> Artigo 3º A retirada *post mortem* de tecidos, órgãos ou partes do corpo humano destinados a transplante ou tratamento deverá ser precedida de diagnóstico de morte encefálica, constatada e registrada por dois médicos não participantes das equipes de remoção e transplante, mediante a utilização de critérios clínicos e tecnológicos definidos por resolução do Conselho Federal de Medicina.

Para o Direito Previdenciário é relevante a *causas mortis* para a concessão do benefício previdenciário, pois conforme será analisado adiante, haverá cálculo diferenciado do benefício caso a morte seja em decorrência de um acidente de trabalho, em sentido amplo. Ainda, o dependente não terá direito ao recebimento do benefício de pensão por morte, caso, dolosamente, tenha causado a morte do segurado.

Já a pensão por morte decorrente de morte presumida apresenta maiores peculiaridades, tendo em vista as exigências previstas na lei. Por força do artigo 78 da Lei 8.213/1991, a pensão por morte, quando há morte presumida, terá início a partir da data da decisão judicial que declarar o segurado ausente, promovida após seis meses de ausência do segurado, ou da ocorrência de acidente, desastre ou catástrofe.

Nesses casos, há a necessidade de declaração pela autoridade judicial competente, da ausência do segurado, quando for o caso, ou a morte em decorrência de acidente, desastre ou catástrofe.

A morte presumida, prevista no artigo 7º do Código Civil, será declarada na extrema possibilidade da morte de quem estava em perigo de vida, como em caso de acidente, catástrofe e guerra. Somente será declarada a morte presumida após esgotadas as buscas e averiguações, devendo a sentença fixar a data do provável falecimento. No caso de guerra, somente será declarada a morte se o desaparecido não for encontrado até dois anos após o término da guerra.

Contudo, para o Direito Previdenciário não há a exigência com relação ao cumprimento dos prazos acima mencionados. Dispõe o artigo 78, § 1º, da Lei 8.213/1991 que, caso o beneficiário tenha como fazer prova do acidente, desastre ou catástrofe, a pensão por morte será concedida independentemente de declaração pela autoridade judicial competente de morte presumida ou pelo transcurso do prazo de ausência.

---

22. BRASIL. Lei nº 9.434, de 4 de fevereiro de 1997. Disponível em: http://www.planalto.gov.br/ccivil_03/leis/l9434.htm. Acesso em: 20 out. 2022.

Para tanto, faz-se necessário comprovar a morte presumida com documentos hábeis, tais como boletim de registro de ocorrência feito junto à autoridade policial; prova documental da presença do segurado no local da ocorrência; noticiários nos meios de comunicação, dentre outros.

Destaque-se ainda que, se existir relação entre o trabalho do segurado e a catástrofe, o acidente ou o desastre que motivaram o seu desaparecimento, além dos documentos acima elencados, deverá apresentar a Comunicação de Acidente do Trabalho – CAT, sendo indispensável o parecer médico-pericial para caracterização do nexo técnico.

A Lei 8.213/1991, em seu artigo 78, dispõe que será concedida a pensão por morte aos dependentes do segurado, no caso de morte seja presumida, desde que declarada pela autoridade judicial, depois de 6 (seis) meses de ausência. A morte presumida por ausência ocorre quando uma pessoa desaparece do seu domicílio sem informar o seu paradeiro e sem deixar procurador para administrar-lhe os bens.

É importante destacar que a ausência disciplinada no *caput* do artigo 78 da Lei 8.213/1991 não se confunde com a ausência regulamentada no Código Civil e Código de Processo Civil. O instituto da ausência está previsto no Código Civil e visa proteger os interesses do desaparecido e de sua família, não só interesses de cunho patrimoniais e sucessórios, mas também relativos ao casamento, poder família, adoção, entre outros.

Conforme explanado acima e levando-se em consideração o artigo 6º do Código Civil, com a morte extingue-se a existência da pessoa natural, e no caso dos ausentes, esta será presumida, autorizando a lei a abertura de sucessão definitiva.

O mesmo diploma legal, em seu artigo 22, define a ausência como sendo o desaparecimento de uma pessoa de seu domicílio, sem dela haver notícia, se não houver deixado representante ou procurador a quem caiba administrar-lhe os bens. Para ser declarada a ausência, não basta somente o desaparecimento, fazem-se necessárias dúvidas com relação à vida do desaparecido.

Para ser declarada a ausência com fulcro no Código Civil judicialmente, é preciso o cumprimento de três fases. A primeira fase, disposta no artigo 22 do Código Civil, consiste no desaparecimento do segurado, sem o cumprimento de nenhum prazo mínimo, desde que dela não se tenha notícias, o juiz, a requerimento da parte ou de qualquer interessado ou do Ministério Público, declarará a ausência e nomeará curador.

Na sequência, o artigo 26 do mesmo diploma legal disciplina a segunda fase do procedimento de declaração de ausência, no sentido de que, se passado um ano de ausência do desaparecido, ou três anos, se o desaparecido tiver deixado procurador ou representante legal, os interessados poderão requerer que se declare a ausência e abra provisoriamente a sucessão. Na segunda fase é nítida a dúvida com relação a vida do desaparecido, razão pela qual se autoriza a sucessão provisória.

O artigo 37 do Código Civil dispõe acerca da terceira fase do processo de declaração de ausência, possibilitando após dez anos de passada em julgada a sentença que concede a abertura da sucessão provisória, que se requeira a sucessão definitiva e o levantamento das cauções prestadas. O prazo de dez anos é reduzido para cinco, caso o desaparecido conte com oitenta anos de idade.

Assim como a morte real, a morte presumida também interessa ao Direito Previdenciário, uma vez que desaparecido o segurado, seus dependentes estão expostos ao risco social, não possuindo mais condições de manter o seu sustento.

O benefício de pensão por morte será concedido aos dependentes do segurado, com fulcro no inc. III do artigo 74 da Lei 8.213/1991, a partir da data da decisão judicial que declarar a ausência. Contudo, conforme se observa no procedimento de ausência acima exposto, a ausência somente será decretada pela Justiça Estadual após pelo menos onze anos de desaparecimento do segurado (um ano de desaparecimento para a abertura da sucessão provisória, mais dez anos para a conversão em sucessão definitiva).

Para que os dependentes do segurado não fiquem por longos onze anos desprotegidos, o artigo 78 da mesma lei permite a concessão da pensão por morte, após 6 (seis) meses de ausência, devendo o dependente a cada seis meses apresentar o documento da autoridade competente, contendo informações acerca do andamento do processo, até que seja apresentada a pensão por morte.

Dessa forma, será concedido aos dependentes do segurado, provisoriamente, o benefício de pensão por morte, a partir de 6 (seis) meses de ausência, podendo o benefício de pensão por morte ser revestido no caráter definitivo, após finalizados os procedimentos do reconhecimento da ausência na Justiça Estadual. Em qualquer dessas hipóteses, o aparecimento do ausente fará cessar o pagamento do benefício, não obrigando aos dependentes a devolução dos valores recebidos, salvo na comprovação de má-fé.

Caso o processo de declaração de ausência somente busque o amparo previdenciário, sua competência será da Justiça Federal. Nesse sentido, segue decisão do E. STJ:

> Previdenciário e processual civil. Conflito de competência. Juízo federal e juízo de direito. Ação em que se deduz pretensão a benefício previdenciário. Reconhecimento da morte presumida do cônjuge da autora para o único fim de obtenção de pensão por morte. Competência da justiça federal. Inteligência do artigo 78, *caput*, da Lei 8.213/1991. 1. Tendo o pedido de reco-

nhecimento de morte presumida o único propósito de percepção de pensão por morte (ex. vi do artigo 78 da Lei. 8.213/1991), cabe à Justiça Federal o processamento e julgamento da lide. Precedentes: CC 121.033/MG, Rel. Ministro Raul Araújo, Data da Publicação 03.08.2012; CC 112.937/PI, Rel. Ministro Jorge Mussi, Data da Publicação 03/12/2010. 2. Conflito conhecido para declarar a competência do Juízo Federal da Vara Única da Subseção Judiciária de Parnaíba, para julgamento da lide (1ª Seção, CC 130.296/PI, Rel. Min. Sérgio Kukina, j. em 23.10.2013, DJe 29.10.2013).

Em não havendo bens a arrecadar e a partilhar, visando tão somente a concessão do benefício de pensão por morte, o dependente poderá ingressar com ação diretamente na Justiça Federal, com o pedido de declaração da morte presumida.

3
DA PENSÃO POR MORTE

O benefício de pensão por morte encontra-se previsto na Constituição Federal, no artigo 201, V e na Legislação infraconstitucional, na Lei 8.213/91 nos artigos 74 a 79, bem como está regulamentado no Decreto 3.048/99, nos artigos 105 a 115.

Trata-se de benefício previdenciário devido aos dependentes do segurado falecido, que em razão da dependência econômica que possuem com o segurado, na ocorrência do risco social, qual seja, a morte, encontram-se em situação de vulnerabilidade social.

A morte do segurado da Previdência Social, obrigatório e facultativo, "é evento apto a provocar o nascimento da relação jurídica previdenciária, a qual irá culminar na concessão do benefício em estudo".[1]

Tem-se aqui presente o critério material da norma jurídica para a concessão do benefício previdenciário, qual seja, a morte. Somente haverá a hipótese de incidência do benefício se o segurado falecer, o que torna o benefício devido exclusivamente aos dependentes do segurado.

A Emenda Constitucional 20/98 trouxe ao texto constitucional a preocupação em proteger os dependentes do segurado em razão da sua morte, e incluiu no inciso V do artigo 201, que a "pensão por morte do segurado, homem ou mulher, ao cônjuge ou companheiro e dependentes"[2] – e delimitou os critérios mínimos para a concessão do benefício em questão.

Somente nascerá o direito à concessão do benefício de pensão por morte aos dependentes com a morte do segurado, que pode ser a morte real ou a morte presumida.

Conforme previsto na Constituição Federal, para que haja a concessão do benefício em questão, haverá a necessidade, além da morte do segurado, que ele tenha deixado dependentes, dos quais dependem dele economicamente, bem como deverá ser cumprido demais requisitos legais dos quais serão abaixo expostos.

---

1. DERZI, Heloisa Hernandez. *Os beneficiários da Pensão por Morte*: Regime Geral de Previdência Social. São Paulo: Lex Editora, 2004, p. 183.
2. BRASIL. Presidência da República. Casa Civil. Subchefia para Assuntos Jurídicos. Constituição da República Federativa do Brasil de 1988. Disponível em: http://www.planalto.gov.br/ccivil_03/constituicao/constituicao.htm. Acesso em: 17 mar. 2021.

3.1 DA AUSÊNCIA DE CARÊNCIA

Um dos princípios inerentes à Seguridade Social é a preservação do equilíbrio financeiro e atuarial do sistema, conforme mandamento constitucional inserido no artigo 201 da Constitucional que assim dispõe "A previdência social será organizada sob a forma do Regime Geral de Previdência Social, de caráter contributivo e de filiação obrigatória, observados critérios que preservem o equilíbrio financeiro".[3]

Para compreender a preservação do equilíbrio financeiro e atuarial do sistema, é necessário estudar o conceito de sistema, de forma específica, do sistema da Seguridade Social.

Wagner Balera ensina que "o vocábulo sistema é polissêmico"[4] e que pode ser utilizado em dois sentidos. Sistema pode ser o conjunto normativo ou método da ciência jurídica. Sobre o Sistema Nacional de Seguridade Social, Wagner Balera conceitua como sendo "o conjunto normativo integrado por sem números de preceitos de diferentes hierarquia e configuração."[5] E o Sistema Nacional de Seguridade Social tem como objetivo "implementar, na sociedade pátria, o ideal estágio do bem-estar e da justiça sociais que exige e justifica a configuração desse complexo e abrangente arcabouço".[6]

Com base no referido princípio, regras foram criadas para a concessão do benefício previdenciário, justamente para que se obedeça ao princípio do equilíbrio financeiro e atuarial do sistema. O Regime Geral de Previdência Social é caráter contributivo, e por esta razão, criou-se o instituto da carência, para que a cada determinada prestação de previdência social, seja estabelecido um número mínimo de contribuição.

O risco social é que delimitará a carência mínima de determinado benefício previdenciário.

Feijó Coimbra define carência "como o lapso de tempo durante o qual os beneficiários não têm direito a determinadas prestações em razão de não haver o segurado completado o número mínimo de contribuições mensais exigidos para esse fim".[7]

---
3. BRASIL. Presidência da República. Casa Civil. Subchefia para Assuntos Jurídicos. Constituição da República Federativa do Brasil de 1988. Disponível em: http://www.planalto.gov.br/ccivil_03/constituicao/constituicao.htm. Acesso em: 17 mar. 2021.
4. BALERA, Wagner. *Sistema de Seguridade Social*. 5. ed. São Paulo: LTr, 2009, p. 9.
5. BALERA, Wagner. *Sistema de Seguridade Social*. 5. ed. São Paulo: LTr, 2009, p. 9.
6. BALERA, Wagner. *Sistema de Seguridade Social*. 5. ed. São Paulo: LTr, 2009, p. 9.
7. COIMBRA, Feijó. *Direito Previdenciário Brasileiro*. 11. ed. Rio de Janeiro: Edições Trabalhistas, 2001, p. 145.

A carência está prevista no artigo 24 da Lei 8.213/91 como o "número mínimo de contribuições mensais indispensáveis para que o beneficiário faça jus ao benefício, consideradas a partir do transcurso do primeiro dia dos meses de suas competências".[8]

A carência impedirá que aqueles que já detenham os requisitos para a concessão do benefício previdenciário se filiem ao sistema para receber as prestações mesmo sem nunca terem contribuído para os cofres previdenciários.

O número mínimo de contribuições para fazer jus ao benefício previdenciário está ligado intimamente com a seleção de riscos e por tal motivo, quanto maior o risco social, ou seja, de caráter não programado, menor será o número da carência exigida, ou até mesmo, não será exigida.

Um dos pressupostos para a concessão ou não de um benefício previdenciário é a análise do cumprimento da carência. Não é diferente no benefício de pensão por morte. Contudo, conforme previsto no artigo 26, I da Lei 8.213/91, independe de carência a concessão da pensão por morte. O inciso mencionado recebeu nova redação com a Medida Provisória 871/19 que posteriormente foi convertida na Lei 13.846/19.

Miguel Horvath Júnior ensina que "no regime de benefícios anterior ao da atual lei disciplinado pela LOPS era exigido um mínimo de doze contribuições mensais para que os dependentes do segurado tivessem direito à pensão por morte".[9]

O auxílio-reclusão encontrava-se previsto no inciso I como benefício que independia de carência para a sua concessão, assim como o benefício de pensão por morte. Com a alteração legislativa, o auxílio-reclusão passou a exigir uma carência mínima de 24 contribuições para a sua concessão. Manteve-se a ausência de carência para a concessão da Pensão por Morte. Contudo, segundo ensina Miguel Horvath Júnior que a intenção inicial do legislador era que retomasse a carência para a pensão por morte com a Medida Provisória nº 664/2014, contudo, "a instituição de tal requisito não foi acatada pelo Poder Legislativo".[10]

3.2 DA QUALIDADE DE SEGURADO

Mais uma vez pautado no equilíbrio financeiro e atuarial do sistema, outros requisitos são estabelecidos para a concessão do benefício previdenciário. Tendo

---

8. BRASIL. Presidência da República. Casa Civil. Subchefia para Assuntos Jurídicos. Lei nº 8.213, de 24 de julho de 1991. Disponível em: http://www.planalto.gov.br/ccivil_03/leis/l8213cons.htm. Acesso em: 18 mar. 2021.
9. HORVATH JÚNIOR, Miguel. *Direito Previdenciário*. 13. ed. São Paulo: Rideel, 2022, p. 487.
10. HORVATH JÚNIOR, Miguel. *Direito Previdenciário*. 13. ed. São Paulo: Rideel, 2022, p. 487.

em vista o caráter da contributividade do sistema de Previdência Social, exige-se que o segurado detenha a qualidade de segurado no momento do óbito para que os seus dependentes façam jus ao benefício de pensão por morte.

O segurado manterá a sua qualidade de segurado enquanto estiver contribuindo para a Previdência Social em qualquer uma das modalidades de segurado.

A lei previdenciária possibilita que o segurado mantenha a sua qualidade de segurado ainda que não esteja contribuindo para Previdência Social, conforme expressamente previsto na legislação previdenciária. Nesse caso, o segurado manterá todos os seus direitos perante a Previdência Social. Acerca de tal proteção, Feijó Coimbra ensina que:

> a perda da vinculação coloca o beneficiário ao desabrigo da incidência dos riscos sociais, é que o legislador teve o cuidado de acautelá-lo contra esses efeitos, declarando persistentes os efeitos da vinculação por períodos que ultrapassam a data da exclusão do cidadão do rol dos segurados.[11]

O artigo 15 da Lei 8.213/91 enumera quais são as situações em que o segurado mantém a qualidade de segurado, ainda que não esteja contribuindo para a Previdência Social. Ao manter a qualidade de segurado, é mantido todos os seus direitos para a Previdência Social, ou seja, é uma extensão da proteção previdenciária em situações taxativas arroladas na legislação previdenciária.

Manterá a qualidade de segurado, independentemente de contribuições sem limite de prazo, quem está em gozo de benefício, exceto de auxílio-acidente. A exclusão do auxílio-acidente como benefício mantenedor da qualidade de segurado foi trazida com a Medida Provisória 871/19, convertida na Lei 13.846/19.[12] Até então, muito embora a natureza jurídica do benefício de auxílio-acidente fosse indenizatória, o que possibilitava, inclusive, a manutenção no emprego e o recebimento de valores menores que o salário-mínimo,[13] também era computado para fins de manutenção da qualidade de segurado.

Portanto, o recebimento de benefícios previdenciários, tais como, aposentadoria por tempo de contribuição, aposentadoria por idade, aposentadoria especial, aposentadoria programada, aposentadoria por incapacidade permanente,[14]

---

11. COIMBRA, Feijó. *Direito Previdenciário Brasileiro*. 11. ed. Rio de Janeiro: Edições Trabalhistas, 2001, p. 114.
12. A redação original da Lei 8.213/91 dispunha que "Artigo 15. Mantém a qualidade de segurado, independente de contribuições: I – sem limite de prazo, quem está em gozo de benefício."
13. Dispõe o artigo 201, § 2º, da Constituição Federal que "Nenhum benefício que substitua o salário de contribuição ou o rendimento do trabalho do segurado terá valor mensal inferior ao salário-mínimo."
14. O benefício recebeu nova nomenclatura com a Emenda Constitucional 103/19 que passou a considerar como risco social a incapacidade total e permanente para o trabalho e não mais a invalidez. Até então o benefício era chamado de aposentadoria por invalidez.

auxílio por incapacidade temporária,[15] salário-maternidade e auxílio-reclusão, mantém a qualidade de segurado para fins de concessão da pensão por morte.

Importante mencionar que, ainda que o segurado não esteja recebendo os benefícios acima elencados, mas possua o direito adquirido em obtê-los, pode-se aplicar a regra estabelecida no artigo 15 da 8.213/91 com relação à manutenção da qualidade de segurado.

A primeira hipótese aqui trazida é a ausência da qualidade de segurado para a concessão da pensão por morte, mas que, tenha o segurado deixado de verter contribuições para a Previdência Social por estar incapacitado para o seu trabalho, pois, ainda que não tenha requerido à época o benefício de auxílio por incapacidade temporária ou aposentadoria por incapacidade permanente, poderia fazê-lo por ter implementado os requisitos para a concessão dos benefícios por incapacidade.

O artigo 102, § 2º da Lei 8.213/91 dispõe que "não será concedida pensão por morte aos dependentes do segurado que falecer após a perda desta qualidade, nos termos do artigo 15 desta Lei, salvo se preenchidos os requisitos para a obtenção da aposentadoria na forma do parágrafo anterior."[16]

O parágrafo 3º do mesmo artigo mencionado aduz que o direito à aposentadoria não será prejudicado quando tenha ocorrido a perda da qualidade de segurado, caso tenha sido preenchido todos os requisitos para o benefício, segundo a legislação em vigor da época em que estes requisitos foram atendidos.

Nesse sentido, a Instrução Normativa 128, em seu artigo 368, I dispõe que:

> Caberá a concessão de pensão aos dependentes mesmo que o óbito tenha ocorrido após a perda da qualidade de segurado, desde que fique reconhecido o direito, dentro do período de graça, à aposentadoria por incapacidade permanente, o qual deverá ser verificado pela Perícia Médica Federal, que confirmem a existência de incapacidade permanente até a data do óbito.[17]

Deverão os dependentes fazer a prova da incapacidade do segurado, administrativa ou judicialmente, neste caso se indeferido o benefício na esfera admi-

---

15. Assim como a aposentadoria por incapacidade permanente, o auxílio por incapacidade temporária recebeu nova nomenclatura com a Emenda Constitucional 103/19 que considerou a incapacidade total e temporária para o trabalho como risco social. O benefício, antes, era denominado de auxílio-doença.
16. BRASIL. Presidência da República. Casa Civil. Subchefia para Assuntos Jurídicos. Lei 8.213, de 24 de julho de 1991. Disponível em: http://www.planalto.gov.br/ccivil_03/leis/l8213cons.htm. Acesso em: 12 jun. 2022.
17. BRASIL. Ministério do Trabalho e Previdência. Instituto Nacional do Seguro Social. Instrução Normativa Pres / INSS nº 128, de 28 de março de 2022. Disponível em: https://www.in.gov.br/en/web/dou/-/instrucao-normativa-pres/inss-n-128-de-28-de-marco-de-2022-389275446. Acesso em: 12 jun. 2022.

nistrativa, valendo-se da realização da perícia indireta, e sustentar a incapacidade do falecido, principalmente por prova documental, tais como exames, laudos e relatórios médicos, receitas médicas, prontuários médicos, enfim, documentos pelos quais o Perito Médico possa diagnosticar a existência de incapacidade para o trabalho ou atividade habitual.

Ainda, pode ser que o segurado tenha implementado os requisitos para a concessão de outras aposentadorias previstas no Regime Geral de Previdência Social. Neste caso, também não há o que se falar em perda da qualidade de segurado, vez que já houvera sido preenchido todos os requisitos para a concessão da aposentadoria.

Além da manutenção da qualidade de segurado por recebimento de benefício previdenciário, mantém a qualidade de segurado, independentemente de contribuições até 12 (doze) meses após a cessação das contribuições, o segurado que deixar de exercer atividade remunerada abrangida pela Previdência Social ou estiver suspenso ou licenciado sem remuneração.

A referida regra aplica-se a todos os segurados obrigatórios da Previdência Social. Com relação aos segurados facultativos, a qualidade de segurado mantém-se até seis meses após a cessação das contribuições.

O prazo de 12 (doze) meses será prorrogado para até 24 (vinte e quatro) meses se o segurado já tiver pago mais de 120 (cento e vinte) contribuições mensais sem interrupção que acarrete a perda da qualidade de segurado. Conforme recentemente decidido pela Turma Nacional de Uniformização, no julgamento do Tema 255,[18] a prorrogação do período de graça, decorrente da presença de mais de 120 (cento e vinte) contribuições sem a perda da qualidade de segurado, incorpora-se ao patrimônio jurídico do segurado, ou seja, o direito à prorrogação do período de graça é garantido mesmo nas filiações posteriores àquelas na qual a exigência foi preenchida, independentemente no número de vezes em que foi exercido.

O prazo de 12 (doze) meses ou de 24 (vinte e quatro) meses em decorrência de ter mais do que 120 (cento e vinte) contribuições para a Previdência Social poderá ser prorrogado por mais 12 (doze) meses para o segurado desempregado, desde que comprovada a situação de desemprego, que não precisa necessariamente ser feita no órgão do Ministério do Trabalho e Previdência. A Súmula 27[19] da

---

18. Tese firmada: "O pagamento de mais de 120 (cento e vinte) contribuições mensais, sem interrupção que acarrete a perda da qualidade de segurado, garante o direito à prorrogação do período de graça, previsto no parágrafo 1º, do artigo 15 da Lei 8.213/91, mesmo nas filiações posteriores àquela na qual a exigência foi preenchida, independentemente do número de vezes em que foi exercido." BRASIL. Turma Nacional de Uniformização. TNU. Tema 255. Processo PEDILEF 0509717-14.2018.4.05.8102/CE. Relator. Juíza Federal Tais Vargas Ferracini de Campos Gurgel. Data de julgamento: 16.10.2020.
19. BRASIL. Turma Nacional de Uniformização. TNU. Súmula 27. Data de julgamento: 07 jun. 2005.

Turma Nacional de Uniformização dispõe que "a ausência de registro em órgão do Ministério do Trabalho não impede a comprovação do desemprego por outros meios admitidos em Direito."

De acordo com o entendimento da Turma Nacional de Uniformização,[20] a possibilidade de prorrogação por mais 12 meses em situação de desemprego involuntário se aplica, além do segurado empregado, para o contribuinte individual, desde que comprovada que a cessação da atividade econômica por ele exercida se deu por causa involuntária. Faz-se necessário, ainda, comprovar a ausência de atividade posterior.

Também é possível a manutenção da qualidade de segurado até 12 (doze) meses após cessar a segregação, o segurado acometido de doença de segregação compulsória. A Portaria Dirben/INSS nº 991, de 28 de março de 2022[21] define a doença de segregação compulsória como aquela que impede o convívio social e familiar do paciente. Tais doenças, segundo a portaria, são as infectocontagiosas especificadas pelo Ministério da Saúde.

O segurado retido ou recluso também terá a manutenção da qualidade de segurado até 12 (doze) meses após o livramento.

Já o segurado incorporado às Forças Armadas para prestar serviço militar manterá a sua qualidade de segurado até 6 (seis) meses após o licenciamento.

Durante os períodos acima mencionados, o segurado conservará todos os seus direitos perante a Previdência Social. A perda qualidade de segurado ocorrerá no dia seguinte ao do término do prazo fixado no Custeio da Seguridade Social para recolhimento da contribuição referente ao mês imediatamente posterior ao do final dos prazos mencionados.

Com a Emenda Constitucional 103/19,[22] foi o incluído o §14 no artigo 195[23] da Constituição Federal, e passou a exigir que, para que seja reconhecido o tem-

---

20. Tese firmada: "A prorrogação da qualidade de segurado por desemprego involuntário, nos moldes do §2º do artigo 15 da Lei 8.213/91, se estende ao segurado contribuinte individual se comprovada a cessação da atividade econômica por ele exercida por causa involuntária, além da ausência de atividade posterior." BRASIL. Turma Nacional de Uniformização. TNU. Tema 239. Processo PEDILEF 0504271-91.2018.4.05.8400/CE. Relator. Juiz Federal Atanair Nasser Ribeiro Lopes. Data de julgamento: 28.04.2021.
21. BRASIL. Ministério do Trabalho e Previdência. Instituto Nacional do Seguro Social. Portaria Conjunta Dirben / INSS nº 991, de 28 de março de 2022. Disponível em: https://www.in.gov.br/en/web/dou/-/portaria-dirben/inss-n-991-de-28-de-marco-de-2022-389275082. Acesso em: 12 jun. 2022.
22. BRASIL. Presidência da República. Casa Civil. Subchefia para Assuntos Jurídicos. Emenda Constitucional nº 103, de 12 de novembro de 2019. Disponível em: http://www.planalto.gov.br/ccivil_03/constituicao/emendas/emc/emc103.htm. Acesso em: 17 mar. 2022.
23. BRASIL. Presidência da República. Casa Civil. Subchefia para Assuntos Jurídicos. Constituição da República Federativa do Brasil de 1988. Disponível em: http://www.planalto.gov.br/ccivil_03/constituicao/constituicao.htm. Acesso em: 17 mar. 2022.

po de contribuição para a concessão de determinado benefício previdenciário, somente será considerada a competência cuja contribuição seja igual ou superior à contribuição mínima mensal exigida para a cada categoria de segurado, assegurado o agrupamento de contribuição.

A fim de regulamentar tal questão, até que lei seja editada para tratar do assunto, a Emenda Constitucional,[24] em seu artigo 29, garantiu que o segurado que, no somatório de remunerações auferidas no período de 1 (um) mês, receber remuneração inferior ao limite mínimo mensal do salário de contribuição poderá complementar a sua contribuição, de forma a alcançar o limite mínimo exigido; utilizar o valor da contribuição que exceder o limite mínimo de contribuição de uma competência em outra; grupar contribuições inferiores ao limite mínimo de diferentes competências, para aproveitamento em contribuições mínimas mensais.

O Decreto 10.410/2020[25] que alterou o Decreto 3.048/99[26] dispõe no artigo 13, § 8º que o segurado que remuneração inferior ao limite mínimo mensal do salário de contribuição somente manterá a qualidade de segurado se efetuar os ajustes de complementação, utilização e agrupamento.

É o artigo 19-E do Decreto 3.048/99[27] que dispõe sobre os ajustes, ao mencionar que, a partir de 13 de novembro de 2019, para fins de aquisição e manutenção da qualidade de segurado, de carência, de tempo de contribuição e de cálculo do salário de benefício exigidos para o reconhecimento do direito aos benefícios do Regime Geral de Previdência Social e para fins de contagem recíproca, somente serão consideradas as competências cujo salário de contribuição seja igual ou superior ao limite mínimo mensal do salário de contribuição.

Permite o Decreto que, caso o segurado, no somatório de remunerações auferidas no período de um mês, receba remuneração inferior ao limite mínimo mensal do salário de contribuição será assegurado complementar a contribuição das competências, de forma a alcançar o limite mínimo do salário de contribui-

---

24. BRASIL. Presidência da República. Casa Civil. Subchefia para Assuntos Jurídicos. Emenda Constitucional nº 103, de 12 de novembro de 2019. Disponível em: http://www.planalto.gov.br/ccivil_03/constituicao/emendas/emc/emc103.htm. Acesso em: 17 mar. 2022.
25. BRASIL. Presidência da República. Casa Civil. Subchefia para Assuntos Jurídicos. Decreto nº 10.410, de 30 de junho de 2020. Disponível em: http://www.planalto.gov.br/ccivil_03/_ato2019-2022/2020/decreto/d10410.htm Acesso em: 17 mar. 2022.
26. BRASIL. Presidência da República. Casa Civil. Subchefia para Assuntos Jurídicos. Decreto nº 3.048, de 6 de maio de 1999. Disponível em: http://www.planalto.gov.br/ccivil_03/decreto/d3048.htm Acesso em: 17 mar. 2022.
27. BRASIL. Presidência da República. Casa Civil. Subchefia para Assuntos Jurídicos. Decreto nº 3.048, de 6 de maio de 1999. Disponível em: http://www.planalto.gov.br/ccivil_03/decreto/d3048.htm Acesso em: 17 mar. 2022.

ção exigido; utilizar o excedente do salário de contribuição superior ao limite mínimo de uma competência para completar o salário de contribuição de outra competência até atingir o limite mínimo; ou grupar os salários de contribuição inferiores ao limite mínimo de diferentes competências para aproveitamento em uma ou mais competências até que estas atinjam o limite mínimo.

3.3 DO RECOLHIMENTO *POST MORTEM*

Na hipótese de falecimento do segurado, os ajustes previstos poderão ser solicitados por seus dependentes para fins de reconhecimento de direito para benefício a eles devidos até o dia quinze do mês de janeiro subsequente ao do ano civil correspondente. Frisa-se que, a possibilidade de ajustes pelos dependentes do segurado aplica-se a todos os segurados obrigatórios e facultativos do Regime Geral de Previdência Social.

Contudo, há de se diferenciar a possibilidade de ajustes das contribuições que sejam inferiores ao salário-mínimo com a ausência de recolhimento de contribuições dos segurados.

Os segurados do Regime Geral de Previdência Social dividem-se em segurados obrigatórios e segurados facultativos.

Os segurados obrigatórios são aqueles que estão arrolados no artigo 11 da Lei 8.213/91,[28] quais sejam, empregados, empregados domésticos, contribuinte individual, trabalhador avulso e segurado especial.

Sobre os segurados facultativos, muito embora a Lei 8.213/91[29] defina-o como o maior de 14 anos que se filiar na Previdência Social, desde que não enquadrado como segurado obrigatório, a Emenda Constitucional 20/98[30] elevou a idade mínima do segurado facultativo para 16 anos. O segurado facultativo é aquele que não exerce atividade que determine filiação obrigatória, mas opta por recolher ao regime previdenciário para que tenha a cobertura social.

---

28. BRASIL. Presidência da República. Casa Civil. Subchefia para Assuntos Jurídicos. Lei nº 8.213, de 24 de julho de 1991. Disponível em: http://www.planalto.gov.br/ccivil_03/leis/l8213cons.htm. Acesso em: 12 jun. 2022.
29. BRASIL. Presidência da República. Casa Civil. Subchefia para Assuntos Jurídicos. Lei nº 8.213, de 24 de julho de 1991. Disponível em: http://www.planalto.gov.br/ccivil_03/leis/l8213cons.htm. Acesso em: 12 jun. 2022.
30. BRASIL. Presidência da República. Casa Civil. Subchefia para Assuntos Jurídicos. Emenda Constitucional nº 20, de 15 de dezembro de 1998. Disponível em: http://www.planalto.gov.br/ccivil_03/constituicao/emendas/emc/emc20.htmAcesso em: 20 mar. 2022.

O Decreto 3.048/99, em seu § 1º do artigo 11,[31] exemplifica como segurado facultativo a dona de casa, o síndico de condomínio que não recebe remuneração, o estudante, o bolsista e o estagiário, entre outros.

A cada um dos segurados da Previdência Social, sejam obrigatórios ou facultativos, há a delimitação acerca da responsabilidade pelo recolhimento das contribuições previdenciárias.

Cabe a empresa arrecadar as contribuições dos segurados empregados e trabalhadores avulsos a seu serviço, descontando-as da respectiva remuneração.[32] Ainda, cabe a empresa arrecadar e a recolher os valores do segurado contribuinte individual a seu serviço, descontando-a da respectiva remuneração.[33] Também cabem a empresa ou cooperativa adquirente, consumidora ou consignatária da produção a arrecadar a contribuição previdenciária do segurado especial.

Os contribuintes individuais que não prestam serviço a empresa e os segurados facultativos estão obrigados a recolher sua contribuição por iniciativa própria.[34] Os segurados especiais também são obrigados a recolher a sua contribuição caso comercializem a sua produção no exterior; diretamente no varejo, ao consumidor pessoa física; pessoa física, proprietária ou não, que explora atividade agropecuária, a qualquer título, em caráter permanente ou temporário; e ao segurado especial.

---

31. BRASIL. Presidência da República. Casa Civil. Subchefia para Assuntos Jurídicos. Decreto nº 3.048, de 6 de maio de 1999. Disponível em: http://www.planalto.gov.br/ccivil_03/decreto/d3048.htm Acesso em: 17 mar. 2022.
32. Artigo 30. A arrecadação e o recolhimento das contribuições ou de outras importâncias devidas à Seguridade Social obedecem às seguintes normas I – a empresa é obrigada a: a) arrecadar as contribuições dos segurados empregados e trabalhadores avulsos a seu serviço, descontando-as da respectiva remuneração. BRASIL. Presidência da República. Casa Civil. Subchefia para Assuntos Jurídicos. Lei nº 8.212, de 24 de julho de 1991. Disponível em: http://www.planalto.gov.br/ccivil_03/leis/l8212cons.htm. Acesso em: 12 jun. 2022.
33. Artigo 30. A arrecadação e o recolhimento das contribuições ou de outras importâncias devidas à Seguridade Social obedecem às seguintes normas I – a empresa é obrigada a: b) recolher os valores arrecadados na forma da alínea *a* deste inciso, a contribuição a que se refere o inciso IV do artigo 22 desta Lei, assim como as contribuições a seu cargo incidentes sobre as remunerações pagas, devidas ou creditadas, a qualquer título, aos segurados empregados, trabalhadores avulsos e contribuintes individuais a seu serviço até o dia 20 (vinte) do mês subsequente ao da competência. BRASIL. Presidência da República. Casa Civil. Subchefia para Assuntos Jurídicos. Lei nº 8.212, de 24 de julho de 1991. Disponível em: http://www.planalto.gov.br/ccivil_03/leis/l8212cons.htm. Acesso em: 12 jun. 2022.
34. Artigo 30. A arrecadação e o recolhimento das contribuições ou de outras importâncias devidas à Seguridade Social obedecem às seguintes normas II – os segurados contribuinte individual e facultativo estão obrigados a recolher sua contribuição por iniciativa própria, até o dia quinze do mês seguinte ao da competência. BRASIL. Presidência da República. Casa Civil. Subchefia para Assuntos Jurídicos. Lei nº 8.212, de 24 de julho de 1991. Disponível em: http://www.planalto.gov.br/ccivil_03/leis/l8212cons.htm. Acesso em: 12 jun. 2022.

Cabe ao empregador doméstico reter e arrecadar a contribuição do seu empregado doméstico.[35]

Para os segurados que estão desobrigados a realizar a arrecadação direta da sua contribuição previdenciária, caso ocorra a sua morte, caberá ao dependente comprovar a filiação do segurado na Previdência Social, não sendo obrigada a comprovar o efetivo recolhimento das contribuições previdenciárias.

Contudo, caso seja um segurado especial e contribuinte individual que sejam os responsáveis pelo recolhimento da arrecadação previdenciária e ainda, caso seja um segurado facultativo, os dependentes deverão comprovar a filiação perante a Previdência Social, bem como o efetivo recolhimento das contribuições previdenciárias.

Poderiam os dependentes, mediante a comprovação da filiação dos segurados na Previdência Social, realizar a inscrição post mortem ou o recolhimento da contribuição previdenciária pretérita para fins de concessão da pensão por morte caso tenha ocorrido a perda da qualidade de segurado?

É unanime a jurisprudência que não pode ser realizada a inscrição e contribuição previdenciária post mortem do segurado pelos seus dependentes, sob pena de ferir os princípios da Seguridade Social.[36-37]

---

35. Artigo 30. A arrecadação e o recolhimento das contribuições ou de outras importâncias devidas à Seguridade Social obedecem às seguintes normas V – o empregador doméstico fica obrigado a arrecadar e a recolher a contribuição do segurado empregado a seu serviço e a parcela a seu cargo, até o vigésimo dia do mês seguinte ao da competência; BRASIL. Presidência da República. Casa Civil. Subchefia para Assuntos Jurídicos. Lei nº 8.212, de 24 de julho de 1991. Disponível em: http://www.planalto.gov.br/ccivil_03/leis/l8212cons.htm. Acesso em: 12 jun. 2022.
36. Súmula 52. Para fins de concessão de pensão por morte, é incabível a regularização do recolhimento de contribuições de segurado contribuinte individual posteriormente a seu óbito, exceto quando as contribuições devam ser arrecadadas por empresa tomadora de serviços. BRASIL. Turma Nacional de Uniformização. TNU. Súmula 52. Data de julgamento: 29 mar 2012. Disponível em: https://www.cjf.jus.br/phpdoc/virtus/sumula.php?nsul=52&PHPSESSID=70oijrtngko5jl8nru8hupd8m1#:~:text=Para%20fins%20de%20concess%C3%A3o%20de,por%20empresa%20tomadora%20de%20servi%C3%A7os. Acesso em: 24 jul. 2022.
37. No mesmo sentido decisões do STJ não permitem o recolhimento post mortem. Previdenciário. Recurso especial. Pensão por morte. Impossibilidade de recolhimento de contribuições post mortem para fins de concessão de benefício. Perda da qualidade de segurado. Impossibilidade de concessão da pensão. Recurso do INSS provido. 1. Nos termos do artigo 74 da Lei 8.213/1991, a pensão por morte será devida ao conjunto dos dependentes do Segurado falecido, não sendo exigido o cumprimento de carência. 2 Para que seja concedida a pensão por morte, faz-se necessária a comprovação da condição de dependente, bem como a qualidade de Segurado, ao tempo do óbito, sendo imprescindível o recolhimento das contribuições respectivas pelo próprio Segurado, quando em vida, para que seus dependentes possam receber o benefício de pensão por morte; o que não é o caso dos autos. 3. Esta Corte firmou a orientação de que não há base legal para, pretendendo a parte a obtenção de pensão por morte, uma inscrição post mortem ou regularização das contribuições pretéritas não recolhidas em vida pelo cujus. 4. Recurso Especial do INSS provido. BRASIL. Superior Tribunal de Justiça. STJ. Resp 1574676/SP. Min. Relator. Napoleão Nunes Maia Filho, 1ª Turma, Data de julgamento 26 fev. 2019.

As decisões mencionadas foram firmadas antes da publicação da Medida Provisória 871, de 18 de janeiro de 2019,[38] posteriormente convertida na Lei n. 13.846, de 18 de junho de 2019,[39] incluiu o § 7º no artigo 17 da Lei n. 8.213/91[40] que assim prescreve: "*Não será admitida* a inscrição *post mortem* de segurado contribuinte individual e de segurado facultativo." Dessa forma, os dependentes não poderão regularizar o pagamento das contribuições não recolhidas em vida pelo segurado e consequentemente, não farão jus ao benefício de pensão por morte.

3.4 DA DATA DE INÍCIO DA RELAÇÃO JURÍDICA DO BENEFÍCIO (DIB) DA PENSÃO POR MORTE

A data de início da relação jurídica do benefício de pensão por morte sofreu diversas mudanças legislativas e para tanto, faz-se necessário traçar um panorama histórico-cronológico para a sua devida compreensão.

Na Lei Orgânica da Previdência Social[41] não havia nenhuma menção expressa sobre a data de início do benefício de pensão, razão pela qual interpreta-se que o benefício seria devido a partir do fato gerador do benefício, qual seja, a morte do segurado.

Foi o Plano de Benefícios da Previdência Social, na sua redação original, que estipulou que a pensão por morte seria devida ao "conjunto dos dependentes do segurado que falecer, aposentado ou não, a contar da data do óbito ou da decisão judicial, no caso de morte presumida."[42]

Na redação original do Plano de Benefícios da Previdência Social, o benefício de pensão por morte sempre seria pago desde a data do óbito independentemente

---

38. BRASIL. Presidência da República. Casa Civil. Subchefia para Assuntos Jurídicos. Medida Provisória nº 871, de 18 de janeiro de 2019. Disponível em: http://www.planalto.gov.br/ccivil_03/_ato2019-2022/2019/Mpv/mpv871.htmhtm Acesso em: 17 jul. 2022.
39. BRASIL. Presidência da República. Casa Civil. Subchefia para Assuntos Jurídicos. Lei nº 13.846, de 18 de junho de 2019. Disponível em: http://www.planalto.gov.br/ccivil_03/_ato2019-2022/2019/lei/L13846.htm. Acesso em: 17 jul. 2022.
40. BRASIL. Presidência da República. Casa Civil. Subchefia para Assuntos Jurídicos. Lei nº 8.213, de 24 de janeiro de 1991. Disponível em: http://www.planalto.gov.br/ccivil_03/leis/l8213cons.htm. Acesso em: 17 jul. 2022.
41. BRASIL. Presidência da República. Casa Civil. Subchefia para Assuntos Jurídicos. Lei nº 3.807, de 26 de agosto de 1960. Disponível em: http://www.planalto.gov.br/ccivil_03/leis/1950-1969/l3807.htm. Acesso em: 17 jul. 2022.
42. Artigo 74. A pensão por morte será devida ao conjunto dos dependentes do segurado que falecer, aposentado ou não, a contar da data do óbito ou da decisão judicial, no caso de morte presumida. BRASIL. Presidência da República. Casa Civil. Subchefia para Assuntos Jurídicos. Lei nº 8.213, de 24 de janeiro de 1991. Disponível em: http://www.planalto.gov.br/ccivil_03/leis/l8213cons.htm Acesso em: 17 jul. 2022.

da idade do dependente. Contudo, a Lei 9.528/97[43] trouxe nova redação artigo 74 da Lei 8.213/91[44] e determinou que a pensão por morte seria contada do óbito, quando requerida até trinta dias depois deste ou do requerimento, quando requerida após o prazo de 30 dias. No caso de morte presumida, a pensão por morte seria concedida a partir da decisão judicial.

O Decreto 4.032/01, que deu nova redação ao Decreto 3.048/99,[45] ampliou a proteção previdenciária prevista no Plano de Benefícios da Previdência Social e possibilitou que os dependentes menores até dezesseis anos de idade requeressem a pensão por morte até trinta dias após completar essa idade e ainda assim, receberiam o benefício desde a data do óbito.[46]

Posteriormente, houve um retrocesso social trazido pelo Decreto 5.545/05 que novamente equiparou os menores de dezesseis anos com os demais dependentes do segurado, e concedeu a eles somente o prazo de trinta dias para requerer o benefício de pensão por morte e ter a concessão desde a data do óbito.[47]

Diante do previsto no Código Civil acerca da não ocorrência de prescrição contra os absolutamente incapazes, ou seja, daqueles que possuem menos do que dezesseis anos de idade, o tema foi submetido a julgamento perante à Turma Nacional de Uniformização que firmou a tese que "Contra os menores impúberes não corre o prazo do artigo 74, II, da Lei n. 8.213/91 (artigo 198, I, CC/02), devendo o benefício de pensão por morte ser deferido a partir do óbito do instituidor, observada sua quota parte e também a disposição do artigo 77, § 1º da Lei n. 8.213/91."[48]

---

43. BRASIL. Presidência da República. Casa Civil. Subchefia para Assuntos Jurídicos. Lei nº 9.528, de 10 de dezembro de 1997. Disponível em: http://www.planalto.gov.br/ccivil_03/leis/L9528.htm#art2. Acesso em: 17 jul. 2022.
44. BRASIL. Presidência da República. Casa Civil. Subchefia para Assuntos Jurídicos. Lei nº 8.213, de 24 de janeiro de 1991. Disponível em: http://www.planalto.gov.br/ccivil_03/leis/l8213cons.htm. Acesso em: 17 jul. 2022.
45. BRASIL. Presidência da República. Casa Civil. Subchefia para Assuntos Jurídicos. Decreto nº 3.048, de 6 de maio de 1999. Disponível em: http://www.planalto.gov.br/ccivil_03/decreto/d3048.htm. Acesso em: 17 jul. 2022.
46. BRASIL. Presidência da República. Casa Civil. Subchefia para Assuntos Jurídicos. Decreto nº 4.032, de 26 de novembro de 2001. Disponível em: http://www.planalto.gov.br/ccivil_03/decreto/2001/D4032.htm#art1. Acesso em: 17 jul. 2022.
47. BRASIL. Presidência da República. Casa Civil. Subchefia para Assuntos Jurídicos. Decreto nº 5.545, de 22 de setembro de 2005. Disponível em: http://www.planalto.gov.br/ccivil_03/_ato2004-2006/2005/decreto/d5545.htm. Acesso em: 17 jul. 2022.
48. BRASIL. Turma Nacional de Uniformização. TNU. Tema 81. PEDIFEL 050858-62.2007.4.05.8200/PB. Rel. Juiz Federal Antônio Fernando Schenenkel Amaral e Silva. Data de julgamento: 11 out 2012. Disponível em: https://www.cjf.jus.br/cjf/corregedoria-da-justica-federal/turma-nacional-de-uniformizacao/temas-representativos/tema-81. Acesso em: 24 jul. 2022.

A decisão foi fundamentada na inocorrência de prescrição para os menores impúberes prevista no artigo 198, I do Código Civil[49] e do artigo 79 da Lei nº 8.213/91,[50] que à época determinava que ao pensionista menor, incapaz e ausente não incorria a decadência do direito ou da ação.

A Lei nº 13.183/2015[51] ampliou o prazo para requerimento do benefício da pensão por morte determinou o pagamento do benefício desde a data do óbito desde que requerido em até noventa dias depois deste. Caso seja requerido passados os noventa dias, o benefício seria devido a partir do requerimento. Para os menores de dezesseis anos, o prazo de noventa dias somente tinha início a partir do momento que completasse dezesseis anos de idade. Se requeresse o benefício em até noventa dias após completar dezesseis anos de idade, o benefício seria pago desde a data do óbito do segurado.

Contudo, uma drástica mudança ocorreu com a Medida Provisória 871/19[52] que foi convertida na Lei 13.846/19.[53] A partir da nova redação do artigo 74 da Lei 8.213/91[54] a pensão por morte terá início da data do óbito quando requerida pelo dependente maior de 16 anos de idade até noventa dias depois; e pelo filho menor de 16 anos de idade, até 180 dias depois da ocorrência do óbito.

Frisa-se que, o legislador tratou os filhos e irmãos menores de 16 anos de forma desigual e discriminatória. Aos filhos concedeu o prazo de 180 dias depois

---

49. O Código Civil dispunha à época no artigo 198, I que "Artigo 198. Também não corre a prescrição: I – contra os incapazes de que trata o artigo 3º. Na redação original do Código Civil, os absolutamente incapazes de exercer pessoalmente os atos da vida civil eram os menos de 16 (dezesseis) anos; os que, por enfermidade ou deficiência mental, não tiverem o necessário discernimento para a práticas desses atos; os que, mesmo por causa transitória, não puderem exprimir sua vontade. A Lei 13.146/15 deu nova redação ao artigo 3º do Código Civil e manteve somente os menores de dezesseis anos como absolutamente incapazes. BRASIL. Presidência da República. Casa Civil. Subchefia para Assuntos Jurídicos. Código Civil. Disponível em: http://www.planalto.gov.br/ccivil_03/leis/2002/l10406compilada.htm. Acesso em: 17 jul. 2022.
50. Artigo 79 Não se aplica o disposto no artigo 103 desta Lei ao pensionista menor, incapaz ou ausente, na forma da lei. BRASIL. Presidência da República. Casa Civil. Subchefia para Assuntos Jurídicos. Lei nº 8.213, de 24 de janeiro de 1991. Disponível em: http://www.planalto.gov.br/ccivil_03/leis/l8213cons.htm. Acesso em: 17 jul. 2022.
51. BRASIL. Presidência da República. Casa Civil. Subchefia para Assuntos Jurídicos. Lei nº 8.213, de 24 de janeiro de 1991. Disponível em: http://www.planalto.gov.br/ccivil_03/leis/l8213cons.htm. Acesso em: 17 jul. 2022.
52. BRASIL. Presidência da República. Casa Civil. Subchefia para Assuntos Jurídicos. Medida Provisória nº 871, de 18 de janeiro de 2019. Disponível em: http://www.planalto.gov.br/ccivil_03/_ato2019-2022/2019/Mpv/mpv871.htmhtm. Acesso em: 17 jul. 2022.
53. BRASIL. Presidência da República. Casa Civil. Subchefia para Assuntos Jurídicos. Lei nº 13.846, de 18 de junho de 2019. Disponível em: http://www.planalto.gov.br/ccivil_03/_ato2019-2022/2019/lei/L13846.htm. Acesso em: 17 jul. 2022.
54. BRASIL. Presidência da República. Casa Civil. Subchefia para Assuntos Jurídicos. Lei nº 8.213, de 24 de janeiro de 1991. Disponível em: http://www.planalto.gov.br/ccivil_03/leis/l8213cons.htm. Acesso em: 17 jul. 2022.

do óbito para requerer o benefício e aos irmãos menores de 16 anos, que são absolutamente incapazes como os filhos, o prazo de 90 dias depois do óbito para requerer a pensão por morte. Já há uma ilegalidade e inconstitucionalidade no tratamento entre filhos e irmão menores de dezesseis anos, mas não é só.

O Código Civil, conforme já mencionado, dispõe que não corre prescrição contra os menores de dezesseis anos de idade. Todavia, a lei previdenciária estipulou o prazo de cento e oitenta dias para requerer o benefício, sob pena da pensão por morte não ser paga desde o óbito.

Importante destacar que, também foi revogado o artigo 79 da Lei nº 8.213/91,[55] portanto, de forma expressa na legislação previdenciária houve a estipulação de prazo prescricional para requerimento do benefício de pensão por morte para os menores de 16 anos, sejam eles filhos ou irmão.

No que concerne à proteção da família, principalmente no que tange as crianças e adolescentes, o artigo 227 da Constituição Federal[56] assegura à criança, ao adolescente e ao jovem, com absoluta prioridade, o direito à vida, à saúde, à alimentação, à educação, ao lazer, à profissionalização, à cultura, à dignidade, ao respeito, à liberdade e à convivência familiar e comunitária, além de colocá-los a salvo de toda forma de negligência, discriminação, exploração, violência, crueldade e opressão.

Percebe-se que, a intenção do constituinte foi de que a sociedade e o Estado zelassem pelos direitos das crianças e adolescentes, inclusive inerente à garantia de direitos previdenciários e trabalhistas.[57]

A previsão no Código Civil é que não há prescrição contra o menor de dezesseis anos, porém, a lei previdenciária (Lei nº 13.486/16) estipulou o prazo de cento e oitenta dias para o menor requerer a pensão por morte e o seu pagamento ser realizado desde a data do óbito, criando-se um conflito de normas, necessitando de uma análise da hermenêutica para a sua interpretação.

De tal modo, entende-se que, o menor de dezesseis anos poderá requerer o benefício de pensão por morte em até cento e oitenta dias após completar

---

55. BRASIL. Presidência da República. Casa Civil. Subchefia para Assuntos Jurídicos. Lei nº 8.213, de 24 de janeiro de 1991. Disponível em: http://www.planalto.gov.br/ccivil_03/leis/l8213cons.htm. Acesso em: 17 jul. 2022.
56. BRASIL. Presidência da República. Casa Civil. Subchefia para Assuntos Jurídicos. Constituição da República Federativa do Brasil de 1988. Disponível em: http://www.planalto.gov.br/ccivil_03/constituicao/constituicao.htm. Acesso em: 17 mar. 2021.
57. Artigo 227. CF § 3º O direito a proteção especial abrangerá os seguintes aspectos: (omissis) II – garantia de direitos previdenciários e trabalhistas; BRASIL. Presidência da República. Casa Civil. Subchefia para Assuntos Jurídicos. Constituição da República Federativa do Brasil de 1988. Disponível em: http:// www.planalto.gov.br/ccivil_03/constituicao/constituicao.htm. Acesso em: 17 mar. 2021.

essa idade, uma vez que a intenção do Constituinte foi de proteger o direito previdenciário das crianças e adolescentes e não de restringir com o fez a norma infraconstitucional.

Em caso de morte presumida, a data de início do benefício será a partir da data da decisão que declarar a ausência ou o desaparecimento.

Quanto ao desaparecimento súbito decorrente de acidente, desastre ou catástrofe, os dependentes do segurado farão jus à pensão provisória a contar da data do acontecimento do evento, mediante prova do ocorrido.

3.5 DA HABILITAÇÃO PROVISÓRIA AO BENEFÍCIO DE PENSÃO POR MORTE

Para ser concedida a pensão por morte, muitas vezes surgem dúvidas e controvérsias acerca dos dependentes que poderão ser habilitados à concessão do benefício em questão, o que, muitas vezes, ocasiona a necessidade de interposição de ação judicial para o reconhecimento da condição de dependente, a fim de propiciar a habilitação. Em algumas situações já existem dependentes habilitados ao recebimento do benefício que foi reconhecido administrativamente pelo INSS, porém, judicialmente outros dependentes poderão ser habilitados.

A Lei nº 13.846/19[58] criou o instituto da habilitação provisória ao benefício de pensão por morte, a ser requerida quando da interposição da competente ação judicial.

A referida habilitação provisória será, exclusivamente, para fins de rateio dos valores com outros dependentes, vedado o pagamento da respectiva cota até o trânsito em julgado da ação, ressalvada a existência de decisão judicial em contrário.

Ademais, na referida ação judicial, poderá o INSS proceder de ofício à habilitação excepcional da referida pensão, apenas para efeitos de rateio, descontando-se os valores referentes a esta habilitação das demais cotas, vedado o pagamento da respectiva cota até o trânsito em julgado da ação, ressalvada a existência de decisão judicial em contrário.

Caso a o pedido da ação seja julgado improcedente, o valor retido será corrigido pelos índices legais de reajustamento e será pago de forma proporcional aos demais dependentes, de acordo com as suas cotas e o tempo de duração de seus benefícios.

---

58. BRASIL. Presidência da República. Casa Civil. Subchefia para Assuntos Jurídicos. Lei nº 13.846, de 18 de junho de 2019. Disponível em: http://www.planalto.gov.br/ccivil_03/_ato2019-2022/2019/lei/L13846.htm. Acesso em: 17 jul. 2022.

Se por um lado o dispositivo incluído pela Lei 13.846/19[59] garante a reserva do benefício para quem o requereu, mas teve o benefício administrativamente negado, por outro, suspende o benefício parcialmente daquele que teve concedido administrativamente. Ademais, para o dependente que teve seu benefício negado, a reserva do benefício não lhe garante, ao menos durante o trâmite do processo, o direito ao recebimento dos valores mensais, não justificando a suspensão parcial do dependente que já vinha recebendo o benefício previdenciário.

Tem-se que, a habilitação provisória fere as garantias constitucionais, especialmente do devido processo legal previsto no artigo 5º, LIV, da Constituição Federal,[60] uma vez que há uma decisão administrativa concedendo o benefício, e outra decisão negando o benefício. Porém, ambas decisões, pelo menos até que haja o devido contraditório, estão pautadas na presunção da legalidade do ato administrativo.

Ainda, em flagrante desrespeito com as normas processuais, em especial ao instituto da tutela provisória prevista no Código de Processo Civil,[61] em seus artigos 300 e seguintes, a legislação previdenciária veda o pagamento da cota do dependente que moveu a ação judicial até o trânsito em julgado da ação, violando também o mandamento constitucional que qualquer pessoa pode ir ao Poder Judiciário para reparar lesões a direito, bem como evitar que lesões ocorram.[62]

É rotineira tal situação ocorrer no Poder Judiciário, na qual já há um dependente habilitado ao recebimento da pensão por morte e outro dependente, que teve seu benefício negado administrativamente, ingressa com ação judicial pleiteando o benefício previdenciário. As decisões dos tribunais, principalmente do Superior Tribunal de Justiça,[63] são unânimes ao reconhecer que, no caso de

---

59. BRASIL. Presidência da República. Casa Civil. Subchefia para Assuntos Jurídicos. Lei nº 13.846, de 18 de junho de 2019. Disponível em: http://www.planalto.gov.br/ccivil_03/_ato2019-2022/2019/lei/L13846.htm. Acesso em: 17 jul. 2022.
60. BRASIL. Presidência da República. Casa Civil. Subchefia para Assuntos Jurídicos. Constituição da República Federativa do Brasil de 1988. Disponível em: http://www.planalto.gov.br/ccivil_03/constituicao/constituicao.htm. Acesso em: 17 mar. 2021.
61. BRASIL. Presidência da República. Casa Civil. Subchefia para Assuntos Jurídicos. Código de Processo Civil Disponível em: http://www.planalto.gov.br/ccivil_03/_ato2015-2018/2015/lei/l13105.htm. Acesso em: 17 mar. 2021.
62. Art. 5º, XXXV. BRASIL. Presidência da República. Casa Civil. Subchefia para Assuntos Jurídicos. Constituição da República Federativa do Brasil de 1988. Disponível em: http://www.planalto.gov.br/ccivil_03/constituicao/constituicao.htm. Acesso em: 17 mar. 2021.
63. Processual civil. Previdenciário. Autarquia federal. Pensão por morte de genitor. Filho absolutamente incapaz. Habilitação tardia. Benefício devido desde a data do óbito.
    I – Na origem, trata-se de ação de concessão de benefício de pensão por morte contra o INSS, objetivando o pagamento dos valores atrasados da pensão por morte desde a data do óbito do genitor, em sua integralidade, até a habilitação da autora, inclusive 13º salários. Na sentença, julgaram-se procedentes os pedidos. No Tribunal a quo, deu-se parcial provimento à apelação do INSS, afim de fixar,

habilitação tardia, o benefício de pensão por morte somente será concedido ao novo dependente habilitado a partir da data do requerimento administrativo, justamente para evitar o pagamento em duplicidade pela autarquia previdenciária.

No mesmo sentido, o tema 223 julgado pela Turma Nacional de Uniformização[64] que entendeu que, ainda que se trate de dependente absolutamente incapaz pertencente ou não ao mesmo grupo familiar receberá o benefício de pensão por morte somente a partir da data do requerimento administrativo.

3.6 DA EXTINÇÃO DA RELAÇÃO JURÍDICA DA PENSÃO POR MORTE DEVIDA AOS DEPENDENTES FILHOS DO SEGURADO

Delimitar-se-á a análise sobre a extinção da relação jurídica do benefício da pensão por morte somente para os filhos do segurado, uma vez que é o objeto de estudo da presente tese. A reforma da previdência trazida com a Emenda Constitucional 103/19,[65] em seu artigo 23, determinou que o os critérios para o término da pensão por morte serão aqueles estabelecidos na Lei 8.213/91.

Determina o artigo 77, § 2º da Lei 8.213/91[66] que o direito à percepção da quota individual do filho cessará pela morte do pensionista; ao completar vinte e um anos de idade, salvo se for inválido ou tiver deficiência intelectual ou mental ou deficiência grave; pela cessação da invalidez, se inválido; pelo afastamento da deficiência, se pessoa com deficiência intelectual, mental ou deficiência grave.

---

provisoriamente, a adoção dos critérios de correção e juros de mora previstos na Lei n. 11.960/2009, possibilitando a execução do valor incontroverso até a solução definitiva do STF sobre o tema. Esta Corte conheceu do agravo para dar provimento ao recurso especial, e determinar que o termo inicial para pagamento da pensão por morte é a data do requerimento administrativo realizado pelo segurado. II – Primeiramente, cumpre destacar que a questão ora controvertida está relacionada à habilitação tardia de dependente incapaz para receber pensão por morte que já estava sendo paga regularmente a outros dependentes. Nesse contexto, a jurisprudência do Superior Tribunal de Justiça é pacífica ao afirmar que, para evitar o pagamento em duplicidade pelo INSS, o termo inicial para a concessão da pensão por morte é a data do requerimento administrativo do segurado tardiamente habilitado, quando o mencionado benefício previdenciário já estiver sendo pago pela autarquia aos demais dependentes do falecido. Nesse sentido: REsp 1.664.036/RS, relator Ministro Herman Benjamin, Segunda Turma, julgado em 23.05.2019, DJe 06.11.2019; REsp 1.572.524/SP, relator Ministro Napoleão Nunes Maia Filho, relator p/ Acórdão Ministro Benedito Gonçalves, Primeira Turma, julgado em 26.02.2019, DJe 14.03.2019. BRASIL. Superior Tribunal de Justiça – STJ. AgInt no AResp 1759346. Rel. Min. Herman Benjamin. Data de julgamento: 26.04.2021.

64. BRASIL. Turma Nacional de Uniformização. TNU. Tema 223. Processo PEDILEF 0500429-55.2017.4.05.8109/CE. Rel. Juiz Federal Atanair Nasser Ribeiro Lopes. Data de julgamento: 20 nov. 2020.
65. BRASIL. Presidência da República. Casa Civil. Subchefia para Assuntos Jurídicos. Emenda Constitucional nº 103, de 12 de novembro de 2019. Disponível em: http://www.planalto.gov.br/ccivil_03/constituicao/emendas/emc/emc103.htm. Acesso em: 12 jun. 2022.
66. BRASIL. Presidência da República. Casa Civil. Subchefia para Assuntos Jurídicos. Lei nº 8.213, de 24 de julho de 1991. Disponível em: http://www.planalto.gov.br/ccivil_03/leis/l8213cons.htm. Acesso em: 12 jun. 2022.

Extrapolando o previsto na legislação ordinária, o Decreto 3.048/99[67] traz como causa de cessação da pensão por morte a adoção, para o filho adotado que receba pensão por morte dos pais biológicos, assunto que será tratado adiante.

No que tange a cessação do benefício em razão da morte do pensionista, é fato notório que a pensão por morte não gera o direito à uma outra pensão por morte, pois, para que haja a concessão de um benefício previdenciário, faz-se necessário que o beneficiário tenha com a previdência social uma relação dúplice, ou seja, que verta contribuições para que faça jus ao benefício previdenciário. No caso da pensão por morte, o vínculo do beneficiário era com o segurado da previdência social e por esta razão que não haverá a concessão de uma pensão por morte decorrente de uma outra pensão por morte.

Uma outra causa de cessação da pensão por morte para o filho é completar 21 (vinte e um) anos de idade, critério etário que será tratado no próximo capítulo. Contudo, não haverá a prorrogação da pensão por morte até os 24 (vinte e quatro) anos de idade caso o filho esteja cursando ensino superior. Nesse sentido, a Súmula 37 da Turma Nacional de Uniformização "a pensão por morte, devida ao filho até os 21 anos de idade, não se prorroga pela pendência do curso universitário".[68-69]

O assunto também foi julgado pelo Superior Tribunal de Justiça que entendeu que:

> Não há falar em restabelecimento da pensão por morte ao beneficiário, maior de 21 anos e não inválido, diante da taxatividade da lei previdenciária, porquanto não é dado ao Poder Judiciário legislar positivamente, usurpando função do Poder Legislativo.[70]

Se a pensão por morte for concedida ao filho inválido, a cota da pensão cessará com a cessação da invalidez, razão pela qual o dependente poderá ser submetido à exames médico-periciais durante o recebimento do benefício, assunto que será delimitado no capítulo seguinte.

---

67. BRASIL. Presidência da República. Casa Civil. Subchefia para Assuntos Jurídicos. Decreto nº 3.048, de 6 de maio de 1999. Disponível em: http://www.planalto.gov.br/ccivil_03/decreto/d3048.htm. Acesso em: 12 jun. 2022.
68. BRASIL. Turma Nacional de Uniformização – TNU. Súmula 37. Data de julgamento: 31 mai. 2007.
69. No mesmo sentido o julgamento do Tema 7 pela Turma Nacional de Uniformização "É indevida a prorrogação da pensão por morte ao filho maior de 21 anos, ainda que esteja cursando o ensino superior." BRASIL. Turma Nacional de Uniformização. TNU. Tema 7. PEDIFEL 2005.63.11.006938-1/SP. Rel. Juíza Federal Simone dos Santos Lemos Fernandes. Data de julgamento: 06 set. 2011. Disponível em: https://www.cjf.jus.br/cjf/corregedoria-da-justica-federal/turma-nacional-de-uniformizacao/temas-representativos. Acesso em: 24 jul. 2022.
70. BRASIL. Superior Tribunal de Justiça – STJ. Resp 1369832/SP. Min Rel. Arnaldo Esteves Lima. Data de julgamento: 12 jun. 2013. Disponível em: https://processo.stj.jus.br/repetitivos/temas_repetitivos/pesquisa.jsp. Acesso em: 24 jul. 2022.

Da mesma forma com relação ao filho com deficiência intelectual, mental ou deficiência grave, o benefício de pensão por morte será pago enquanto perdurar a deficiência, uma vez afastada, cessa o benefício previdenciário.

Importante esclarecer que, a quota do filho dependente que se tornar inválido ou pessoa com deficiência intelectual, mental ou grave antes de completar vinte e um anos de idade não será extinta se confirmada a invalidez ou a deficiência[71] pela Perícia Médica Federal, no caso da invalidez, e por meio de avaliação biopsicossocial realizado por equipe multiprofissional e interdisciplinar, em se tratando de deficiência.

Destaque-se que, o exercício de atividade remunerada, inclusive na condição de microempreendedor individual, não impede a concessão ou manutenção da parte individual da pensão do dependente com deficiência intelectual ou mental ou com deficiência grave.[72]

Critica se faz a respeito do critério estabelecido pelo Decreto 3.048/99[73] para a cessação da cota individual da pensão por morte pela adoção, para o filho adotado que receba pensão por morte dos pais biológicos. A causa de cessação foi uma inovação trazida pelo Decreto, uma vez que não se encontra previsto da Lei 8.213/91.[74] Com base na hierarquia das normas, não poderia o decreto regulamentar extrapolar os requisitos estipulados por lei e criar condições não previstas na norma.

Segundo Celso Antônio Bandeira de Melo, regulamento é:

> o ato geral e (de regra) abstrato de competência privativa do Chefe do Poder Executivo, expedido com a estrita finalidade de produzir as disposições operacionais uniformizadoras necessárias à execução de lei cuja aplicação demande atuação da Administração Pública.[75]

---

71. Artigo 108. A pensão por morte será devida ao filho, ao enteado, ao menor tutelado e ao irmão, desde que comprovada a dependência econômica dos três últimos, que sejam inválidos ou que tenham deficiência intelectual, mental ou grave, cuja invalidez ou deficiência tenha ocorrido antes da data do óbito, observado o disposto no § 1º do artigo 17. BRASIL. Presidência da República. Casa Civil. Subchefia para Assuntos Jurídicos. Decreto nº 3.048, de 6 de maio de 1999. Disponível em: http://www.planalto.gov.br/ccivil_03/decreto/d3048.htm. Acesso em: 12 jun. 2022.
72. Artigo 77, § 6º. BRASIL. Presidência da República. Casa Civil. Subchefia para Assuntos Jurídicos. Decreto nº 3.048, de 6 de maio de 1999. Disponível em: http://www.planalto.gov.br/ccivil_03/decreto/d3048.htm. Acesso em: 12 jun. 2022.
73. Artigo 114. O pagamento da cota individual da pensão por morte cessa: IV – pela adoção, para o filho adotado que receba pensão por morte dos pais biológicos. BRASIL. Presidência da República. Casa Civil. Subchefia para Assuntos Jurídicos. Decreto nº 3.048, de 6 de maio de 1999. Disponível em: http://www.planalto.gov.br/ccivil_03/decreto/d3048.htm. Acesso em: 12 jun. 2022.
74. BRASIL. Presidência da República. Casa Civil. Subchefia para Assuntos Jurídicos. Lei nº 8.213, de 24 de julho de 1991. Disponível em: http://www.planalto.gov.br/ccivil_03/leis/l8213cons.htm. Acesso em: 12 jun. 2022.
75. MELLO, Celso Antônio Bandeira. Curso de Direito Administrativo. 34. ed. São Paulo: Saraiva, 2019, p. 351.

Tem-se que, somente a lei pode inovar a ordem jurídica. Cabe ao regulamento inovar dentro do permitido pela lei. Nesse sentido, Ponte de Miranda ensina:

> Onde se estabelecem, alteram ou extinguem direitos, não há regulamentos – há abuso do poder regulamentar, invasão de competência legislativa. O regulamento não é mais do que auxiliar das leis, auxiliar que sói pretender, não raro, o lugar delas, mas sem que possa, com tal desenvoltura, justificar-se e lograr que o elevam à categoria de lei.[76]

Dessa forma, o Decreto 3.048/99[77] inovou e extrapolou a sua função regulamentar ao criar uma causa de cessação do benefício de pensão por morte para os filhos que recebiam a pensão por morte dos pais biológicos e foram adotados, razão pela qual deve prevalecer o previsto na legislação ordinária e manter o pagamento da pensão por morte ao filho menor de 21 (vinte e um) anos ainda que seja adotado.

A legislação previdenciária trouxe o instituto da indignidade prevista no Código Civil e estabeleceu que, se houver fundados indícios de autoria, coautoria ou participação de dependente, ressalvados os absolutamente incapazes e os inimputáveis, em homicídio, ou em tentativa desse crime, cometido contra a pessoa do segurado, será possível a suspensão provisória de sua parte no benefício de pensão por morte, mediante processo administrativo próprio, respeitados a ampla defesa e o contraditório, e serão devidas, em caso de absolvição, todas as parcelas corrigidas desde a data da suspensão, bem como a reativação imediata do benefício.

Também será excluído definitivamente da condição de dependente quem tiver sido condenado criminalmente por sentença com trânsito em julgado, como autor, coautor ou partícipe de homicídio doloso, ou de tentativa desse crime, cometido contra a pessoa do segurado, ressalvados os absolutamente incapazes e os inimputáveis.

A Emenda Constitucional 103/19,[78] diferentemente do previsto na Lei 8.213/91,[79] estabeleceu que, as cotas por dependente cessarão com a perda dessa qualidade e não serão reversíveis aos demais dependentes.

---

76. MIRANDA, Pontes de. *Comentários à Constituição de 1967 com a Emenda n. 1 de 1969.* 2. ed. T. III, RT, 1970, p. 340.
77. BRASIL. Presidência da República. Casa Civil. Subchefia para Assuntos Jurídicos. Decreto nº 3.048, de 6 de maio de 1999. Disponível em: http://www.planalto.gov.br/ccivil_03/decreto/d3048.htm. Acesso em: 12 jun. 2022.
78. BRASIL. Presidência da República. Casa Civil. Subchefia para Assuntos Jurídicos. Emenda Constitucional nº 103, de 12 de novembro de 2019. Disponível em: http://www.planalto.gov.br/ccivil_03/constituicao/emendas/emc/emc103.htm. Acesso em: 17 mar. 2022.
79. BRASIL. Presidência da República. Casa Civil. Subchefia para Assuntos Jurídicos. Lei nº 8.213, de 24 de julho de 1991. Disponível em: http://www.planalto.gov.br/ccivil_03/leis/l8213cons.htm. Acesso em: 12 jun. 2022.

3.7 DO CRITÉRIO PESSOAL

Como toda a relação jurídica, a pensão por morte possui o sujeito ativo e o sujeito passivo. O sujeito ativo do benefício em questão é o dependente do segurado. Dependentes são aqueles que estão arrolados no artigo 16 da Lei 8.213/91,[80] quais sejam: I – o cônjuge, a companheira, o companheiro e o filho não emancipado, de qualquer condição, menor de 21 (vinte e um) anos ou inválido ou que tenha deficiência intelectual ou mental ou deficiência grave; II – os pais; III – o irmão não emancipado, de qualquer condição, menor de 21 (vinte e um) anos ou inválido ou que tenha deficiência intelectual ou mental ou deficiência grave. O objeto da presente tese é o estudo dos filhos socioafetivos do segurado, que serão estudados nos capítulos adiante.

O sujeito passivo do benefício é o Poder Público. Contudo, não é o Estado que presta o serviço público da Previdência Social diretamente, e sim uma pessoa jurídica criada especificamente para isso: o Instituto Nacional do Seguro Social – INSS, Autarquia Federal.

3.8 DO CRITÉRIO QUANTITATIVO

A base de cálculo da pensão por morte até a Emenda Constitucional 103/19,[81] ou seja, para óbitos ocorridos até 13 de novembro de 2019 "consistirá no valor da aposentadoria que o segurado percebeu até a data do falecimento ou daquele a que teria direito se estivesse aposentado por invalidez".[82]

Para os óbitos ocorridos a partir de 14 de novembro de 2019, a base de cálculo da pensão passou a ser aplicada sobre o valor da aposentadoria que o segurado já recebia ou daquela que teria direito se fosse aposentado por incapacidade permanente.

Ao contrário da Lei 8.213/91[83] que não fazia distinção entre o cálculo da aposentadoria por invalidez acidentária e previdenciária, a Emenda Constitu-

---

80. BRASIL. Presidência da República. Casa Civil. Subchefia para Assuntos Jurídicos. Lei nº 8.213, de 24 de julho de 1991. Disponível em: http://www.planalto.gov.br/ccivil_03/leis/l8213cons.htm. Acesso em: 12 jun. 2022.
81. BRASIL. Presidência da República. Casa Civil. Subchefia para Assuntos Jurídicos. Emenda Constitucional nº 103, de 12 de novembro de 2019. Disponível em: http://www.planalto.gov.br/ccivil_03/constituicao/emendas/emc/emc103.htm. Acesso em: 17 mar. 2022.
82. BALERA, Wagner. MUSSI, Cristiane Miziara. *Direito previdenciário*: seguridade social, regimes previdenciários, custeio, processo administrativo e benefícios. 13. ed. Curitiba: Juruá, 2022, p. 502.
83. BRASIL. Presidência da República. Casa Civil. Subchefia para Assuntos Jurídicos. Lei nº 8.213, de 24 de julho de 1991. Disponível em: http://www.planalto.gov.br/ccivil_03/leis/l8213cons.htm. Acesso em: 12 jun. 2022.

cional 103/19[84] estipulou cálculo diverso das aposentadorias por incapacidade, a depender do fato gerador. Assim, é de suma relevância analisar se a morte foi em decorrência de acidente do trabalho, doença profissional ou doença do trabalho.

Antes de adentrar nessa questão, é importante mencionar a alteração na Emenda Constitucional 103/2019,[85] que determina que o salário de benefício será calculado com base na média aritmética simples dos salários de contribuição, atualizado monetariamente, correspondente a 100% (cem por cento) do período contributivo desde a competência de julho de 1994 ou desde o início da contribuição, se posterior àquela competência. A média não poderá superar o valor máximo do salário de contribuição do Regime Geral de Previdência Social.

A Lei 8.213/91[86] previa em seu artigo 29, que o salário de benefício seria o resultado da média aritmética simples dos maiores salários de contribuição, atualizados monetariamente, correspondentes a oitenta por cento de todo o período contributivo desde a competência de julho de 1994 ou desde o início da contribuição, se posterior a aquela competência.

O valor do benefício de pensão por morte, que não tenha como fato gerador um acidente do trabalho, será calculado nos mesmos moldes do cálculo da aposentadoria por incapacidade permanente, ou seja, o valor da aposentadoria corresponderá a 60% (sessenta por cento) da média aritmética explicada acima, com acréscimo de 2 (dois) pontos percentuais para cada ano de contribuição que exceder o tempo de 20 (vinte) anos de contribuição, conforme prescreve o artigo 26, § 2º, III, da Emenda Constitucional 103/19.[87]

Caso o óbito tenha sido de segurada, o acréscimo de 2% (dois) pontos percentuais para cada ano de contribuição que exceder o tempo de 15 (quinze) anos de contribuição.

---

84. BRASIL. Presidência da República. Casa Civil. Subchefia para Assuntos Jurídicos. Emenda Constitucional nº 103, de 12 de novembro de 2019. Disponível em: http://www.planalto.gov.br/ccivil_03/constituicao/emendas/emc/emc103.htm. Acesso em: 17 mar. 2022.
85. BRASIL. Presidência da República. Casa Civil. Subchefia para Assuntos Jurídicos. Emenda Constitucional nº 103, de 12 de novembro de 2019. Disponível em: http://www.planalto.gov.br/ccivil_03/constituicao/emendas/emc/emc103.htm. Acesso em: 17 mar. 2022.
86. BRASIL. Presidência da República. Casa Civil. Subchefia para Assuntos Jurídicos. Lei nº 8.213, de 24 de julho de 1991. Disponível em: http://www.planalto.gov.br/ccivil_03/leis/l8213cons.htm. Acesso em: 12 jun. 2022.
87. BRASIL. Presidência da República. Casa Civil. Subchefia para Assuntos Jurídicos. Emenda Constitucional nº 103, de 12 de novembro de 2019. Disponível em: http://www.planalto.gov.br/ccivil_03/constituicao/emendas/emc/emc103.htm. Acesso em: 17 mar. 2022.

Caso a morte tenha sido causada por um acidente do trabalho, doença profissional ou doença do trabalho, o seu cálculo deverá ser o mesmo da aposentadoria por incapacidade permanente acidentária, ou seja, corresponderá a 100% (cem por cento) da média aritmética acima estudada, nos termos do artigo 26, § 3º, II da Emenda Constitucional 103/19.[88]

Até a Emenda Constitucional 103/19,[89] a alíquota da pensão por morte aplicada sobre a base de cálculo acima exposta era de 100% (cem) por cento do salário de benefício do segurado, sendo esse valor rateado entre os dependentes habilitados ao recebimento da pensão por morte.

Com a Emenda Constitucional nº 103/2019,[90] mudou a sistemática do cálculo do benefício de pensão por morte. Anteriormente, o cálculo do benefício era baseado em 100% do valor recebido pelo segurado que faleceu. Após a vigência da Emenda Constitucional nº 103/2019, ocorreu uma alteração na forma em que o benefício da pensão por morte é calculado, tendo sido reduzido para 50% do valor recebido pelo segurado que faleceu ou 50% do valor que teria direito se fosse aposentado por incapacidade permanente na data do óbito. Ademais, a cota familiar será acrescida de cotas de 10 (dez) pontos percentuais por dependente, até o máximo de 100% (cem por cento), não podendo o valor ser inferior ao salário-mínimo.

Conforme já exposto no tópico sobre o término do benefício, caso cesse o direito do dependente de receber o benefício de pensão por morte, a sua cota não será reversível aos demais dependentes, preservando o valor de 100% (cem por cento) da pensão por morte, quando o número de dependentes remanescentes foi igual ou superior a 5 (cinco).

A Emenda Constitucional 103/2019 impôs também o limite para o acréscimo de cotas por dependentes, sendo que a cota familiar aumentará em 10% por dependentes, porém será limitada até o máximo de 100%. Assim, caso o segurado tenha mais de cinco dependentes previdenciários, o valor sempre será limitado a 100%, sendo dividido em partes iguais entre todos, conforme a seguinte tabela explicativa:

---

88. BRASIL. Presidência da República. Casa Civil. Subchefia para Assuntos Jurídicos. Emenda Constitucional nº 103, de 12 de novembro de 2019. Disponível em: http://www.planalto.gov.br/ccivil_03/constituicao/emendas/emc/emc103.htm. Acesso em: 17 mar. 2022.
89. BRASIL. Presidência da República. Casa Civil. Subchefia para Assuntos Jurídicos. Emenda Constitucional nº 103, de 12 de novembro de 2019. Disponível em: http://www.planalto.gov.br/ccivil_03/constituicao/emendas/emc/emc103.htm. Acesso em: 17 mar. 2022.
90. BRASIL. Presidência da República. Casa Civil. Subchefia para Assuntos Jurídicos. Emenda Constitucional nº 103, de 12 de novembro de 2019. Disponível em: http://www.planalto.gov.br/ccivil_03/constituicao/emendas/emc/emc103.htm. Acesso em: 17 mar. 2022.

QUANTIDADE DE DEPENDENTES	COTAS POR DEPENDENTES
01	50% + 10 = 60%
02	50% + 20 = 70%
03	50% + 30 = 80%
04	50% + 40 = 90%
05	50% + 50 = 100%
06	LIMITADO A 100%
06	LIMITADO A 100%
07	LIMITADO A 100%
08	LIMITADO A 100%
09	LIMITADO A 100%
10	LIMITADO A 100%

Tabela 1: cotas por dependentes na pensão por morte conforme a alteração estabelecida pela Emenda Constitucional nº 103/2019.

Nesse cenário, se algum dependente vier a perder a qualidade de segurado, fazendo cessar a sua cota, essa cota não será revertida aos demais segurados. O que vai ocorrer é a diminuição do percentual de 10% do valor da cota familiar referente à pessoa que perdeu sua qualidade de dependente no referido benefício da pensão por morte. Por exemplo: a pensão por morte foi concedida para a viúva e o filho menor de idade, com cota de 70% do valor do benefício (50% + 10%+10%). O filho completa 21 anos de idade e ocorre a extinção de sua cota familiar. Nesse sentido, o novo benefício de pensão por morte será concedido apenas para a viúva, e será no valor correspondente a 60% (50+10%).

Os dependentes inválidos ou com deficiência intelectual, mental ou grave recebem tratamento diferenciado com relação à alíquota da pensão por morte. Não haverá a cota familiar de 50% (cinquenta por cento) acrescida de 10% (dez por cento) por dependente. Os dependentes inválidos ou com deficiência intelectual, mental ou grave receberão 100% (cem por cento) da aposentadoria recebida pelo segurado ou daquela que teria direito se fosse aposentado por incapacidade permanente na data do óbito.

Se os dependentes inválidos ou com deficiência intelectual, mental ou grave perderem a sua condição de dependente, o benefício de pensão por morte será recalculado observado a cota familiar e o acréscimo de 10% (dez por cento) por número de dependentes. Após o cálculo da pensão por morte, com a devida aplicação da cota familiar e a conta de dependente sobre o valor do benefício, a pensão por morte será rateada entre os dependentes em partes iguais.

4
DOS FILHOS COMO DEPENDENTES DO SEGURADO – CRITÉRIO PESSOAL DO RECEBIMENTO DA PENSÃO POR MORTE

4.1 DA HISTORICIDADE DA PROTEÇÃO CONCEDIDA AOS DEPENDENTES DO SEGURADO

Far-se-á, em primeiro lugar, uma análise da historicidade dos dependentes do segurado para fins de recebimento do benefício de pensão por morte. Limita-se a referida análise na Lei Orgânica da Previdência Social, uma vez que, era esta a legislação previdenciária que se encontrava em vigor quando da promulgação da Constituição Federal de 1988.

A redação original da Lei 3.807/60[1] (Lei Orgânica da Previdência Social), dispunha em seu artigo 11, quem eram os dependentes do segurado. Os dependentes eram divididos em dependentes de primeira classe, dependentes de segunda classe e dependentes de terceira classe, conforme os incisos I, II e III do artigo 11 da Lei 3.807/60. Os dependentes de primeira classe não precisavam comprovar dependência econômica, pois essa era presumida. Já os dependentes de segunda e terceira classe necessitavam comprovar a dependência econômica. Outro ponto, é que a primeira classe exclui a segunda classe e a terceira classe como dependentes do segurado e a segunda classe exclui a terceira classe como dependentes do segurado.[2]

Como dependentes de primeira classe, existiam a esposa, o marido inválido, os filhos de qualquer condição, quando inválidos ou menores de 18 (dezoito)

---

1. BRASIL. Presidência da República. Casa Civil. Subchefia para Assuntos Jurídicos. Lei Orgânica da Previdência Social. Disponível em: http://www.planalto.gov.br/ccivil_03/leis/1950-1969/l3807.htm. Acesso em: 12 jun. 2022.
2. Conforme o § 1º do artigo 16 da Lei nº 8213/91: § 1º A existência de dependente de qualquer das classes deste artigo exclui do direito às prestações os das classes seguintes. BRASIL. Lei nº 8.213/91. Disponível em: https://www.planalto.gov.br/ccivil_03/leis/l8213cons.htm. Acesso em: 17 jan. 2022.

anos, as filhas solteiras de qualquer condição, quando inválidas ou menos de 21 (vinte e um anos). Também eram dependentes do segurado, o pai inválido e a mãe, bem como os irmãos inválidos ou menores de 18 (dezoito) e as irmãs solteiras, quando inválidas ou menores de 21 (vinte e um anos).

Competia ao segurado designar, para fins de percepção de prestações, uma pessoa que viva sob sua dependência econômica, inclusive a filha ou irmã maior, solteira, viúva ou desquitada.

A pessoa designada somente faria jus a prestação caso não existissem os dependentes de primeira classe, e se por motivo de idade, condições de saúde ou encargos domésticos, não puderem angariar meios para o seu sustento.

O Decreto-lei 66, de 1966[3] alterou o rol de dependentes para fins de recebimento dos benefícios previdenciários. Trouxe como dependentes de primeira classe a esposa, o marido inválido, os filhos de qualquer condição menores de 18 (dezoito) anos ou inválidos, e as filhas solteiras de qualquer condição menores de 21 (vinte e um) anos ou inválidas.

Eram equipados a filhos para fins de recebimento da prestação, nas mesmas condições dos dependentes de primeira classe, desde que mediante declaração escrita do segurado, o enteado; o menor, que, por determinação judicial, se ache sob sua guarda e o menor que se ache sob sua tutela e não possua bens suficientes para o próprio sustento e educação.

Na segunda classe de dependentes estava elencada a pessoa designada pelo segurado que, se do sexo masculino, só poderia ser menor de 18 (dezoito) anos ou maior de 60 (sessenta) anos ou inválida. Destaque-se que, muito embora estivesses tais pessoas na segunda classe de dependentes, na inexistência de esposa ou marido inválido com direito às prestações, a pessoa designada poderia, mediante declaração escrita do segurado, concorre com os seus filhos.

Caso o segurado não fosse civilmente casado, considerava-se tacitamente designada a pessoa com que se tinha casado segundo rito religioso, situação em que, presumia-se feita a declaração escrita, e assim, podia concorrer com os filhos para recebimento das prestações.

Como dependentes de terceira classe, encontravam-se o pai inválido e a mãe. Mediante declaração escrita do segurado, eles poderiam concorrem para fins de recebimento do benefício com o a esposa ou o marido inválido, ou com a pessoa designada, salvo se existirem filhos com direito às prestações.

---

3. BRASIL. Presidência da República. Casa Civil. Subchefia para Assuntos Jurídicos. Decreto-Lei nº 66, de 21 de novembro de 1966. Disponível em: http://www.planalto.gov.br/ccivil_03/Decreto-Lei/Del0066.htm#art3. Acesso em: 12 jun. 2022.

A existência de dependentes de primeira classe possuía prevalência sobre as demais. Somente no caso de existência de pessoas designadas, conforme as exceções aqui apontadas, é que poderiam concorrer com os dependentes de primeira classe em igualdade de condições.

A legislação sofreu mais uma alteração em 1977, com a Lei 5.890,[4] que incluiu na primeira classe de dependentes a companheira, desde que mantida a união há mais de 5 (cinco) anos. A mesma lei trouxe expressamente que a existência de dependentes de primeira e segunda classe (a esposa, o marido inválido, a companheira, mantida há mais de 5 (cinco) anos, os filhos de qualquer condição menores de 18 (dezoito) anos ou inválidos, e as filhas solteiras de qualquer condição, menores de 21 (vinte e um) anos ou inválidas e a pessoa designada, que, se do sexo masculino, só poderá ser menor de 18 (dezoito) anos ou maior de 60 (sessenta) anos ou inválida, respectivamente) excluíam o direito das classes subsequentes.

Os dependentes de primeira classe tinham a dependência econômica presumida, enquanto os que das demais classes precisavam comprová-la.

4.2 DA PROTEÇÃO AOS DEPENDENTES APÓS A PROMULGAÇÃO DA CONSTITUIÇÃO FEDERAL DE 1988

A Constituição Federal de 1988,[5] na sua redação original, dispunha no seu artigo 201, V, que os planos de previdência social, mediante contribuição, atenderão, nos termos da lei, a pensão por morte de segurado, homem ou mulher, ao cônjuge ou companheiro e dependentes.

A Emenda Constitucional 20/98[6] alterou o *caput* do artigo 201 e assim dispôs: "a previdência social será organizada sob a forma de regime geral, de caráter contributivo e de filiação obrigatória, observados critérios que preservem o equilíbrio financeiro e atuarial, e atenderá, nos termos da lei". Não houve modificação com relação à proteção da pensão por morte, ou seja, manteve-se a concessão do benefício pensão por morte de segurado, homem ou mulher, ao cônjuge ou companheira e dependentes.

---

4. BRASIL. Presidência da República. Casa Civil. Subchefia para Assuntos Jurídicos. Lei nº 5.890, de 8 de junho de 1973. Disponível em: http://www.planalto.gov.br/ccivil_03/leis/L5890.htm#art1. Acesso em: 12 jun. 2022.
5. BRASIL. Presidência da República. Casa Civil. Subchefia para Assuntos Jurídicos. Constituição da República Federativa do Brasil de 1988. Disponível em: http://www.planalto.gov.br/ccivil_03/constituicao/constituicao.htm. Acesso em: 12 jun. 2022.
6. BRASIL. Presidência da República. Casa Civil. Subchefia para Assuntos Jurídicos. Emenda Constitucional nº 20, de 15 de dezembro de 1998. Disponível em: http://www.planalto.gov.br/ccivil_03/constituicao/emendas/emc/emc20.htm. Acesso em: 12 jun. 2022.

Em 2019, a Emenda Constitucional 103[7] deu nova redação ao *caput* do artigo 201: "a previdência social será organizada sob a forma do Regime Geral de Previdência Social, de caráter contributivo e de filiação obrigatória, observados critérios que preservem o equilíbrio financeiro e atuarial, e atenderá, na forma da lei, a: V – pensão por morte do segurado, homem ou mulher, ao cônjuge ou companheiro e dependentes, observado o disposto no § 2º". A proteção da pensão por morte permaneceu inalterada no que tange os dependentes do segurado.

A Lei 8.213/91[8] trouxe em sua redação original, no artigo 16, o rol de beneficiários do Regime Geral de Previdência Social, na condição de dependente do segurado. Como dependentes de primeira classe estavam elencados o cônjuge, a companheira, o companheiro e o filho, de qualquer condição, menor de 21 (vinte e um) anos ou inválido.

A legislação tratou de definir quem é considerado companheiro ou companheira, como sendo a pessoa que, sem ser casada, mantém união estável com o segurado ou com a segurada, de acordo com o § 3º do artigo 226 da Constituição Federal.[9-10-11]

Como forma de concretização do princípio da igualdade inserido na Constituição Federal de 1988, os maridos foram incluídos no rol de dependentes. Até então, somente os maridos inválidos que estavam elencados como beneficiários.

---

7. BRASIL. Presidência da República. Casa Civil. Subchefia para Assuntos Jurídicos. Emenda Constitucional nº 103, de 12 de novembro de 2019. Disponível em: http://www.planalto.gov.br/ccivil_03/constituicao/emendas/emc/emc103.htm. Acesso em: 12 jun. 2022.
8. BRASIL. Presidência da República. Casa Civil. Subchefia para Assuntos Jurídicos. Lei nº 8.213, de 24 de julho de 1991. Disponível em: http://www.planalto.gov.br/ccivil_03/leis/l8213cons.htm. Acesso em: 12 jun. 2022.
9. Artigo 226, § 3º Para efeito da proteção do Estado, é reconhecida a união estável entre o homem e a mulher como entidade familiar, devendo a lei facilitar sua conversão em casamento. BRASIL. Presidência da República. Casa Civil. Subchefia para Assuntos Jurídicos. Constituição da República Federativa do Brasil de 1988. Disponível em: http://www.planalto.gov.br/ccivil_03/constituicao/constituicao.htm. Acesso em: 12 jun. 2022.
10. A Ação Direta de Inconstitucionalidade (ADI) 4277 e a Arguição de Descumprimento de Preceito Fundamental (ADPF) 132 julgadas pelo STF reconheceram a união entre pessoas do mesmo sexo, como entidade familiar, desde que atendidos os requisitos exigidos para a constituição da união estável entre homem e mulher, e concedeu os mesmo direitos e deveres dos companheiros nas uniões estáveis heteroafetivas para as uniões homoafetivas.
11. O Decreto 10.410/20, que alterou o Decreto 3.048/99 trouxe em seu artigo 16, §6º a definição mais recente de união estável, como sendo aquela configurada na convivência pública, contínua e duradoura entre pessoas, estabelecida com intenção de constituição de família, observado o disposto no § 1º do artigo 1.723 da Lei nº 10.406, de 2002 – Código Civil, desde que comprovado o vínculo na forma estabelecida no § 3º do artigo 22.. BRASIL. Presidência da República. Casa Civil. Subchefia para Assuntos Jurídicos. Decreto nº 3.048/99, de 6 de maio de 1999. Disponível em: http://www.planalto.gov.br/ccivil_03/decreto/d3048.htm. Acesso em: 12 jun. 2022.

Os dependentes de segunda classe, pelo Plano de Benefícios da Previdência Social, eram os pais e os dependentes de terceira classe eram os irmãos, de qualquer condição, menor de 21 (vinte e um) anos ou inválido.

A redação original da Lei 8.213/91 manteve a figura do dependente designado, que estava arrolado no artigo 16, IV e assim a classificava: "a pessoa designada, menor de 21 (vinte e um) anos ou maior de 60 (sessenta) anos ou inválida".

Ainda, estabelecia a legislação que equiparava a filho, nas mesmas condições dos dependentes de primeira classe, o enteado, o menor, que por determinação judicial esteja sob a sua guarda e o menor que esteja sob sua tutela e não possuía condições suficientes para o próprio sustento e educação.

A Lei 9.032/95[12] acarretou significativas mudanças no rol de dependentes do segurado, sendo a principal delas a exclusão do dependente designado para fins de recebimento da pensão por morte. Mantiveram-se o cônjuge, a companheira, o companheiro como dependentes de primeira classe. Com relação aos filhos, a legislação passou a exigir que não fossem emancipados, de qualquer condição, menor de 21 (vinte e um) anos ou inválido, como dependentes de primeira classe. Os pais como dependentes de segunda classe e os irmãos não emancipados, de qualquer condição, menores de 21 (vinte e um) anos ou inválidos.

Outra importante alteração na legislação previdenciária foi trazida pela Lei 9.528/97,[13] que deu nova redação ao artigo 16, § 2º e excluiu a figura do menor sob guarda da proteção previdenciária ao dispor "o enteado e o menor tutelado equiparam-se a filho mediante declaração do segurado e desde que comprovada a dependência econômica na forma estabelecida no Regulamento".

A Lei 12.470/11[14] ampliou a proteção dos filhos e irmãos do segurado, ao possibilitar que os filhos e irmãos com deficiência intelectual ou mental que os tornem absolutamente incapazes, assim declarado judicialmente, também possuíssem a proteção previdenciária.

O Estatuto da Pessoa com Deficiência,[15] lei instituída para assegurar e promover, em condições de igualdade, o exercício dos direitos e das liberdades fun-

---

12. BRASIL. Presidência da República. Casa Civil. Subchefia para Assuntos Jurídicos. Lei nº 9.032/99, de 28 de abril de 1995. Disponível em: http://www.planalto.gov.br/ccivil_03/leis/l9032.htm. Acesso em: 12 jun. 2022.
13. BRASIL. Presidência da República. Casa Civil. Subchefia para Assuntos Jurídicos. Lei nº 9.528, de 10 de dezembro de 1997. Disponível em: http://www.planalto.gov.br/ccivil_03/leis/l9528.htm. Acesso em: 12 jun. 2022.
14. BRASIL. Presidência da República. Casa Civil. Subchefia para Assuntos Jurídicos. Lei nº 12.470, de 31 de agosto de 2011. Disponível em: http://www.planalto.gov.br/ccivil_03/_Ato2011-2014/2011/Lei/L12470.htm. Acesso em: 12 jun. 2022.
15. BRASIL. Presidência da República. Casa Civil. Subchefia para Assuntos Jurídicos. Lei nº 13.146, de 6 de julho de 2015. Disponível em: http://www.planalto.gov.br/ccivil_03/_Ato2015-2018/2015/Lei/L13146.htm#art101. Acesso em: 12 jun. 2022.

damentais por pessoas com deficiência, visando à sua inclusão social e cidadania, deu nova redação ao artigo 16, incisos I e III da Lei 8.213/91. O filhos e irmãos que terão a proteção previdenciária serão os não emancipados, de qualquer condição, menores de 21 (vinte e um) anos ou inválidos ou que tenham deficiência intelectual ou mental ou deficiência grave.

A dependência econômica dos dependentes de primeira classe, quais sejam, o cônjuge, a companheira, o companheiro e o filho não emancipado, de qualquer condição, menor de 21 (vinte e um) anos ou inválido ou que tenha deficiência intelectual ou mental ou deficiência grave é presumida e a dependência econômica das demais classes deverá ser comprovada.

4.3 DA COMPROVAÇÃO DE DEPENDÊNCIA ECONÔMICA DOS FILHOS E DAS PESSOAS A ELES EQUIPARADAS

A Lei 8.213/91 traz expressamente em seu § 4º do artigo 16[16] que a dependência econômica indicada no inciso I é presumida e das demais deve ser comprovada. Tem-se que a comprovação de dependência do filho, não emancipado, de qualquer condição, menor de 21 (vinte e um) anos ou inválido ou que tenha deficiência intelectual ou mental ou deficiência grave é automática, pois não está condicionada a nenhum tipo de comprovação de dependência. Questiona-se que a presunção prevista na lei é absoluta ou relativa.

A presunção prevista no §4º do artigo 16 da Lei 8.213/91[17] é classificada como presunção legal conceituada como "normas jurídicas que ordenam que se admita e juízo como provado um fato de existência duvidosa, desde que não haja prova em contrário".[18]

Questiona-se se a presunção legal prevista na norma é absoluta ou relativa.

A presunção absoluta é tida como *juris et jure*, porque nenhuma prova as destrói, seja literal ou testemunhal, ou até mesmo a confissão. Na presunção absoluta "o juiz não se convence da veracidade dos fatos ou situações, mas é coagido a aceitá-las como base de seu julgamento".[19]

Maluf ensina que para a presunção ser classificada como absoluta:

---

16. BRASIL. Presidência da República. Casa Civil. Subchefia para Assuntos Jurídicos. Lei nº 8.213, de 24 de julho de 1991. Disponível em: http://www.planalto.gov.br/ccivil_03/leis/l8213cons.htm. Acesso em: 12 jun. 2022.
17. BRASIL. Presidência da República. Casa Civil. Subchefia para Assuntos Jurídicos. Lei nº 8.213, de 24 de julho de 1991. Disponível em: http://www.planalto.gov.br/ccivil_03/leis/l8213cons.htm. Acesso em: 12 jun. 2022.
18. COVELLO, Sergio Carlos. *A presunção em matéria civil*. São Paulo: Saraiva, 1983, p. 54.
19. COVELLO, Sergio Carlos. *A presunção em matéria civil*. São Paulo: Saraiva, 1983, p. 63.

não se exige que haja uma lei especial determinando a natureza da presunção *juris et de jure*, mas em todo o caso, como excepcionais que são, somente quando a lei determina, ou proíbe expressamente qualquer prova em contrário, poder-se-á admitir tenham as presunções essa natureza.[20]

Com relação à presunção absoluta Carnelutti ensina que "se la prova c'è, il giudice non puo ritenere e fatti diversamente da quanto secundo la prova risultan".[21]

Pontes de Miranda aduz que "a presunção legal deve ser considerada absoluta se a probabilidade contrária legal ao que se presume for extremamente pequena, ou se as discussões sobre prova forem desaconselháveis".[22]

Quando não consta expressamente na norma se a presunção é absoluta ou relativa, Maluf afirma que o melhor critério "será perquirir o motivo que levou o legislador a estabelecer a presunção e verificar se ela obedeceu a uma razão de ordem pública ou de interesse coletivo ou se teve por fim assegurar a estabilidade de uma relação de ordem geral."[23]

As presunções absolutas exercem dois papéis na técnica jurídica, quais sejam, de meio de prova e de meio de elaboração de regras jurídicas.[24] Covello afirma que somente há o que se falar em presunção absoluta "...na fase pré-legislativa. Uma vez editada a norma, desaparecem como presunções, porque se transformam em preceitos imperativos, distanciando-se do esquema da norma de presunção".[25]

Covello[26] traz as características das presunções legais em sentido técnico. Primeira delas é que não há presunção legal sem lei que a estabeleça. A jurisprudência e o costume não podem criar presunções legais. Afirma também que a lei que estabelece presunção legal é lei especial, pois a presunção somente surge quando há dois fatos conexos, já que advêm da "relação ou conexão entre um fato e outro que a lei infere do primeiro a existência do segundo.[27]

---

20. MALUF, Carlos Alberto Dabus. As presunções na teoria da prova. *Revista Da Faculdade De Direito*, Universidade de São Paulo, 79, 192-223. Disponível em: https://www.revistas.usp.br/rfdusp/article/view/67011. Acesso em: 10 jul. 2022.
21. CARNELUTTI, Francesco. *Lezioni di Diritto Processuale civile*. Padova: La Litotipo, 1986, v. 3, p. 254.
22. PONTES DE MIRANDA, Francisco Cavalcanti. *Comentários ao Código de Processo Civil*. Rio de Janeiro: Forense, 1974. t. 4, p. 236.
23. MALUF, Carlos Alberto Dabus. As presunções na teoria da prova. *Revista Da Faculdade De Direito*, Universidade De São Paulo, 79, 192-223. Disponível em: https://www.revistas.usp.br/rfdusp/article/view/67011. Acesso em: 10 jul. 2022.
24. COVELLO, Sergio Carlos. *A presunção em matéria civil*. São Paulo: Saraiva, 1983, p. 64.
25. COVELLO, Sergio Carlos. *A presunção em matéria civil*. São Paulo: Saraiva, 1983, p. 64.
26. COVELLO, Sergio Carlos. *A presunção em matéria civil*. São Paulo: Saraiva, 1983, p. 66.
27. COVELLO, Sergio Carlos. *A presunção em matéria civil*. São Paulo: Saraiva, 1983, p. 67.

O artigo 16, § 4º da Lei 8.213/91[28] prescreve que a dependência dos dependentes de primeira classe, nela incluídos os filhos do segurado, é presumida, e que dos demais dependentes deverá ser comprovada.

É possível afirmar que, até então, há presunção legal no prescrito na legislação previdenciária, já que, consta expressamente na lei e a legislação em questão é uma lei especial que trata sobre a matéria previdenciária.

Covello[29] também traz como característica da presunção legal em sentido técnico a utilização de expressões utilizadas usualmente pelo legislador, como as palavras "presunção", "presumir", ou por expressões equivalentes, como "entende-se", "considera-se". Expressamente consta a expressão "presumida" na redação do artigo 16, § 4º da Lei 8.213/91.[30]

Outra característica da presunção legal é ter o efeito de "dispensar o ônus da prova àquele que as tem em seu favor".[31] Aquele que invoca a presunção não precisa provar o fato presumido pela lei, logo, aquele que invoca ser dependente de primeira classe, teoricamente, não precisa comprovar a dependência econômica com o segurado, somente teria que provar a sua condição de dependente. Abaixo será feita uma análise jurisprudência acerca dessa afirmação.

Contudo, muito embora aquele que alegue a presunção legal tenha dispensado o ônus da prova, Covello[32] afirma que é característica da presunção legal admitir prova em contrário. "Na presunção, o fato presumido é tido pelo legislador como verdadeiro enquanto não houver prova em contrário, porque é finalidade do instituto adaptar a norma à realidade, permitindo maior plasticidade do direito."[33] Conclui Covello que "é da essência da presunção admitir prova em contrário, pois se assim não fosse ela se equipararia a qualquer outra norma que se impõe desde logo como absoluta. Na presunção legal, a persuasão do juiz é imposta por lei".[34]

A dúvida que paira é se a presunção legal prevista no artigo 16, § 4º da Lei 8.213/91 é absoluta ou relativa. Covello critica a presunção absoluta, pois não tem como objetivo fazer a prova de nada, pois o "legislador, obtida a presunção,

---

28. BRASIL. Presidência da República. Casa Civil. Subchefia para Assuntos Jurídicos. Lei nº 8.213, de 24 de julho de 1991. Disponível em: http://www.planalto.gov.br/ccivil_03/leis/l8213cons.htm. Acesso em: 12 jun. 2022.
29. COVELLO, Sergio Carlos. *A presunção em matéria civil*. São Paulo: Saraiva, 1983, p. 68.
30. BRASIL. Presidência da República. Casa Civil. Subchefia para Assuntos Jurídicos. Lei nº 8.213, de 24 de julho de 1991. Disponível em: http://www.planalto.gov.br/ccivil_03/leis/l8213cons.htm. Acesso em: 12 jun. 2022.
31. COVELLO, Sergio Carlos. *A presunção em matéria civil*. São Paulo: Saraiva, 1983, p. 69.
32. COVELLO, Sergio Carlos. *A presunção em matéria civil*. São Paulo: Saraiva, 1983, p. 71.
33. COVELLO, Sergio Carlos. *A presunção em matéria civil*. São Paulo: Saraiva, 1983, p. 71.
34. COVELLO, Sergio Carlos. *A presunção em matéria civil*. São Paulo: Saraiva, 1983, p. 71.

não quis mais discuti-la, o processo lógico que se serviu inicialmente não visa a provar coisa alguma, mas crias norma (um conceito) como outra qualquer norma imperativa".[35]

Carlos Alberto Dabus Maluf ensina que "as presunções legais absolutas, também juris et de jure, isto é, aquelas contra as quais não se admite a prova em contrário, não são propriamente presunções, no sentido lógico jurídico (...), mas disposições imperativas da lei.[36]

O mesmo autor ensina que as presunções legais condicionais, também chamadas de presunções legais relativas, têm como principal característica a inversão do ônus da prova e afirma que:

> A lei, para assim estatuir, considera: 1º) a impossibilidade ou a extrema dificuldade que haveria, para aquele em favor de quem estabelece a presunção, de produzir a prova direto do fato *probandum*; 2º) a facilidade que há para o interessado na produção do fato presumido; 3º) a existência de relações de causalidade, ligando os fenômenos uns aos outros, de como tal que a experiência nos ensina que, dado um certo fato, outro possivelmente seguirá.[37]

Jorge Americano distingue presunção absoluta de presunção relativa da seguinte forma:

> Presunção legal absoluta é, pois, a conclusão que a lei impõe ao julgador para valer definitivamente como verdade, desde que se verifiquem as premissas supostas na lei. Presunção legal condicional é a conclusão que a lei surge ao julgador, verificada as premissas nela supostas, para valer como verdade, se não apresentar prova convincente em sentido diverso.[38]

Afirma Maluf que "em regra, as presunções legais são condicionais, e excepcionalmente são absolutas nos casos expressos, ou ainda, nos implícitos, quando de outra forma não se possa entender".[39]

Em julgamento pela Turma Nacional de Uniformização, no tema 114,[40] houve a relativização da dependência econômica presumida aos filhos ao enten-

---

35. COVELLO, Sergio Carlos. *A presunção em matéria civil*. São Paulo: Saraiva, 1983, p. 65
36. MALUF, Carlos Alberto Dabus. As presunções na teoria da prova. *Revista Da Faculdade De Direito*, Universidade De São Paulo, 79, 192-223. Disponível em: https://www.revistas.usp.br/rfdusp/article/view/67011. Acesso em: 10 jul. 2022.
37. MALUF, Carlos Alberto Dabus. As presunções na teoria da prova. *Revista Da Faculdade De Direito*, Universidade de São Paulo, 79, 192-223. Disponível em: https://www.revistas.usp.br/rfdusp/article/view/67011. Acesso em: 10 jul. 2022.
38. AMERICANO, Jorge. *Comentários ao Código de Processo Civil no Brasil*. 2. ed. São Paulo: Saraiva, 1958, v. 1, p. 393.
39. MALUF, Carlos Alberto Dabus. As presunções na teoria da prova. *Revista Da Faculdade De Direito*, Universidade De São Paulo, 79, 192-223. Disponível em: https://www.revistas.usp.br/rfdusp/article/view/67011. Acesso em: 10 jul. 2022.
40. BRASIL. Turma Nacional de Uniformização. TNU. Tema 114. Processo PEDILEF 0500518-97.2011.4.05.8300/CE. Relator. Juiz Federal Gláucio Ferreira Maciel Gonçalves. Data de julgamento: 13.12.2013.

der que "Para fins previdenciários, a presunção de dependência econômica do filho inválido é relativa, motivo pelo qual fica afastada quando este auferir renda própria, devendo ela ser comprovada."

No caso em concreto, entendeu-se que, nos termos no artigo 16, § 4º da Lei 8.213/91,[41] que a dependência econômica do filho inválido ou ainda que tenha deficiência intelectual ou mental em relação ao segurado instituidor da pensão se aplica a presunção relativa. Na ementa do referido processo, menciona-se que:

> Essa presunção só pode ser a presunção simples, relativa, já que não qualificada pela lei. Não tendo caráter absoluto, é possível à parte contrária, no caso, o INSS, derrubar a mencionada presunção relativa da dependência econômica.[42]

Nesse mesmo sentido, decisões do STJ[43] entendem que a dependência econômica dos filhos inválidos ou com deficiência mental, intelectual ou deficiência grave, é relativa, e como tal, pode ser elidida por provas em sentido contrário.

4.3.1 A presunção de dependência econômica dos filhos e o limite etário para o seu reconhecimento

Como já visto no início do capítulo, na redação original da Lei 3.807, de 26 de agosto de 1960[44] (Lei Orgânica da Previdência Social), as filhas consideradas dependentes do segurado eram as solteiras de qualquer condição, quando inválidas ou com menos de 21 (vinte e um) anos de idade. Já os filhos dependentes eram aqueles de qualquer condição, quando inválidos ou menores de 18 (dezoito) anos.

A Lei Orgânica da Previdência Social foi publicada quando estava em vigência o Código Civil de 1916 que dispunha no artigo 9º que "aos vinte e um anos completos acaba a menoridade, ficando habilitado o indivíduo para todos os atos da vida civil."[45]

---

41. BRASIL. Presidência da República. Casa Civil. Subchefia para Assuntos Jurídicos. Lei nº 8.213, de 24 de julho de 1991. Disponível em: http://www.planalto.gov.br/ccivil_03/leis/l8213cons.htm. Acesso em: 12 jun. 2022.
42. BRASIL. Turma Nacional de Uniformização. TNU. Tema 114. Processo PEDILEF 0500518-97.2011.4.05.8300/CE. Rel. Juiz Federal Gláucio Ferreira Maciel Gonçalves. Data de julgamento: 13.12.2013.
43. Exemplos dessas decisões mencionadas está nos seguintes julgados: AgRg no REsp 1.369.296/RS, Rel. Ministro Mauro Campbell Marques e no AgRg nos EDcl no REsp 1.250.619/RS, cujo relator foi o Ministro Humberto Martins. A essas decisões somam-se a do STJ, no AgRg no REsp 1.241.558/PR, cujo relator foi o Ministro Haroldo Rodrigues.
44. BRASIL. Presidência da República. Casa Civil. Subchefia para Assuntos Jurídicos. Lei Orgânica da Previdência Social. Disponível em: http://www.planalto.gov.br/ccivil_03/leis/1950-1969/l3807.htm. Acesso em: 12 jun. 2022.
45. BRASIL. Presidência da República. Casa Civil. Subchefia para Assuntos Jurídicos. Código Civil dos Estados Unidos do Brasil. Disponível em: http://www.planalto.gov.br/ccivil_03/leis/1950-1969/l3807.htm Acesso em: 12 jun. 2022.

Muito embora o Código Civil não diferenciasse o critério gênero para o término da menoridade civil, a legislação previdenciária achou por bem fazê-lo ao estipular que os filhos até 18 anos seriam dependentes do segurado e as filhas até 21 anos.

Com a entrada em vigor da Lei 8.213/91, ainda na vigência Código Civil de 1916, a idade dos filhos para serem enquadrados como dependentes foi unificada para 21 anos, independentemente do gênero, e seguiu o disposto no Código Civil com relação à maioridade.

O Código Civil de 2002 reduziu a maioridade para 18 anos.[46] Nas palavras de Heloisa Hernandes Derzi:

> Atingir a maioridade significa torna-se maior, adquirindo a capacidade plena, podendo exercer pessoalmente todos os atos da vida civil, com a presunção de que a pessoa já se encontra desenvolvida, do ponto de vista físico e psíquico, para a efetivação dos atos negociais, com discernimento para distinguir entre o que lhe seja conveniente ou prejudicial. Poder-se-ia dizer que, por presunção legal, a pessoal maior está habilitada a exercer a plenitude da capacidade civil.

Já para o Direito Previdenciário, ao atingir 21 anos de idade pressupõe a perda da qualidade jurídica de dependência presumida, pois a partir de então o filho tem capacidade civil para gerir sua vida e patrimônio. Independe da representação legal dos pais.

Para o Direito Civil não é apenas a maioridade que concede a plena capacidade civil. A incapacidade para o menor cessará pela concessão dos pais, ou de um deles na falta do outro, mediante instrumento público, independentemente de homologação judicial, ou por sentença do juiz, ouvido o tutor, se o menor tiver dezesseis anos completos; pelo casamento; pelo exercício de emprego público efetivo; pela colação de grau em curso de ensino superior; pelo estabelecimento civil ou comercial, ou pela existência de relação de emprego, desde que, em função deles, o menor com dezesseis anos completos tenha economia própria.[47]

A legislação previdenciária dispõe que o filho não emancipado, menor de 21 anos que poderá ser dependente do segurado, caso seja emancipado perderá a sua condição de dependente para fins de recebimento da pensão por morte ou auxílio-reclusão.

---

46. Artigo 5º A menoridade cessa aos dezoito anos completos, quando a pessoa fica habilitada à prática de todos os atos da vida civil.. BRASIL. Presidência da República. Casa Civil. Subchefia para Assuntos Jurídicos. Lei nº 10.406, de 10 de janeiro de 2022. Disponível em: http://www.planalto.gov.br/ccivil_03/leis/2002/l10406compilada.htm. Acesso em: 12 jun. 2022.
47. Artigo 5º, parágrafo único do Código Civil. BRASIL. Presidência da República. Casa Civil. Subchefia para Assuntos Jurídicos. Lei nº 10.406, de 10 de janeiro de 2002. Disponível em: http://www.planalto.gov.br/ccivil_03/leis/2002/l10406compilada.htmAcesso em: 12 jun. 2022.

O Decreto 3.048/99,[48] com as alterações trazidas pelo Decreto 10.410/20[49] dispõe no artigo 17, III que a perda de qualidade de dependente ocorre ao completar vinte e um anos de idade, para o filho, o irmão, o enteado ou o menor tutelado. Perderá a qualidade de dependente antes de completado 21 anos caso ocorra o casamento; o início do exercício de emprego público efetivo; ou nas seguintes hipóteses, se ocorridas anteriormente a essa idade; constituição de estabelecimento civil ou comercial ou pela existência de relação de emprego, desde que, em função deles, o menor com dezesseis anos completos tenha economia própria; ou concessão de emancipação, pelos pais, ou por um deles na falta do outro, por meio de instrumento público, independentemente de homologação judicial, ou por sentença judicial, ouvido o tutor, se o menor tiver dezesseis anos completos.

Até a alteração do Código Civil, poderia afirmar que os requisitos para a perda da qualidade de dependente estavam atrelados à obtenção da capacidade civil, pois seria considerado dependente do segurado até completar 21 anos de idade ou até ser emancipado nos termos da legislação civil.

Com o Código Civil de 2002 não houve a modificação previdenciária para a redução do limite etário do recebimento da pensão por morte, sendo mantida a limitação de 21 anos para recebimento da pensão por morte e auxílio-reclusão.

A Constituição Federal de 1988 traz a proteção da criança, do adolescente e ao jovem e dentre as demais proteções estabelecidas no texto constitucional está o dever dos pais de assistir, crias e educar os filhos menores.[50]

A partir desta premissa, poderia afirmar que a legislação previdenciária não está em consonância com o ordenamento jurídico ao manter a idade limite de 21 anos para o recebimento da pensão por morte?

Há de ser feita uma interpretação lógico-sistemática, não só das legislações infraconstitucionais, mas também da Constituição Federal. Para tanto, faz-se necessário traçar um conceito de dependência econômica, a fim de estabelecer se deve a legislação previdenciária acompanhar a legislação civil no que tange a

---

48. BRASIL. Presidência da República. Casa Civil. Subchefia para Assuntos Jurídicos. Decreto nº 3.048, de 6 de maio de 1999. Disponível em: http://www.planalto.gov.br/ccivil_03/decreto/d3048.htm. Acesso em: 17 mar. 2022.
49. BRASIL. Presidência da República. Casa Civil. Subchefia para Assuntos Jurídicos. Decreto nº 10.410, de 30 de junho de 2020. Disponível em: http://www.planalto.gov.br/ccivil_03/_ato2019-2022/2020/decreto/d10410.htm. Acesso em: 17 mar. 2022.
50. Artigo 229. Os pais têm o dever de assistir, criar e educar os filhos menores, e os filhos maiores têm o dever de ajudar e amparar os pais na velhice, carência ou enfermidade. BRASIL. Presidência da República. Casa Civil. Subchefia para Assuntos Jurídicos. Constituição da República Federativa do Brasil de 1988. Disponível em: http://www.planalto.gov.br/ccivil_03/constituicao/constituicao.htm. Acesso em: 12 jun. 2022.

capacidade civil para o exercício de todos os atos da vida civil, inclusive para o exercício do trabalho.

Maria Helena Diniz ensina que dependência econômica é a "Condição de quem vive às expensas ou às custas de outrem, dele dependendo para sobreviver e atender às suas necessidades de alimentação, habitação, vestuário, educação etc.".[51]

De Plácido e Silva conceitua dependência como "a condição de pessoa que vive às expensas ou é mantida, sustentada por outrem, tanto porque seja dever de quem a mantém como porque tenha tomado sob sua proteção".[52] Ao conceituar dependência econômica para a lei previdenciária, Feijó Coimbra afirma que "consiste na situação em que certa pessoa vive, relativamente a um segurado, por ele sendo, no todo ou em parte, efetivamente ou presumidamente, mantida e sustentada."[53]

A legislação previdenciária não vincula a condição de dependente com os laços familiares. Pelo contrário, a Constituição Federal, em seu artigo 201, V, menciona que o benefício de pensão por morte será concedido sendo o segurado homem ou mulher, aos cônjuges, companheiros e dependentes.[54]

A Constituição Federal traz um conceito genérico de dependentes para fins de pensão por morte e compete ao legislador infraconstitucional elencar os dependentes para fins de recebimento do benefício. A seletividade[55] realizada pelo legislador infraconstitucional deverá atender aos fins sociais, sobretudo aos princípios constitucionais que amparam a proteção social e a proteção da família.

Conforme será tratado em capítulo próprio, família deixou de ser o núcleo de reprodução e sustento para ser núcleo de afeto e de amor. Dessa forma, até qual momento há o dever dos pais em sustentar os seus filhos? Até qual momento é possível presumir a dependência econômica dos filhos para com os seus pais?

---

51. DINIZ, Maria Helena. *Dicionário jurídico*, 2. São Paulo: Saraiva, 1998. v, 2, p. 65.
52. SILVA, De Plácido. *Vocabulário jurídico*. 32. ed. Rio de Janeiro: Forense, 2016, p. 440.
53. COIMBRA, Feijó. *Direito previdenciário brasileiro*. 11. ed. Rio de Janeiro: Edições trabalhistas, 2001, p. 98.
54. Artigo 201. A previdência social será organizada sob a forma do Regime Geral de Previdência Social, de caráter contributivo e de filiação obrigatória, observados critérios que preservem o equilíbrio financeiro e atuarial, e atenderá, na forma da lei, a: V – pensão por morte do segurado, homem ou mulher, ao cônjuge ou companheiro e dependentes, observado o disposto no § 2º. BRASIL. Presidência da República. Casa Civil. Subchefia para Assuntos Jurídicos. Constituição da República Federativa do Brasil de 1988. Disponível em: http://www.planalto.gov.br/ccivil_03/constituicao/constituicao.htm. Acesso em: 12 jun. 2022.
55. "A seletividade é instrumental a serviço dessas finalidades adrede fixadas na Superlei. O momento da seletividade está situado no estágio da elaboração legislativa. Orientando a intenção normativa, que se expressa nas finalidades a serem atingidas, cabe ao legislador definir os benefícios e serviços cuja prestação propicie melhores condições de vida à população." BALERA, Wagner. *Noções Preliminares de Direito Previdenciário*. São Paulo: Quartier Latin, 2010, p. 109.

Feijó Coimbra ensina que "em boa parte, os dependentes mencionados na lei previdenciária coincidem com aqueles que a lei civil reconhece credores de alimentos a serem prestados pelo segurado."[56] E de fato, até a publicação do Código Civil de 2002, era a conclusão possível com relação aos filhos, já que, a maioridade somente era atingida aos 21 anos de idade, semelhante a idade limite para a perda da qualidade de dependente prevista na legislação previdenciária.

Para Feijó Coimbra, pela lógica, os dependentes previdenciários coincidem com os credores de alimentos da legislação civil, pois "a prestação previdenciária – conteúdo material da pretensão do dependente – é acima de tudo uma reposição de renda perdida: aquela renda que o segurador proporcionaria, caso não o atingisse um risco social".[57]

Contudo, não é só aquele que é credor de alimentos que dependem economicamente do segurado. Feijó Coimbra menciona que cabe à seguridade social criar sentimentos de confiança a todos e por isso, tem como primeiro objetivo a garantia de rendimentos. Complementa que:

> as relações de que cogita a lei civil não exaurem as situações em que possam ocorrer necessidade que para os dependentes do segurado, abrindo campo à ação da proteção social, é que a lei previdenciária fundamentou o direito do dependente no critério da necessidade, mais do que no crédito de alimentos entre parentes.[58]

Sobre a obrigação de prestar alimentos, Maria Helena Diniz ensina que:

> Na obrigação alimentar um parente fornece a outro aquilo que lhe é necessário a sua manutenção, assegurando-lhe meios de subsistência, se ele, em virtude de idade avançada, doença, falta de trabalho ou qualquer incapacidade, estiver impossibilitado de produzir recursos materiais com o próprio esforço.[59]

O artigo 1.701 do Código Civil prescreve que "A pessoa obrigada a suprir alimentos poderá pensionar o alimentando, ou dar-lhe hospedagem e sustento, sem prejuízo do dever de prestar o necessário à sua educação, quando menor."[60]

---

56. COIMBRA, Feijó. *Direito previdenciário brasileiro*. 11. ed. Rio de Janeiro: Edições trabalhistas, 2001, p. 97.
57. COIMBRA, Feijó. *Direito previdenciário brasileiro*. 11. ed. Rio de Janeiro: Edições trabalhistas, 2001, p. 98.
58. COIMBRA, Feijó. *Direito previdenciário brasileiro*. 11. ed. Rio de Janeiro: Edições trabalhistas, 2001, p. 98.
59. DINIZ, Maria Helena. *Curso de Direito Civil Brasileiro – Direito de Família*. 19. ed. São Paulo: Saraiva, 2004. v. 5, p. 496
60. BRASIL. Presidência da República. Casa Civil. Subchefia para Assuntos Jurídicos. Lei nº 10.406, de 10 de janeiro de 2002. Disponível em: http://www.planalto.gov.br/ccivil_03/leis/2002/l10406compilada.htm. Acesso em: 12 jun. 2022.

Surge dúvida sobre a expressão "quando menor" presente no artigo do Código Civil acima mencionado acerca do prazo de duração ou prazo limite da obrigação de alimentar, se, com a redução da maioridade civil para 18 anos de idade, cessaria automaticamente o dever de alimentar dos pais para com os filhos.

Para o Direito Civil, a obrigação de pagar alimentos pelos pais não cessa com a maioridade. Nesse sentido, a Súmula 358 do STJ "O cancelamento de pensão alimentícia de filho que atingiu a maioridade está sujeito à decisão judicial, mediante contraditório, ainda que nos próprios autos".[61]

Não consta na legislação nenhuma limitação temporal objetiva acerca da obrigação alimentar, assim, persiste a obrigação de pagar alimentos enquanto "estiverem presentes os pressupostos de necessidade, possibilidade e razoabilidade".[62] Pablo Stolze Gagliano e Rodolfo Pamplona Filho entendem que diante do binômio necessidade e possibilidade a expressão "quando menor" "não deve ser compreendida como um prazo máximo de exigibilidade da obrigação alimentar, mas, sim, como uma reafirmação do dever de prestar educação aos menores".[63]

A obrigação de prestar alimentos pode estender-se além dos 18 anos de idade para o direito civil, pois há situações em que o filho continua dependendo dos pais, como por exemplo, ao cursar ensino superior. Alimentos, nas palavras de Maria Helena diz "compreende o que é imprescindível à vida da pessoa como alimentação, vestuário, habitação, tratamento médico, diversões, e, se a pessoa alimentada for menor de idade, ainda verbas para a sua instrução e educação.....".[64]

Poderia se estender a presunção de dependência econômica dos filhos para o recebimento da pensão por morte já que a dependência econômica não é só caracterizada quando a pessoa necessita do mínimo para viver, como por exemplo, da alimentação. Compreende um conjunto de necessidades que a pessoa possui, incluindo lazer e vestimentas.

Heloisa Hernandez Derzi sugere que a legislação previdenciária seja alterada para que a pensão por morte seja concedida aos filhos somente até 18 anos de idade já que o Código Civil elegeu que com essa idade a pessoa adquire capacidade civil para reger a sua própria vida e seu patrimônio.[65] É a partir dos 18 anos de idade que é possível livremente exercer qualquer atividade labora, inclusive

---

61. BRASIL. Superior Tribunal de Justiça – STJ. Súmula 358. Data de julgamento: 08.09.2008.
62. GAGLIANO, Pablo Stolze; PAMPLONA FILHO, Rodolfo. *Novo curso de direito civil*. 10. ed. São Paulo: Saraiva, 2020, . v. 6: direito de família, p. 700.
63. GAGLIANO, Pablo Stolze; PAMPLONA FILHO, Rodolfo. *Novo curso de direito civil*. 10. ed. São Paulo: Saraiva, 2020, . v. 6: direito de família, p. 700.
64. DINIZ, Maria Helena. *Curso de Direito Civil Brasileiro* – Direito de Família. 19. ed. São Paulo: Saraiva, 2004. v. 5, p. 496.
65. DERZI, Heloisa Hernandez. *Os beneficiários da pensão por morte*. São Paulo: LEX, 2004, p. 257.

trabalho noturno, em ambientes insalubres e perigosos.[66] Aduz Derzi que a partir dos 18 anos de idade há a presunção que o "jovem esteja apto a trabalhar e ser remunerado pelo desempenho da atividade laboral".[67]

Contudo, como se vê, no âmbito civil, não há a presunção que cessa a dependência econômica aos 18 anos de idade do filho com relação aos pais, tanto é verdade que, no caso de pagamento de pensão alimentícia, deve-se garantir o contraditório para comprovar que o filho não mais depende do pagamento da pensão alimentícia para que esta seja cessada.

Não poderia ser diferente no direito previdenciário. O legislador reconhece a presunção de dependência econômica dos filhos até os 21 anos de idade. Porém, caso ocorra alguma hipótese de emancipação, como o casamento; o início do exercício de emprego público efetivo; ou a constituição de estabelecimento civil ou comercial ou pela existência de relação de emprego, desde que, em função deles, o filho tenha economia própria perderá a condição de dependente. Assim, entende-se que a legislação previdenciária encontra-se em consonância com o ordenamento jurídico ao presumir a dependência econômica dos filhos até 21 anos de idade. Na hipótese de não depender dos pais pela ocorrência com casamento, início de emprego público efetivo ou constituição de estabelecimento civil ou comercial ou pela existência de relação de emprego, perderá o filho a sua condição de dependente.

Importante frisar que, caso o casamento; início de emprego público efetivo ou constituição de estabelecimento civil ou comercial ou pela existência de relação de emprego ocorram após o óbito do segurado e antes do filho completar 21 anos de idade, o benefício de pensão por morte não será cessado, uma vez que tais fatos não estão arrolados como causas de cessação da pensão por morte.[68]

---

66. Artigo 7º, XXXIII – proibição de trabalho noturno, perigoso ou insalubre a menores de dezoito e de qualquer trabalho a menores de dezesseis anos, salvo na condição de aprendiz, a partir de quatorze anos. BRASIL. Presidência da República. Casa Civil. Subchefia para Assuntos Jurídicos. Constituição da República Federativa do Brasil de 1988. Disponível em: http://www.planalto.gov.br/ccivil_03/constituicao/constituicao.htm. Acesso em: 12 jun. 2022.
67. DERZI, Heloisa Hernandez. *Os beneficiários da pensão por morte*. São Paulo: LEX, 2004, p. 257.
68. Artigo 77, § 2º O direito à percepção da cota individual cessará: I – pela morte do pensionista; II – para o filho, a pessoa a ele equiparada ou o irmão, de ambos os sexos, ao completar vinte e um anos de idade, salvo se for inválido ou tiver deficiência intelectual ou mental ou deficiência grave; III – para filho ou irmão inválido, pela cessação da invalidez; IV – para filho ou irmão que tenha deficiência intelectual ou mental ou deficiência grave, pelo afastamento da deficiência, nos termos do regulamento; BRASIL. Presidência da República. Casa Civil. Subchefia para Assuntos Jurídicos. Lei nº 8.213, de 24 de julho de 1991. Disponível em: http://www.planalto.gov.br/ccivil_03/leis/l8213cons.htm. Acesso em: 12 jun. 2022.

4.3.2 Dos filhos inválidos

A invalidez do filho enseja a concessão da pensão por morte ainda que o filho tenha mais do que 21 anos, nos termos do artigo 16, I da Lei 8.213/91.[69] Sobre o conceito de invalidez, Feijó Coimbra ensina que "considera-se permanente a incapacidade que se manifesta de forma irrecuperável, diminuindo ou abolindo a aptidão do trabalhador para o exercício de sua atividade normal."[70]

Sobre a terminologia utilizada, qual seja, inválido, Heloisa Hernandes Derzi faz uma crítica à legislação previdenciária e afirma que a expressa mais adequada a ser utilizada seria incapacidade para o trabalho "justamente em razão da impossibilidade de exercer atividade laboral que lhe garanta o próprio sustento".[71]

A invalidez será estabelecida pela Perícia Médica Federal que estabelecerá se o dependente incapacitando-se para o trabalho, bem como estabelecerá a data de início da invalidez.

A Emenda Constitucional 103/19[72] possibilitou que a condição de dependente inválido seja reconhecida previamente ao óbito do segurado, por meio de avaliação biopsicossocial realizada por equipe multidisciplinar e interdisciplinar, desde observada a revisão periódica prevista na legislação.

A data de início da invalidez faz-se necessária uma vez que somente será concedido o benefício de pensão por morte ao filho inválido, caso a invalidez tenha se iniciado antes do fato gerador do benefício de pensão por morte, qual seja, antes da data da morte. Há uma exceção a esta regra. Caso a invalidez tenha ocorrido após o óbito do segurado, mas antes do filho completar 21 (vinte e um) anos de idade, a qualidade de dependente será mantida.[73]

---

69. BRASIL. Presidência da República. Casa Civil. Subchefia para Assuntos Jurídicos. Lei nº 8.213, de 24 de julho de 1991. Disponível em: http://www.planalto.gov.br/ccivil_03/leis/l8213cons.htm. Acesso em: 12 jun. 2022.
70. COIMBRA, Feijó. *Direito Previdenciário Brasileiro*. 11. ed. Rio de Janeiro: Edições Trabalhistas, 2001, p. 131.
71. DERZI, Heloisa Hernandez. *Os beneficiários da Pensão por Morte*: Regime Geral de Previdência Social. São Paulo: Lex Editora, 2004, p. 255.
72. BRASIL. Presidência da República. Casa Civil. Subchefia para Assuntos Jurídicos. Emenda Constitucional nº 103, de 12 de novembro de 2019. Disponível em: http://www.planalto.gov.br/ccivil_03/constituicao/emendas/emc/emc103.htm. Acesso em: 17 mar. 2022.
73. Artigo 17, §1º do Decreto 3.048/99. § 1º O filho, o irmão, o enteado e o menor tutelado, desde que comprovada a dependência econômica dos três últimos, se inválidos ou se tiverem deficiência intelectual, mental ou grave, não perderão a qualidade de dependentes desde que a invalidez ou a deficiência intelectual, mental ou grave tenha ocorrido antes de uma das hipóteses previstas no inciso III do caput. BRASIL. Presidência da República. Casa Civil. Subchefia para Assuntos Jurídicos. Decreto nº 3.048, de 6 de maio de 1999. Disponível em: http://www.planalto.gov.br/ccivil_03/decreto/d3048.htm. Acesso em: 17 mar. 2022.

Foi levada a discussão perante a Turma Nacional de Uniformização se seria possível conceder pensão por morte ao filho maior que fica inválido após o óbito e a tese firmada foi que "a invalidez ocorrida após o óbito do instituidor não autoriza a concessão de pensão por morte para o filho maior".[74]

O pensionista inválido fica obrigado, sob pena de suspensão do benefício, a submeter-se a exame médico a cargo da Perícia Médica Federal, processo de reabilitação profissional a cargo do INSS e tratamento dispensado gratuitamente, exceto o cirúrgico e a transfusão de sangue, que são facultativos.

A partir dos 60 anos de idade, o pensionista inválido que não tenha retornado ao trabalho, estará isento da realização do exame médico pericial. Não será aplicada esta regra caso exame tenha por finalidade verificar a recuperação da capacidade de trabalho, em razão de solicitação do pensionista que se julgar apto; e subsidiar autoridade judiciária na concessão de curatela.

O artigo 109, § 3º, do Decreto 3.048/99[75] determina que a perícia médica realizada pelo INSS será obrigatória ainda que o pensionista tenha mais que 60 (sessenta) anos de idade, caso a perícia tenha como objetivo a apuração de fraude.

Com relação ao processo de habilitação e reabilitação profissional, deverá proporcionar ao dependente incapacitado para o trabalho os meios para a (re) educação e de (re) adaptação profissional e social indicados para participar do mercado de trabalho e do contexto em que vive.

A reabilitação profissional compreende o fornecimento de aparelho de prótese, órtese e instrumentos de auxílio para locomoção quando a perda ou redução da capacidade funcional puder ser atenuada por seu uso e dos equipamentos necessários à habilitação e reabilitação social e profissional; a reparação ou a substituição dos aparelhos mencionados no inciso anterior, desgastados pelo uso normal ou por ocorrência estranha à vontade do beneficiário; transporte do acidentado do trabalho, quando necessário.

A legislação previdenciária, no artigo 90 da Lei 8.213/91,[76] afirma que a habilitação e reabilitação profissional é devida em caráter obrigatório aos segurados, inclusive aposentados e na medida das possibilidades do órgão da Previdência Social, aos seus dependentes. Balera ensina que:

---

74. BRASIL. Turma Nacional de Uniformização. TNU. Tema 118. Processo PEDILEF 0501099-40.2010.4.05.8400/RN. Relator. Juiz Federal Paulo Ernane Moreira Barros. Data de julgamento: 14 fev. 2014.
75. BRASIL. Presidência da República. Casa Civil. Subchefia para Assuntos Jurídicos. Decreto nº 3.048, de 6 de maio de 1999. Disponível em: http://www.planalto.gov.br/ccivil_03/decreto/d3048.htm. Acesso em: 17 mar. 2022.
76. BRASIL. Presidência da República. Casa Civil. Subchefia para Assuntos Jurídicos. Lei nº 8.213, de 24 de julho de 1991. Disponível em: http://www.planalto.gov.br/ccivil_03/leis/l8213cons.htm. Acesso em: 12 jun. 2022.

o conceito pós-moderno de risco exige que sejam implementados programas de reabilitação eficientes, de incentivo ao retorno ao trabalho, inclusive com incremento da remuneração do trabalhador, e que as políticas de emprego ponham ênfase na contratação daqueles que tenham sido beneficiários dos planos de reabilitação.[77]

Dessa forma, deve-se ser prestada a habilitação ou reabilitação profissional aos filhos inválidos dos segurados da previdência social de forma efetiva e eficaz, a fim de que proporcione a inclusão no mercado de trabalho.

4.3.3 Dos filhos com deficiência intelectual, mental ou deficiência grave

A legislação previdenciária incluiu os filhos com deficiência intelectual, mental ou deficiência grave como dependentes de primeira classe do segurado para fins de recebimento da pensão por morte.

Da mesma forma que ocorre para o filho inválido, o filho com deficiência intelectual, mental ou deficiência grave será submetido à avaliação biopsicossocial realizada por equipe multidisciplinar e interdisciplinar para fins de concessão do benefício previdenciário.

De acordo com a Resolução aprovada pela Assembleia Geral da Organização das Nações Unidas – ONU – em 09 de dezembro de 1975, que proclamou o Direito das Pessoas com Deficiência, considera-se assim toda pessoa "incapaz de assegurar por si mesma, total ou parcialmente, as necessidades de uma vida individual ou social normal, em decorrência de uma deficiência, congênita ou não, em suas capacidades físicas ou mentais."[78]

Verifica-se, portanto, que a deficiência se caracteriza por desvantagens físicas, intelectuais, mentais, ou sensoriais, que limitam as capacidades daqueles que a possuem para interação e execução de atividades cotidianas. Diante de tais dificuldades, o Estado Democrático de Direito deve almejar um tratamento privilegiado às pessoas com deficiência, a fim de garantir a sua igualdade e dignidade.

O Estatuto da Pessoa com Deficiência, em seu artigo 2º traz o conceito de pessoa com deficiência como sendo:

> Considera-se pessoa com deficiência aquela que tem impedimento de longo prazo de natureza física, mental, intelectual ou sensorial, o qual, em interação com uma ou mais barreiras,

---

77. BALERA, Wagner. *Noções preliminares de Direito Previdenciário*. São Paulo: Quartier Latin, 2010, p. 183.
78. BRASIL. Presidência da República. Casa Civil. Subchefia para Assuntos Jurídicos. Decreto nº 6.949, de 25 de agosto de 2009. Disponível em: http://www.planalto.gov.br/ccivil_03/_ato2007-2010/2009/decreto/d6949.htm. Acesso em: 12 jun. 2022.

pode obstruir sua participação plena e efetiva na sociedade em igualdade de condições com as demais pessoas.[79]

A nova redação da lei foi um avanço social na concessão do benefício de pensão por morte aos dependentes. Isto porque, na redação original, a legislação somente afirmava que o benefício seria concedido aos inválidos, não fazendo qualquer menção ao filho com deficiência que, conforme previsto no Estatuto da Pessoa com Deficiência em seu artigo 4º "toda pessoa com deficiência tem direito à igualdade de oportunidades com as demais pessoas e não sofrerá nenhuma espécie de discriminação".[80]

Ao contrário do filho inválido que se encontra incapacitado de forma total e permanente para o exercício das suas atividades laborativas, o filho com deficiência intelectual, mental ou deficiência grave pode trabalhar, pode exercer atividade remunerada, inclusive na condição de microempreendedor individual e tal fato não afetará a concessão ou manutenção da parte individual da pensão do dependente. Isto porquê, "a pessoa com deficiência tem condições laborativas, mas encontrará maiores dificuldades para ingressar e se manter no mercado de trabalho".[81]

A legislação previdenciária vai ao encontro do Estatuto da Pessoa com Deficiência, que em seus artigos 34 e 35[82] concede à pessoa com deficiência o direito ao trabalho de seu livre escolha e aceitação, em ambiente acessível e inclusivo, em igualdade de oportunidades com as demais pessoas.

Mas antes das alterações trazidas pelo Estatuto da Pessoa com Deficiência, a legislação previdenciária estabelecida no revogado § 4º do artigo 77 da Lei 8.213/91 que:

---

79. BRASIL. Presidência da República. Casa Civil. Subchefia para Assuntos Jurídicos. Lei nº 13.146, de 6 de julho de 2015. Disponível em: http://www.planalto.gov.br/ccivil_03/_ato2015-2018/2015/lei/l13146.htm. Acesso em: 12 jun. 2022.
80. BRASIL. Presidência da República. Casa Civil. Subchefia para Assuntos Jurídicos. Lei nº 13.146, de 6 de julho de 2015. Disponível em: http://www.planalto.gov.br/ccivil_03/_ato2015-2018/2015/lei/l13146.htm. Acesso em: 12 jun. 2022.
81. BALERA, Wagner. MUSSI, Cristiane Miziara. *Direito previdenciário*: seguridade social, regimes previdenciários, custeio, processo administrativo e benefícios. 13. ed. Curitiba: Juruá, 2022, p. 127.
82. Artigo 34. A pessoa com deficiência tem direito ao trabalho de sua livre escolha e aceitação, em ambiente acessível e inclusivo, em igualdade de oportunidades com as demais pessoas. § 2º A pessoa com deficiência tem direito, em igualdade de oportunidades com as demais pessoas, a condições justas e favoráveis de trabalho, incluindo igual remuneração por trabalho de igual valor. Artigo 35. É finalidade primordial das políticas públicas de trabalho e emprego promover e garantir condições de acesso e de permanência da pessoa com deficiência no campo de trabalho. Parágrafo único. Os programas de estímulo ao empreendedorismo e ao trabalho autônomo, incluídos o cooperativismo e o associativismo, devem prever a participação da pessoa com deficiência e a disponibilização de linhas de crédito, quando necessárias. BRASIL. Presidência da República. Casa Civil. Subchefia para Assuntos Jurídicos. Lei nº 13.146, de 6 de julho de 2015. Disponível em: http://www.planalto.gov.br/ccivil_03/_ato2015-2018/2015/lei/l13146.htm. Acesso em: 12 jun. 2022.

a parte individual da pensão do dependente com deficiência intelectual ou mental que o torne absoluta ou relativamente incapaz, assim declarado judicialmente, que exerça atividade remunerada, será reduzida em 30% (trinta por cento), devendo ser integralmente restabelecida em face da extinção da relação de trabalho ou da atividade empreendedora.[83]

Para constatação da deficiência do filho, deverá este ser submetido a uma perícia biopsicossocial realizada por equipe multiprofissional e interdisciplinar e considerará os impedimentos nas funções e nas estruturas do corpo; os fatores socioambientais, psicológicos e pessoais; a limitação no desempenho de atividades; e a restrição de participação.

Permitiu a Emenda Constitucional 103/19[84] que a avaliação seja realizada antes do óbito do segurado, porém, o dependente estará sujeito à reavaliação nos termos da legislação.

4.4 A IGUALDADE JURÍDICA ENTRE OS FILHOS – UMA ANÁLISE DA HISTORICIDADE DA PROTEÇÃO CONSTITUCIONAL

A Constituição Política do Império do Brazil de 25 de março de 1824[85] em nenhum dispositivo se preocupou em abordar a proteção da família. Já a Constituição da República dos Estados Unidos do Brasil de 1981[86] tratou sobre a proteção do casamento e estabeleceu que tão somente o casamento civil seria reconhecido e a sua celebração seria gratuita.

Foi somente a Constituição de 1934 de que trouxe um capítulo destinado a família e estabeleceu em seu artigo 144 que "a família, constituída pelo casamento indissolúvel, está sob a proteção especial do Estado".[87] Com relação aos filhos, o artigo 147 determinava que "o reconhecimento dos filhos naturais será isento de quaisquer selos ou emolumentos, e a herança, que lhes caiba, ficará sujeita, a impostos iguais aos que recaiam sobre a dos filhos legítimos."

---

83. BRASIL. Presidência da República. Casa Civil. Subchefia para Assuntos Jurídicos. Lei nº 8.213, de 24 de julho de 1991. Disponível em: http://www.planalto.gov.br/ccivil_03/leis/l8213cons.htm. Acesso em: 12 jun. 2022.
84. BRASIL. Presidência da República. Casa Civil. Subchefia para Assuntos Jurídicos. Emenda Constitucional nº 103, de 12 de novembro de 2019. Disponível em: http://www.planalto.gov.br/ccivil_03/constituicao/emendas/emc/emc103.htm. Acesso em: 17 mar. 2022.
85. BRASIL. Presidência da República. Casa Civil. Subchefia para Assuntos Jurídicos. Constituição Política do Império do Brasil de 25 de março de 1824. Disponível em: http://www.planalto.gov.br/ccivil_03/constituicao/constituicao24.htm. Acesso em: 02 set. 2022.
86. BRASIL. Presidência da República. Casa Civil. Subchefia para Assuntos Jurídicos. Constituição da República dos Estados Unidos do Brasil de 24 de fevereiro de 1891. Disponível em: http://www.planalto.gov.br/ccivil_03/constituicao/constituicao91.htm. Acesso em: 02 set. 2022.
87. BRASIL. Presidência da República. Casa Civil. Subchefia para Assuntos Jurídicos. Constituição da República dos Estados Unidos do Brasil de 16 de julho de 1934. Disponível em: http://www.planalto.gov.br/ccivil_03/constituicao/constituicao34.htm. Acesso em: 02 set. 2022.

Orlando Gomes[88] ensina que os filhos naturais descenderam de pais que embora não fossem casados, não havia qualquer impedimento matrimonial no momento da concepção. Já os filhos espúrios, oriundos da relação entre homem e mulher que possuíam impedimento matrimonial, não possuíam nenhuma proteção constitucional. Maria Helena Diniz classifica os filhos espúrios como adulterinos e incestuosos. Os adulterinos, "que nascem de casal impedido de casar em virtude de casamento anterior, resultando de um adultério."[89] Já os filhos incestuosos são os "nascidos de homem e de mulher que, ante parentesco natural, civil ou afim, não podiam convolar núpcias à época da sua concepção".[90]

Destaque-se que à época da Constituição de 1934 vigorava o Código Civil de 1916[91] e que, em seu artigo 355 permitia tão somente o reconhecimento dos filhos naturais. Com relação aos filhos adulterinos e incestuosos havia a vedação expressa da impossibilidade de reconhecimento em seu artigo 358.

Foi a Constituição de 1937 que buscou a igualdade entre os filhos naturais e legítimos ao determinar em seu artigo 126 que "aos filhos naturais, facilitando-lhes o reconhecimento, a lei assegurará igualdade com os legítimos, extensivos àqueles os direitos e deveres que em relação a estes incumbem aos pais."[92]

Na legislação infraconstitucional houve a mitigação do rigor da impossibilidade de reconhecimento dos filhos adulterinos com o Decreto-Lei 4.737/42, uma vez que autorizou o reconhecimento de filhos havidos fora do casamento, após o desquite.

Nenhuma novidade foi trazida com as Constituições de 1945 e 1967 que se limitaram a repetir o texto e proteção das legislações anteriores. Porém, de forma expressiva e inovadora, a Lei 6.515/77, que alterou a Lei 883, de 21 de outubro de 1949, permitiu em seu artigo 51 que "ainda na vigência do casamento, qualquer dos cônjuges poderá reconhecer o filho havido fora do matrimônio, em testamento cerrado, aprovado antes ou depois do nascimento do filho, e, nessa parte, irrevogável". Determinou ainda que "qualquer que seja a natureza da filiação, o direito à herança será reconhecido em igualdade de condições".[93]

---

88. GOMES, Orlando. *Direito de família*. 3. Ed. Rio de Janeiro: Forense, 1978, p. 361.
89. DINIZ, Maria Helena. *Curso de Direito Civil Brasileiro*. 35 ed. São Paulo: Saraiva, 2022, v. 5, p. 548.
90. Idem, p. 548.
91. BRASIL. Presidência da República. Casa Civil. Subchefia para Assuntos Jurídicos. Código Civil dos Estados Unidos do Brasil. Disponível em: http://www.planalto.gov.br/ccivil_03/leis/l3071.htm. Acesso em: 02 set. 2022.
92. BRASIL. Presidência da República. Casa Civil. Subchefia para Assuntos Jurídicos. Constituição dos Estados Unidos do Brasil, de 10 de novembro de 1937. Disponível em: http://www.planalto.gov.br/ccivil_03/constituicao/constituicao37.htm. Acesso em: 02 set. 2022.
93. BRASIL. Presidência da República. Casa Civil. Subchefia para Assuntos Jurídicos. Lei nº 6.515, de 26 de dezembro de 1977. Disponível em: http://www.planalto.gov.br/ccivil_03/leis/l6515.htm. Acesso em: 02 set. 2022.

Importante enfatizar e mencionar que, a legislação previdenciária que vigorava na época, qual seja a Lei 3.807/60[94] já não fazia qualquer distinção entre filhos e, previa em seu artigo 11, I, que os filhos de qualquer condição, quando inválidos ou menores de 18 anos e as filhas solteiras de qualquer condição, quando inválidas ou menos de 21 anos, seriam dependentes do segurado para o recebimento do benefício que até então era denominado de pensão. A legislação previdenciária já trazia uma proteção social mais ampla, que até então, não se encontrava previsto na legislação civil e na norma constitucional, e assim, demonstrou o seu pioneirismo em proteger as relações existentes na sociedade, mas que ainda não estavam protegidas pelo legislador.

A Constituição Federal de 1988, atenta ao momento social em que ela foi promulgada e atenta a realidade e as necessidades da população brasileira, trouxe como fundamento da República Federativa do Brasil a dignidade da pessoa humana e traçou como objetivo fundamental da República Federativa do Brasil, entre outros, a promoção do bem-estar de todos, sem preconceito de origem, raça, sexo, cor, idade e quaisquer outras formas de discriminação.

Também consagrou no artigo 5º o princípio da igualdade ao afirmar que "todos são iguais perante a lei, sem distinção de qualquer natureza" [95] Para afirmar e resguardar o direito de igualdade e não discriminação, no capítulo destinado à família, criança, adolescente, jovem e idoso, o constituinte, no artigo 226, § 5º determina que "os direitos e deveres referentes à sociedade conjugal são exercidos igualmente pelo homem e pela mulher" e no artigo 227, § 6º traça que "os filhos, havidos ou não da relação do casamento, ou por adoção, terão os mesmos direitos e qualificações, proibidas designações discriminatórias relativas à filiação."[96]

O Código Civil, em seu artigo 1.596 determina que "Os filhos, havidos ou não da relação de casamento, ou por adoção, terão os mesmos direitos e qualificações, proibidas quaisquer designações discriminatórias relativas à filiação".[97]

---

94. BRASIL. Presidência da República. Casa Civil. Subchefia para Assuntos Jurídicos. Lei nº 3.807, de 26 de agosto de 1960. Disponível em: http://www.planalto.gov.br/ccivil_03/leis/l6515.htm. Acesso em: 02 set. 2022.
95. BRASIL. Presidência da República. Casa Civil. Subchefia para Assuntos Jurídicos. Constituição da República Federativa do Brasil de 1988. Disponível em: http://www.planalto.gov.br/ccivil_03/constituicao/constituicao.htm. Acesso em: 12 jun. 2022.
96. BRASIL. Presidência da República. Casa Civil. Subchefia para Assuntos Jurídicos. Constituição da República Federativa do Brasil de 1988. Disponível em: http://www.planalto.gov.br/ccivil_03/constituicao/constituicao.htm. Acesso em: 12 jun. 2022.
97. BRASIL. Presidência da República. Casa Civil. Subchefia para Assuntos Jurídicos. Lei nº 10.406, de 10 de janeiro de 2002. Disponível em: http://www.planalto.gov.br/ccivil_03/leis/2002/l10406compilada.htm. Acesso em: 12 jun. 2022.

Com relação à filiação Maria Helena Diniz ensina que "é o vínculo existente entre pais e filhos; vem ser a relação de parentesco consanguíneo em linha reta de primeiro grau entre uma pessoa e aqueles que lhe deram a vida".[98]

No primeiro momento, Maria Helena Diniz classifica a filiação como sendo somente oriunda de uma relação de parentesco consanguíneo, mas admite que a filiação também poderá ser em decorrência de "uma relação socioafetiva entre pai adotivo e institucional e filho adotado ou advindo de inseminação artificial heteróloga".[99]

A filiação matrimonial é a "que se origina na constância do casamento dos pais, ainda que anulado ou nulo".[100] É o que prescreve o artigo 1561 do Código Civil ao mencionar que. "embora anulável ou mesmo nulo, se contraído de boa-fé por ambos os cônjuges, o casamento, em relação a estes como aos filhos, produz todos os efeitos até o dia da sentença anulatória."[101]

Também menciona o artigo 1617 do Código Civil que ainda que declarado nulo o casamento, dele pode resultar a filiação materna ou paterna.

Ainda sobre a historicidade da proteção dos filhos, muito embora a Constituição Federal de 1988 não permita mais a categorização dos filhos entre legítimos e ilegítimos, os novos conceitos de família não foram inseridos no Código Civil de 2002 e não prevê, expressamente, a proteção de outras formas de família, como a família monoparental, pluriparental etc.

Faz-se necessário o estudo das novas formas de família, já que, família não é somente aquela constituída pelo casamento. Nem sempre foi assim!

A Constituição Federal de 1969 dispunha em seu artigo 175, §1º que o "o casamento é indissolúvel"[102] Em 1977, foi promulgada a Emenda Constitucional 9, de 28 de junho[103] que permitiu que o casamento fosse dissolvido, nos casos expressos em lei, desde que haja prévia separação judicial por mais de três anos. A Lei 6.515/77, intitulada como Lei do Divórcio, foi a lei ordinária que regulamentou a possibilidade de dissolução do vínculo conjugal. Conforme ensinamentos de

---

98. DINIZ, Maria Helena. *Curso de Direito Civil Brasileiro*. 35 ed. São Paulo: Saraiva, 2022, v. 5, p. 519.
99. DINIZ, Maria Helena. *Curso de Direito Civil Brasileiro*. 35 ed. São Paulo: Saraiva, 2022, v. 5, p. 520.
100. DINIZ, Maria Helena. *Curso de Direito Civil Brasileiro*. 35 ed. São Paulo: Saraiva, 2022, v. 5, p. 524.
101. BRASIL. Presidência da República. Casa Civil. Subchefia para Assuntos Jurídicos. Lei nº 10.406, de 10 de janeiro de 2002. Disponível em: http://www.planalto.gov.br/ccivil_03/leis/2002/l10406compilada.htm. Acesso em: 12 jun. 2022.
102. BRASIL. Presidência da República. Casa Civil. Subchefia para Assuntos Jurídicos. Emenda Constitucional nº 1, de 17 de outubro de 1969. Disponível em: http://www.planalto.gov.br/ccivil_03/constituicao/emendas/emc_anterior1988/emc01-69.htm. Acesso em: 24 out. 2022.
103. BRASIL. Presidência da República. Casa Civil. Subchefia para Assuntos Jurídicos. Emenda Constitucional nº 9, de 28 de junho de 1977. Disponível em: http://www.planalto.gov.br/ccivil_03/constituicao/emendas/emc_anterior1988/emc09-77.htm. Acesso em: 24 out. 2022.

Carlos Roberto Gonçalves "a sua modalidade básica era o divórcio-conversão: primeiramente o casal se separava judicialmente, e depois de três anos requeria a conversão da separação em divórcio".[104]

Já o Código Civil de 2002 traz que o divórcio é uma das causas que ensejam o término da sociedade conjugal, tendo o condão de dissolver o casamento válido. O artigo 1.579 do mesmo diploma legal afirma que o divórcio não altera os "direitos e deveres dos pais em relação aos filhos".[105]

Em razão disso, novas formas de famílias surgiram e impactaram nas relações jurídicas, sobretudo nas relações jurídicas previdenciárias. Conforme será demonstrado abaixo, uma das novas formas de família é a família pluriparental ou mosaica, formada por filhos egressos de uma relação anterior, chamados de enteados, que são reconhecidos pela legislação previdenciária como equiparados a filho para fins de concessão da pensão por morte e do auxílio-reclusão.

4.5 DAS PESSOAS EQUIPARADAS A FILHO(A)

A redação original do artigo 16, § 2º da Lei 8.213/91 previa que "equiparam-se a filho, nas condições do inciso I, mediante declaração do segurado: o enteado; o menor que, por determinação judicial, esteja sob a sua guarda; e o menor que esteja sob sua tutela e não possua condições suficientes para o próprio sustento e educação".[106]

A Lei 9.528/97 deu nova redação ao §2º do artigo 16 e prevê que o "enteado e o menor tutelado equiparam-se a filho mediante declaração do segurado e desde que comprovada a dependência econômica na forma estabelecida no Regulamento".[107]

A referida alteração foi matéria de duas Ações Diretas de Inconstitucionalidade julgadas pelo Supremo Tribunal Federal, a ADIN 4878 e a ADIN 5083, cujo objeto de discussão foi a exclusão do menor sob guarda da proteção previdenciária, assunto que será tratado em tópico próprio.

---

104. GONÇALVES, Carlos Roberto. *Direito civil brasileiro* – Direito de Família. 19. ed. São Paulo, Saraivajur, 2022, v. 6, p. 267.
105. BRASIL. Presidência da República. Casa Civil. Subchefia para Assuntos Jurídicos. Código Civil. Disponível em: http://www.planalto.gov.br/ccivil_03/leis/2002/l10406compilada.htm. Acesso em: 17 jul. 2022.
106. BRASIL. Presidência da República. Casa Civil. Subchefia para Assuntos Jurídicos. Lei nº 8.213, de 24 de julho de 1991. Disponível em: http://www.planalto.gov.br/ccivil_03/leis/l8213cons.htm. Acesso em: 12 jun. 2022.
107. BRASIL. Presidência da República. Casa Civil. Subchefia para Assuntos Jurídicos. Lei nº 8.213, de 24 de julho de 1991. Disponível em: http://www.planalto.gov.br/ccivil_03/leis/l8213cons.htm. Acesso em: 12 jun. 2022.

Com a Reforma Previdenciária trazida pela Emenda Constitucional 103/19, o artigo 23, §6º estabelece que "Equiparam-se a filho, para fins de recebimento da pensão por morte, exclusivamente o enteado e o menor tutelado, desde que comprovada a dependência econômica."[108]

A Emenda Constitucional 103/19 retirou a exigência da prévia declaração do segurado para que o enteado e menor tutelado fizessem jus ao benefício de pensão por morte. A única exigência é que seja comprovada a sua dependência econômica. Contudo, mais uma vez excluiu a figura do menor sob guarda da proteção previdenciária.

4.5.1 Enteado

O conceito de família tem sofrido alterações. Aquela família que antes era formada tão somente pelos cônjuges e filhos advindos do casamento não é mais a única forma de família admitida pela legislação, chamada de família matrimonial. A união estável passou a ser reconhecida pela Constituição Federal de 1988 e com o seu reconhecimento também houve o elastecimento do conceito de filiação trazido pelo Código Civil.

Mas conjuntamente com as uniões, sejam advindas do casamento e da união estável, também há o desfazimento das relações afetivas, fruto das separações de fato ou do divórcio. Muitas famílias são constituídas depois do rompimento das uniões anteriores e foram-se relações recompostas ou reconstruídas, também chamadas de relação mosaico.

Esta nova estrutura familiar pode ser ainda composta por filhos egressos de uma relação anterior ou casamento, e forma-se uma nova família chamada de pluriparental. Maria Berenice Dias ensina que "A especificidade decorre da peculiar organização do núcleo, reconstruído por casais onde um ou ambos são egressos de casamentos ou uniões anteriores. Eles trazem para a nova família seus filhos e, muitas vezes, têm filhos em comum".[109]

Certo é que, a nova família, em razão da convivência diária e afetuosa, criará laços afetivos e compartilharão da vida rotineira dentro do mesmo lar, incluindo a mesma moradia, educação, alimentação etc.

Assim, enteado é parente por afinidade, revela-se por ser filho da pessoa com quem alguém venha contrair matrimônio ou estabelecer união estável.

O Código Civil disciplina em seu artigo 1595 que "cada cônjuge ou companheiro é aliado aos parentes do outro pelo vinculo da afinidade" E concluiu no

---

108. BRASIL. Presidência da República. Casa Civil. Subchefia para Assuntos Jurídicos. Emenda Constitucional nº 103, de 12 de novembro de 2019. Disponível em: http://www.planalto.gov.br/ccivil_03/constituicao/emendas/emc/emc103.htm. Acesso em: 17 mar. 2022.
109. DIAS, Maria Berenice. *Famílias plurais*. 5. ed. São Paulo: Revista dos Tribunais, 2009, p. 40-55.

§ 1º que "o parentesco por afinidade limita-se aos ascendentes, aos descendentes e aos irmãos do cônjuge e companheiro".[110]

O ECA – Estatuto da Criança e do Adolescente dispõe em seu artigo 25, parágrafo único que "entende-se por família extensa ou família ampliada aquele que se estende para além da unidade pais e filhos ou da unidade do casal, formada por parentes próximos com os quais a criança ou adolescente convive e mantém vínculos de afinidade e afetividade".[111]

Importa consignar que desde 2009, a Lei 6.015/73, com a alteração trazida pela 11.924/09 e posteriormente pela Lei 14.382/22, dispõe em seu artigo 57, § 8º que poderá o enteado ou a enteada requerer ao juiz competente que, no registro de nascimento, seja averbado o nome da família de seu padrasto ou de sua madrasta, desde que haja expressa concordância destes, sem prejuízo de seus apelidos de família, desde que haja motivo ponderável.[112]

O legislador, portanto, reconhece a figura dos padrastos e madrastas na convivência familiar com seus enteados, e por tal razão, a construção do vínculo afetivo muitas está atrelado também com a dependência econômica dos enteados com seus padrastos e madrastas.

Assim, a legislação previdenciária, desde 1991, concede a proteção previdenciária aos enteados do segurado nos mesmos moldes concedidos aos filhos, ou seja, também são considerados dependentes de primeira classe para fins de concessão da pensão por morte ou auxílio-reclusão. Contudo, faz-se necessária a demonstração da dependência econômica, ou seja, sua dependência econômica não é presumida.

4.5.2 Do menor tutelado

Tutela é "um instituto jurídico que se caracteriza pela proteção dos menores, cujos pais faleceram ou que estão impedidos de exercer o poder familiar, seja por incapacidade, seja por terem sido dele destituído ou terem perdido esse poder."[113]

---

110. BRASIL. Presidência da República. Casa Civil. Subchefia para Assuntos Jurídicos. Código Civil. Disponível em: http://www.planalto.gov.br/ccivil_03/leis/2002/l10406compilada.htm. Acesso em: 17 jul. 2022.
111. BRASIL. Presidência da República. Casa Civil. Subchefia para Assuntos Jurídicos. Estatuto da Criança e do Adolescente. Disponível em: http://www.planalto.gov.br/ccivil_03/leis/l8069.htm. Acesso em: 17 jul. 2022.
112. Presidência da República. Casa Civil. Subchefia para Assuntos Jurídicos. Lei nº 6.015, de 31 de dezembro de 1973. Disponível em: http://www.planalto.gov.br/ccivil_03/LEIS/L6015consolidado.htm. Acesso em: 17 out. 2022.
113. AZEVEDO, Álvaro Villaça. *Comentário ao Código Civil*. São Paulo: Saraiva, 2003, v. 19, p. 319.

O Código Civil prevê expressamente no artigo 1728 que os filhos menores são postos em tutela com o falecimento dos pais, ou sendo estes julgados ausentes; em caso de os pais decaírem o poder familiar.[114]

A tutela dos menores somente faz-se possível com a morte dos pais ou com a perda do poder familiar de ambos os pais. Se somente um deles perder o poder familiar, o outro que continua com o poder familiar concentrará em si toda a responsabilidade pelo menor.

O Estatuto da Criança e do Adolescente trata do menor tutelado na Seção destinada à família substituta ao dispor no artigo 28 que "A colocação em família substituta far-se-á mediante guarda, tutela ou adoção, independentemente da situação jurídica da criança ou adolescente, nos termos da Lei."[115]

O menor tutelado será equiparado a filho para fins de concessão dos benefícios previdenciários, porém, deverá fazer prova da sua dependência econômica com o segurado falecido para recebimento da pensão por morte.

Quando do falecimento dos pais do menor, à criança ou ao adolescente deverá ser designado tutor que exercerá a obrigação de zelar pela criação, pela educação e pelos bens do menor. No caso do falecimento do seu tutor, desde que comprovada a dependência econômica com relação a este, poderá ser concedido o benefício de pensão por morte por não haver nenhuma vedação legal com relação à cumulação de pensão por morte deixada aos filhos.

4.5.3 Menor sob guarda

A guarda encontra-se prevista no artigo 33 do Estatuto da Criança e Adolescente e dispõe que "a guarda obriga a prestação de assistência material, moral e educacional à criança ou adolescente, conferindo a seu detentor o direito de opor-se a terceiro, inclusive aos pais."[116]

Trata-se de uma das modalidades de colocação de criança ou adolescente em família substituta. A figura do menor sob guarda prevista na legislação previdenciária não se trata de guarda de filhos disputada pelos pais, pois neste caso

---

114. BRASIL. Presidência da República. Casa Civil. Subchefia para Assuntos Jurídicos. Código Civil. Disponível em: http://www.planalto.gov.br/ccivil_03/leis/2002/l10406compilada.htm. Acesso em: 17 jul. 2022.
115. BRASIL. Presidência da República. Casa Civil. Subchefia para Assuntos Jurídicos. Estatuto da Criança e do Adolescente. Disponível em: http://www.planalto.gov.br/ccivil_03/leis/l8069.htm. Acesso em: 17 jul. 2022.
116. BRASIL. Presidência da República. Casa Civil. Subchefia para Assuntos Jurídicos. Estatuto da Criança e do Adolescente. Disponível em: http://www.planalto.gov.br/ccivil_03/leis/l8069.htm. Acesso em: 17 jul. 2022.

não haverá a colocação do menor em família substituta, mas de uma simples regulamentação da guarda na mesma família em razão da separação do seus pais.

O Código Civil disciplina a guarda no capítulo destinado à proteção da pessoa dos filhos e dispõe que a guarda poderá ser unilateral ou compartilhada. A guarda prevista no Código Civil nada mais é do que uma "derivação do poder familiar, na constância ou ruptura da sociedade conjugal ou da união estável, exercida sobre os filhos menores".[117]

A proteção do menor sob guarda buscada pela legislação previdenciária em sua redação original não se refere a proteção do menor que esteja sob a guarda do seu pai ou mãe, uma vez que, nestes casos, a lei já protege expressamente os filhos menores de 21 anos na concessão do benefício de pensão por morte.

Buscou o legislador, ao incluir a figura do menor sob guarda, a proteção da guarda de crianças e adolescentes que se encontram em situação de risco pessoal e social. O artigo 1.584 do Código Civil que em seu caput dispõe que a guarda poderá ser unilateral ou compartilhada, traz, no §5º, que "se o juiz verificar que o filho não deve permanecer sob a guarda do pai ou da mãe, deferirá a guarda a pessoa que revele compatibilidade com a natureza da medida, considerados, de preferência, o grau de parentesco e as relações de afinidade e afetividade".[118]

Desta forma, caso o menor encontre-se em situação de risco pessoal e social e, por tal razão, a guarda não pode ser exercida por nenhum dos pais, outra pessoa poderá ser detentor da guarda do menor. Contudo, a legislação afirma que, para o menor ser colocado sob guarda de outra pessoa, deve ter com ela compatibilidade, muitas vezes presentes entre parentes ou relações que possuam afinidade e afetividade.

O menor sob guarda, na redação original da Lei 8.213/91, era equiparado a filho. Para resguardar o direito do menor sob guarda, o segurado deveria declará-lo dependente perante à Previdência Social.

Em 10 de novembro de 1997 foi editada a Medida Provisória 1.596 que deu nova redação ao artigo 16, § 2º da Lei 8.213/91 e assim dispôs: "o enteado e o menor tutelado equiparam-se a filho mediante declaração do segurado e desde que comprovada a dependência econômica na forma estabelecida no Regulamento."[119]

---

117. LIBERATI, Wilson Donizeti. *Comentários ao Estatuto da Criança e do Adolescente*. 12. ed. São Paulo: Malheiros, 2015, p. 42.
118. BRASIL. Presidência da República. Casa Civil. Subchefia para Assuntos Jurídicos. Código Civil. Disponível em: http://www.planalto.gov.br/ccivil_03/leis/2002/l10406compilada.htm. Acesso em: 17 jul. 2022.
119. BRASIL. Presidência da República. Casa Civil. Subchefia para Assuntos Jurídicos. Medida Provisória nº 1.596-14, de 10 de novembro de 1997. Disponível em: http://www.planalto.gov.br/ccivil_03/MPV/Antigas/1596-14.htm. Acesso em: 17 out. 2022.

Quando da conversão da Medida Provisória na Lei nº 9.528/96,[120] a redação do artigo permaneceu a mesma, ou seja, retirou da proteção social, na qualidade de equiparado a filho, o menor que por determinação legal esteja sob a guarda do segurado, ocasionando muitas polêmicas se este permanece como equiparado a filho, e, ainda, se há uma inconstitucionalidade no dispositivo, já que o artigo 227, § 3º, II da Carta Magna assegura a garantia de direitos previdenciários à criança e ao adolescente.

O artigo 33 do Estatuto da Criança e do Adolescente em seu § 3º prevê que "A guarda confere à criança ou adolescente a condição de dependente, para todos os fins e efeitos de direito, inclusive previdenciários."

Quando da publicação da Lei 8.213/91, na sua redação original, o Estatuto da Criança e do Adolescente já concedia a proteção do menor sob guarda como dependente, inclusive previdenciário. O texto da legislação previdenciária nada mais fez do que adequar a proteção do menor sob guarda previsto em legislação especial também na legislação previdenciária.

Contudo, com a exclusão do menor sob guarda da proteção previdenciária realizada pela Medida Provisória 1.596/97 e posteriormente convertida na Lei 9.528/97, ocorreu o conflito de normas de mesma hierarquia.

Diante do conflito de normas ocorrido durante o processo de interpretação, podem ser utilizados três critérios para solucionar a questão: hierárquico, cronológico e especialidade.

Para referida análise, deixar-se-á o critério hierárquico por último. Primeiro, analisar-se-á o critério cronológico. A Lei 9.528/97 foi publicada posteriormente ao Estatuto da Criança e do Adolescente, que disciplina no artigo 33, § 3º a proteção previdenciária do menor sob guarda, portanto por tal critério, a Lei Previdenciária é que deveria ser aplicada, nos termos do artigo 2º, § 1º da Lei de Introdução às Normas do Direito Brasileiro que regula que norma posterior revoga a anterior: "A lei posterior revoga a anterior quando expressamente o declare, quando seja com ela incompatível ou quando regule inteiramente a matéria de que tratava a lei anterior".[121]

Contudo, há de se observar também o critério da especialidade, a fim de evitar o *bis in idem*, ou seja, duas normas disciplinando acerca do mesmo fato.

---

120. BRASIL. Presidência da República. Casa Civil. Subchefia para Assuntos Jurídicos. Lei nº 9.528, de 10 de dezembro de 1997. Disponível em: BRASIL. Presidência da República. Casa Civil. Subchefia para Assuntos Jurídicos. Acesso em: 17 out. 2022.
121. BRASIL. Presidência da República. Casa Civil. Subchefia para Assuntos Jurídicos. Decreto-Lei nº 4.657, de 4 de setembro de 1942. Disponível em: http://www.planalto.gov.br/ccivil_03/decreto-lei/del4657compilado.htm. Acesso em: 17 out. 2022.

Conforme previsto no artigo 2º, § 2º Lei de Introdução às Normas do Direito Brasileiro, "a lei nova, que estabeleça disposições gerais ou especiais a par das já existentes, não revoga nem modifica a lei anterior." Em tal dispositivo encontra-se presente o princípio da especialidade o qual prescreve que a norma especial prevalece sobre a geral.

A norma especial, que regula a proteção da criança e do adolescente, é o Estatuto da Criança e do Adolescente. A Lei 8.213/91, com as alterações trazidas pela Lei 9.528/97, regula a questão previdenciária e traz a exclusão do menor sob guarda, situação que caberia a lei especial e não à lei geral.

Diante disto, o Tema 732 julgado pelo STJ submeteu a seguinte questão a julgamento "Discussão: concessão do benefício de pensão por morte a menor sob guarda". A tese firmada foi

> O menor sob guarda tem direito à concessão do benefício de pensão por morte do seu mantenedor, comprovada sua dependência econômica, nos termos do artigo 33, § 3º do Estatuto da Criança e do Adolescente, ainda que o óbito do instituidor da pensão seja posterior à vigência da Medida Provisória 1.523/96, reeditada e convertida na Lei 9.528/97. Funda-se essa conclusão na qualidade de lei especial do Estatuto da Criança e do Adolescente (8.069/90), frente à legislação previdenciária.[122]

Conforme consta na tese firmada, a legislação que deve prevalecer é a lei especial, qual seja, o Estatuto da Criança e do Adolescente, que, caso tivesse sido a intenção do legislados em desproteger a figura do menor sob guarda, também teria alterado o Estatuto da Criança e do Adolescente e não somente a legislação previdenciária.

Mas não é só, há ainda de ser observado o critério hierárquico para resolver a antinomias entre as leis. Não o que se falar em norma jurídica inferior contrária à superior, uma vez que, as regras jurídicas se ordenam de forma hierárquica e lógica, como uma escada, sendo que na base encontram-se as normas de menor incidência e no topo as disposições constitucionais.

A Constituição Federal de 1988 tem caráter supralegal, na qual, as demais leis devem estar em consonância aos princípios estabelecidos por ela, caso contrário, serão consideras inconstitucionais.

Ainda sobre a Lei de Introdução às Normas do Direito Brasileiro, o artigo 5º prescreve que "na aplicação da lei, o juiz atenderá aos fins sociais a que ela se dirige e às exigências do bem comum."[123] Segundo ensina Miguel Reale:

---
122. TEMA 752 do STJ.
123. BRASIL. Presidência da República. Casa Civil. Subchefia para Assuntos Jurídicos. Decreto-Lei nº 4.657, de 4 de setembro de 1942. Disponível em: http://www.planalto.gov.br/ccivil_03/decreto-lei/del4657compilado.htm. Acesso em: 17 out. 2022.

interpretar uma lei importa, previamente, em compreendê-la na plenitude de seus fins sociais, a fim de poder-se, desse modo, determinar o sentido de cada um de seus dispositivos. Somente assim, ela é aplicável a todos os casos que correspondam àqueles objetivos.[124]

O Supremo Tribunal Federal julgou a Ações Diretas de Inconstitucionalidades 4878 e 5083 que impugna o artigo 16, § 2º, da Lei 8.213/91 na redação conferida pela Lei 9.528/97, que retirou o menor sob guarda do rol de dependentes para fins de concessão de benefício previdenciário. A ADI 4878 foi julgada procedente e a ADI 5083 parcialmente procedente para

> conferir interpretação conforme ao §2º do artigo 16, da Lei nº 8.213/91, para contemplar, em seu âmbito de proteção, o menor sob guarda, na categoria de dependentes do Regime Geral de Previdência Social, em consonância com o princípio da proteção integral e da prioridade absoluta, nos termos do artigo 227 da Constituição da República, desde que comprovada a dependência econômica, nos termos em que exige a legislação previdenciária (artigo 16, § 2º, Lei 8.212/91 e Decreto 3048/99).[125]

É evidente que, ao interpretar a Constituição Federal, o menor sob guarda não poderia ser excluído da proteção previdenciária, já que o artigo 227 da Constituição Federal confere às crianças aos jovens e aos adolescentes a proteção integral e a prioridade absoluta.

Contudo, a Emenda Constitucional 103/19 prevê no artigo 23, §6º que "Equiparam-se a filho, para fins de recebimento da pensão por morte, exclusivamente o enteado e o menor tutelado, desde que comprovada a dependência econômica.".[126]

Importante salientar que, a Emenda Constitucional 103/19 foi publicada em 12 de novembro de 2019 e que a ADI 4878 e 5083 foram propostas em 19 de novembro de 2012 e 06 de janeiro de 2014, respectivamente. O julgamento das Ações Diretas de Inconstitucionalidade ocorreu após a publicação da Emenda Constitucional 103/19, em 08 de junho de 2021. Por razão temporal, os pedidos formulados nas Ações Diretas de Constitucionalidade não contemplaram a redação do artigo 23 da Emenda Constitucional 103/19. Contudo, necessário de faz transcrever o trecho do voto do Min. Fachin a respeito do tema:

> Os pedidos formulados nas ADIs 5083 e 4878, contudo, não contemplaram a redação do artigo 23 da EC 103/2019, razão pela qual, ao revés do e. Ministro Relator, não procedo à verificação da constitucionalidade do dispositivo, em homenagem ao princípio da demanda.

---

124. REALE, Miguel. *Lições Preliminares de Direito*. 25. ed. São Paulo: Saraiva, 2000, p. 291.
125. BRASIL. Supremo Tribunal Federal. Disponível em: https://portal.stf.jus.br/processos/downloadPeca.asp?id=15347225924&ext=.pdf. Acesso em: 05 nov. 2022.
126. BRASIL. Presidência da República. Casa Civil. Subchefia para Assuntos Jurídicos. Emenda Constitucional nº 103, de 12 de novembro de 2019. Disponível em: http://www.planalto.gov.br/ccivil_03/constituicao/emendas/emc/emc103.htm. Acesso em: 17 mar. 2022.

De toda sorte, os argumentos veiculados na presente manifestação são em todo aplicáveis ao artigo 23 referido.[127]

A Turma Nacional de Uniformização já se manifestou incidentalmente sobre a inconstitucionalidade do artigo 23, § 3º e declarou que a exclusão do menor sob guarda trazida pela Emenda Constitucional 103/19 contraria o disposto no artigo 277, § 3º, VI da Constituição Federal, que trata sobre a proteção dos direitos trabalhistas e previdenciários das crianças, dos jovens e dos adolescentes.[128]

Importante também mencionar uma recente decisão do Superior Tribunal de Justiça que reconheceu a proteção do menor sob guarda, contudo, limitou a idade m 18 anos e não 21 anos como é concedida aos filhos do segurado.[129] A fundamentação da decisão é baseada na interpretação anteriormente conferida pelo STJ no Tema 732 e pelo STF no julgamento das Ações Diretas de Inconstitucionalidade 4878 e 5083 que aplicam aos menores sob guarda o Estatuto da Criança e do Adolescente em detrimento da aplicação da legislação previdenciária.

Isto porque, o Estatuto da Criança e do Adolescente prescreve em seu artigo 2º que para os efeitos da lei, considera-se criança a pessoa até doze anos de idade incompletos, e adolescente aquela entre doze e dezoito anos de idade.

Assim, como a possibilidade de concessão de pensão por morte aos menores sob guarda foi extraída do dispositivo contido no Estatuto da Criança e

---

127. BRASIL. ADIs 5083 e 4878. Disponível em: https://portal.stf.jus.br/processos/downloadPeca.asp?id=15347225924&ext=.pdf, p. 35. Acesso em: 05 nov. 2022.
128. Ementa: Pedido de uniformização nacional. Constitucional e previdenciário. Direito do menor sob guarda à pensão por morte do seu mantenedor embora a EC 103/2019 o tenha excluído do rol dos dependentes previdenciários naturais ou legais dos segurados do INSS. Observância das diretrizes constitucionais da isonomia, dignidade humana, prioridade absoluta e proteção integral à criança e ao adolescente (artigo 227 da CF). Proibição de proteção insuficiente por parte do estado. 1. Declaração incidental de inconstitucionalidade do segmento do artigo 23, § 6º, da EC 103/2019, relativo à expressão "exclusivamente", de forma a afastar interpretação que exclua o menor sob guarda da proteção previdenciária, na condição de dependente, firmando a tese de que: é inconstitucional a expressão "exclusivamente", constante do § 6º, do artigo 23 da Emenda Constitucional 103/2019, e, da mesma forma, viola o núcleo essencial da constituição federal exegese que importe em exclusão do menor sob guarda da proteção previdenciária, na condição de dependente para fins de concessão de pensão por morte. incidente desprovido. Tese firmada: É inconstitucional a expressão "exclusivamente", constante do § 6º, do artigo 23 da Emenda Constitucional 103/2019, e, da mesma forma, viola o núcleo essencial da Constituição Federal exegese que importe em exclusão do menor sob guarda da proteção previdenciária, na condição de dependente para fins de concessão de pensão por morte. Julgado em 15.09.2022. Disponível em: file:///Users/eline/Downloads/Reposit%C3%B3rio%20TNU%20-%20VERS%C3%83O%20ATUALIZADA%20EM%2027.09.2022%20-%20Com%20altera%C3%A7%C3%A3o%20no%20n%C3%BAmero%20da%20p%C3%A1gina%20(1).pdf. Acesso em: 05 nov. 2022.
129. BRASIL. Superior Tribunal de Justiça. Recurso Especial nº 1.947.690 – DF (2021/0208783-0). Disponível em: https://processo.stj.jus.br/processo/revista/documento/mediado/?componente=ITA&sequencial=2174643&num_registro=202102087830&data=20220523&formato=PDF. Acesso em: 05 nov. 2022.

do Adolescente em seu artigo 33, § 3º e do artigo 227 da Constituição Federal que garantem a proteção previdenciária às crianças, aos jovens e adolescentes, não poderia haver uma interpretação ampliativa do dispositivo e interpretá-lo conjuntamente com a legislação previdenciária.

Ocorre que, ao interpretar desta forma, cria-se uma distinção entre aqueles que também são equiparados a filhos para fins previdenciários, como o enteado e o tutelado. Ademais, a legislação previdenciária, ao tratar dos enteados e dos tutelados, e antes da mudança legislativa, ao tratar do menor sob guarda, equiparou-os como filhos do segurado.

A legislação previdenciária, como já mencionado em tópico próprio, enquadra como dependentes os filhos até 21 anos de idade. Ao equiparar a filhos o enteado e tutelado, e na redação original os menores sob guarda, buscou o legislador a mesma proteção social conferida aos filhos que podem receber mesmo após serem considerados adultos.

4.5.4 Da adoção

Maria Helena Diniz conceitua a adoção como sendo "o ato judicial pelo qual, observados os requisitos legais, se estabelece, independentemente de qualquer relação de parentesco consanguíneo ou afim, um vínculo fictício de filiação, trazendo para uma família, na condição de filho, pessoa que, geralmente, lhe é estranha.[130]

A adoção nada mais é do que uma ficção legal, chamada de parentesco civil, em linha reta, que estabelece entre o adotante e o adotado o parentesco e filiação civil.

Com a adoção haverá a transferência definitiva do poder familiar para o adotante "com todos os direitos e deveres que lhe são inerentes: companhia, guarda, criação, educação, obediência, respeito, consentimento para casamento, nomeação de tutor, representação etc.".[131]

No Código Civil de 1916, a adoção somente seria realizável por aqueles que possuíam mais de 50 anos sem prole legítima ou legitimada.[132] A partir da Lei 3.133/57 a idade para ser adotante reduziu para 30 anos, mas os casados somente poderiam adotar após decorridos 5 anos do casamento. A mesma legislação trazia distinção entre filhos legítimos, legitimados ou reconhecidos, pois excluía da sucessão hereditária o filho adotivo.

---

130. DINIZ, Maria Helena. *Curso de Direito Civil Brasileiro*. 35 ed. São Paulo: Saraiva, 2022, v. 5, p. 595.
131. DINIZ, Maria Helena. *Curso de Direito Civil Brasileiro*. 35 ed. São Paulo: Saraiva, 2022, v. 5, p. 622.
132. BRASIL. Presidência da República. Casa Civil. Subchefia para Assuntos Jurídicos. Código Civil de 1916. Disponível em: http://www.planalto.gov.br/ccivil_03/leis/l3071.htm. Acesso em: 12 jun. 2022.

Também, na vigência do Código Civil de 1916, previa o artigo 378 que "os direitos e deveres que resultam do parentesco natural não se extinguem pela adoção, exceto o pátrio poder, que será transferido do pai natural para o adotivo".[133]

O Código Civil de 1916 não extinguia os direitos e deveres do parentesco natural, somente era transferido o pátrio poder do parentesco natural para o adotivo, conforme disposto no artigo 378. Tal situação trazia uma instabilidade muito grande para os pais adotivos que, para terem mais segurança, passaram a praticar a adoção simulada ou adoção à brasileira.

Conforme ensina Carlos Roberto Gonçalves, a adoção simulada ou a brasileira é uma criação da jurisprudência, cuja expressão "foi empregada pelo Supremo Tribunal Federal ao se referir a casais que registram filho alheio, recém-nascido, como próprio, com a intenção de dar-lhe um lar, de comum acordo com a mãe e não com a intensão de tomar-lhe o filho".[134]

Destaque-se que, a adoção à brasileira ou simulada, constitui, em tese, o crime de falsidade ideológica previsto no Código Penal. Contudo, decisões do Superior Tribunal de Justiça reconhecem, na adoção à brasileira, a possibilidade de reconhecimento da maternidade socioafetiva. Sobre o tema, maternidade / paternidade socioafetiva, será tratado no próximo tópico. A Constituição Federal de 1988 proíbe qualquer distinção entre os filhos, havidos ou não da relação do casamento, ou por adoção, conforme preceitua o artigo 227, § 6º.[135] Os filhos terão os mesmos direitos e qualificações, proibidas quaisquer designações discriminatórias relativas à filiação.

No Direito Previdenciário, ao mencionar que são dependentes os filhos de qualquer condição, a Lei nº 8.213/91 traz que não existe a distinção entre filhos para fins de proteção. Tanto faz se eles foram gerados fora do ambiente conjugal ou adotados, pois possuem a mesma proteção social.

Os requisitos para a adoção no Brasil estão previstos no Estatuto da Criança e do Adolescente, e o artigo 42 dispõe que "podem adotar os maiores de 18 (dezoito) anos, independentemente do estado civil". A exigência de idade mínima de 18 anos se dá em razão de exigir capacidade para a adoção, portanto, não podem adotar os menores de 18 anos, os ébrios habituais e os viciados e tóxicos, os que, por causa transitória ou permanente não puderem exprimir a sua vontade.

---

133. BRASIL. Presidência da República. Casa Civil. Subchefia para Assuntos Jurídicos. Código Civil de 1916. Disponível em: http://www.planalto.gov.br/ccivil_03/leis/l3071.htm. Acesso em: 12 jun. 2022.
134. GONÇALVES, Carlos Roberto. *Direito civil brasileiro* – Direito de Família. 19. ed. São Paulo, Saraivajur, 2022, v. 6, p. 267.
135. BRASIL. Presidência da República. Casa Civil. Subchefia para Assuntos Jurídicos. Constituição da República Federativa do Brasil de 1988. Disponível em: http://www.planalto.gov.br/ccivil_03/constituicao/constituicao.htm. Acesso em: 12 jun. 2022.

Importante mencionar que, as pessoas com deficiência não estão impedidas de adotar, conforme disposto no artigo 6º, VI, da Lei 13.146/15 ao mencionar que "A deficiência não afeta a plena capacidade civil da pessoa, inclusive para exercer o direito à guarda, à tutela, à curatela e à adoção, como adotante e adotando, em igualdade de oportunidades com as demais pessoas".

Há restrições da adoção realizada entre os ascendentes e irmãos do adotando, conforme dispõe o artigo 42, § 1º do Estatuto da Criança e do Adolescente. Conforme ensina Carlos Roberto Gonçalves "por total incompatibilidade com o instituto da adoção, não pode o avô adotar o neto, nem o homem solteiro, ou um casal sem filhos, adotar um irmão de um dos cônjuges".[136]

Diante destas situações, muitas crianças e adolescentes ficam desprotegidos com relação à colocação em famílias substitutas, uma vez que, quem cuida das crianças em razão do abandono ou morte dos seus pais, são os avós e os irmãos. Os institutos jurídicos que poderão ser resguardados a eles são somente a guarda ou tutela. No que concerne a proteção do menor sob guarda, encontra obstáculos para a proteção previdenciária, conforme exposto em tópico anterior, razão pela qual, justifica-se a tese apresentada neste trabalho, que objetiva a proteção previdenciária do filho socioafetivo.

Miguel Horvath Junior e Magadar Rosália Costa Briguet afirmam que "equiparam-se aos adotados, os filhos afetivos, de sorte que também são beneficiários da pensão por morte do pai afetivo, em nível isonômico com os demais filhos do de cujus".[137]

O Plano de Benefícios da Previdência Social não disciplina acerca da cessação do benefício de pensão por morte dos filhos que venha a ser posteriormente adotado. Contudo, o Regulamento da Previdência Social dispõe em seu artigo 114, IV que "O pagamento da cota individual da pensão por morte cessa: IV – pela adoção, para o filho adotado que receba pensão por morte dos pais biológicos".

Neste sentido, é importante mencionar os efeitos de ordem pessoal da adoção. Carlos Roberto Gonçalves traz os efeitos de ordem pessoal da adoção ao parentesco, poder familiar e nome. Com relação ao poder familiar explica que

---

136. GONÇALVES, Carlos Roberto. *Direito civil brasileiro* – Direito de Família. 19. ed. São Paulo, Saraivajur, 2022, v. 6, p. 393.
137. HORVATH JUNIOR, Miguel; BRIGUET, Magadar Rosália Costa. A filiação afetiva e os efeitos para a concessão de pensão aos pais e filhos afetivos e para o pensionista que já recebe pensão do pai biológico: uma análise da família socioafetiva na sociedade pós-moderna. In: VIEIRA, Lucia Helena (Org.). *Regimes Próprios*: aspectos relevantes. São Bernardo do Campo, APEPREM, 2023, v. 17, p. 389.

Com a adoção, o filho adotivo é equiparado ao consanguíneo sob todos os aspectos, ficando sujeito ao pode familiar, transferido do pai natural para o adotante cm todos os direitos e deveres, que lhe são inerentes, especificados no art. 1.634 do Código Civil, inclusive administração e usufruto de bens (artigo 1.689). Como a adoção extingue o poder familiar dos pais biológicos (artigo 1.635, IV) e atribui a situação de filho ao adotado, "desligando-o de qualquer vínculo com pais e parentes, salvo os impedimentos matrimoniais (ECA, artigo 41, caput, deverá o menor ser colocado sob tutela em caso de morte do adotante, uma vez que o aludido poder não se restaura).[138]

Maria Helena Diniz ensina que nem mesmo a morte restabelece o poder familiar e não mais existe a obrigação de alimentar decorrente do parentesco natural.[139] Menciona que caberá ao adotante sustentar o adotado enquanto durar o poder familiar, nos termos do artigo 1.634 do Código Civil.

E ainda, é dever do adotante prestar alimentos ao adotado "nos casos em que são devidos pelo pai ao filho maior; da mesma forma o filho adotivo tem obrigação de fornecer alimentos ao adotante, por ser seu parente, tendo também dever de prestá-lo aos parentes do adotante, que também são seus".[140]

Percebe-se que, a legislação civil exclui todos os direitos e deveres que o adotado possuía com seus pais biológicos, e cabe, a partir de então, aos pais adotivos os deveres de cuidado, alimentação etc. Poderia, então, o Decreto Regulamentador excluir a proteção previdenciária dos filhos que venham a ser adotados que já recebiam a pensão por morte dos seus pais biológicos? Conforme já exposto no tópico 4.6, não poderia o Decreto Regulamentar extrapolar suas funções e trazer restrições que não estão previstas na lei.

Contudo, caso a lei venha a ser alterada, não há qualquer inconstitucionalidade ou ilegalidade na cessação do benefício de pensão por morte pago ao filho que venha a ser adotado. A legislação civil e o Estatuto da Criança e do Adolescente prescrevem que, na adoção, cessam todos os direitos e deveres com os pais biológicos, e os direitos e deverem passam a ser dos pais adotivos. Dessa forma, a dependência econômica com os pais biológicos justificadores da pensão por morte deixa de existir e a obrigação de alimentar passa a ser dos pais adotivos. Caso os pais adotivos venham a falecer, o filho poderá requerer o benefício de pensão por morte correspondente.

---

138. GONÇALVES, Carlos Roberto. *Direito civil brasileiro* – Direito de Família. 19. ed. São Paulo, Saraivajur, 2022, v. 6, p. 408.
139. DINIZ, Maria Helena. DINIZ, Maria Helena. *Curso de Direito Civil Brasileiro* – Direito de Família. 37. ed. São Paulo: Saraiva, 2022, p. 622.
140. DINIZ, Maria Helena. DINIZ, Maria Helena. *Curso de Direito Civil Brasileiro* – Direito de Família. 37. ed. São Paulo: Saraiva, 2022, p. 625.

5
A CARACTERIZAÇÃO JURÍDICA DA FILIAÇÃO SOCIOAFETIVA

A relação familiar socioafetiva pode ser conceituada como o reconhecimento jurídico da paternidade, maternidade, irmandade, baseada no afeto, sem que haja a necessidade do estabelecimento de vínculo sanguíneo de maneira necessária, ou seja, para além da maternidade ou paternidade biológica.

No entanto, é necessário diferenciar o ato de registrar perante o cartório o filho de outra pessoa em seu próprio nome com o instituto da filiação socioafetiva. Este ato perante o cartório é conhecido como adoção à brasileira[1] e é inclusive tipificado como crime pelo Código Penal.[2] Já a filiação socioafetiva é um instituto que é reconhecido como lícito pelo direito, sendo que suas nuances serão evidenciadas neste capítulo.

Em 1979, João Baptista Villela escreveu sobre a desbiologização da paternidade. Defendeu a tese de que a paternidade não é um fato da natureza, e sim um fato cultural. Isso porque, apesar do nascimento de um filho estar ligado a um fenômeno biológico, a paternidade é uma decisão espontânea do indivíduo, e, portanto, um fato cultural.[3]

Para João Baptista Villela, a cultura é o fenômeno que vai de encontro ao conceito de determinismo. Merece citação direta:

---

1. A adoção à brasileira consiste no ato de registrar como se fosse seu um filho de outra pessoa, sabendo que o filho é de outra pessoa. Dessa forma, tal adoção é considerada irregular, ilícita para o Direito, pois deixa de seguir os trâmites determinados pelo sistema do Direito no Brasil, em especial os contidos na Lei nº 12.010/09 (Lei de Adoção).
2. O artigo 242 do Código Penal assim dispõe: Artigo 242. Dar parto alheio como próprio; registrar como seu o filho de outrem; ocultar recém-nascido ou substituí-lo, suprimindo ou alterando direito inerente ao estado civil: (Redação dada pela Lei nº 6.898, de 1981). Pena: reclusão, de dois a seis anos. (Redação dada pela Lei nº 6.898, de 1981). Parágrafo único. Se o crime é praticado por motivo de reconhecida nobreza: (Redação dada pela Lei nº 6.898, de 1981). Pena: detenção, de um a dois anos, podendo o juiz deixar de aplicar a pena. (Redação dada pela Lei nº 6.898, de 1981). BRASIL. Decreto-Lei 2.848, de 07 de dezembro de 1940. Código Penal. Disponível em: http://www.planalto.gov.br/ccivil_03/leis/2002/l10406compilada.htm. Acesso em: 21 set. 2022.
3. VILLELA, João Baptista. Desbiologização da Paternidade. *Revista da Faculdade de Direito da Universidade Federal de Minas Gerais*, Belo Horizonte, n. 21, pg. 400/418, 1979. Disponível em: https://www.direito.ufmg.br/revista/index.php/revista/article/view/1156. Acesso em: 13 out. 2022.

E se a história da cultura é, em larga medida, a história da superação dos determinismos, convém não esquecer que é também, talvez de modo mais profundo e mais extenso, a história das técnicas de com eles se compor. A composição se processa em dois níveis: no da matéria, como quando, por exemplo, o homem, ao invés de se abrigar da chuva ou do sol, utiliza-os para fazer crescer as suas sementes, e no nível do espírito, como quando se estabelecem regras sociais e valores sobre fenômenos da causalidade física.[4]

Determinismo é um conceito filosófico que consiste na ideia de que todos os fenômenos que acontecem são derivados de fenômenos anteriores. Dessa maneira, o determinismo enxerga a liberdade de escolha como uma mera ilusão. Um marco teórico relevante para o determinismo pode ser encontrado na Bíblia Sagrada, na passagem do Evangelho de João: "não fostes vós que me escolhestes, mas fui eu que vos escolhi a vós".[5]

Dessa forma, João Baptista defendeu um conceito que é essencial para a compreensão da paternidade socioafetiva que se defende no âmbito da presente tese: a Filiação socioafetiva é uma questão existencial que depende da escolha do indivíduo, não é um fato previamente imposto por meio de um fenômeno natural como a paternidade biológica, que advém da relação sexual e da fecundação do espermatozoide no óvulo.

Neste capítulo, abordar-se-á a filiação socioafetiva na Constituição de 1988, no Código Civil de 2022, no Estatuto da Criança e do Adolescente – ECA e nos instrumentos jurídicos internacionais, propondo, por final, uma abordagem transconstitucional com o ordenamento jurídico brasileiro.

Objetiva-se perceber como o ordenamento jurídico brasileiro compreende o tema da filiação socioafetiva e quais seus reflexos constitucionais, civis e os decorrentes do Estatuto da Criança e do Adolescente e do Direito internacional. Ainda, objetiva-se perceber, se por meio da interpretação sistemática entre normas e valores, é possível reconhecer a normatividade dos princípios que, atrelada à constitucionalização do Direito Civil, é capaz de conceber a filiação socioafetiva como questão lícita para o Direito pensado no momento filosófico do pós-positivismo, inclusive com efeitos previdenciários no benefício da pensão por morte.

Isso porque, a Constituição aborda o Direito de Família de uma maneira mais progressista do que o próprio Código Civil de 2002, que possui uma abordagem mais conservadora para o Direito de Família, em que pese a sua positivação ser cronologicamente posterior.

---

4. VILLELA, João Baptista. Desbiologização da Paternidade. *Revista da Faculdade de Direito da Universidade Federal de Minas Gerais*, Belo Horizonte, n. 21, p. 400-418, 1979. Disponível em: https://www.direito.ufmg.br/revista/index.php/revista/article/view/1156. Acesso em: 13 out. 2022.

5. João, 15, 16. *Bíblia*. Português. Bíblia Sagrada. Traduzida e anotada por Matos Soares. 7. ed. São Paulo: Paulinas, 1956.

No entanto, ao aferir o real sentido da norma, como objeto da ciência do Direito, é preciso sair do campo zetético do princípio e conferir objetividade para a norma, tendo em vista que a ciência do Direito prescinde a filosofia em algum momento, pois necessita, antes de sua efetivação, tornar o direito estático,[6] para que possa ser seguro, a fim de que possa também ser aplicado e efetivado. A norma posta e reconhecida é apenas o início do Direito. Somente coloca fim à metafísica. Mesmo assim, não é garantia para a efetivação da justiça no caso concreto, dependendo da hermenêutica jurídica que conceba a justiça como valor absoluto.

5.1 POSSIBILIDADE DE RECONHECIMENTO DA FILIAÇÃO SOCIOAFETIVA NA CONSTITUIÇÃO DE 1988

O reconhecimento da socioafetividade como um fenômeno capaz de evidenciar o estado de filiação é consolidado no ordenamento jurídico brasileiro por meio da Constituição Federal de 1988. Somente após a Constituição Cidadã o ordenamento jurídico se tornou consistente ao trazer para a ciência do Direito princípios capazes de fundamentar a filiação socioafetiva.

Ressalta-se os princípios da dignidade da pessoa humana e da socioafetividade como fundamentais para a compreensão da tese aqui proposta. O princípio da dignidade da pessoa humana aparece na Carta Constitucional brasileira de 1988 como a sua regra maior, consagrado desde o seu preâmbulo e calcado sob os ideais de igualdade e da liberdade. A Constituição concebe, então, a proteção a todos, além de vedar a discriminação por motivo de origem, raça, sexo ou idade, assegurando o livre exercício dos direitos sociais e individuais, a liberdade, a segurança, o bem-estar, o desenvolvimento, a igualdade e a justiça como valores supremos de uma sociedade fraterna, pluralista e sem preconceitos.

Até o século passado, pode-se dizer que a única família aceita pela sociedade e pela lei era a família que nascia do fruto do casamento entre um homem e uma mulher. Da mesma maneira ocorria com o filho(a), que somente era reconhecido como legítimo se houvesse nascido no âmbito desta família. Foi o distanciamento entre Estado e igreja que contribuiu para o início do rompimento do formato patriarcal da família. Um punhado de fatores provocaram enormes mudanças. O surgimento dos métodos contraceptivos na segunda metade do século XX concedeu liberdade sexual para a mulher.

O protagonismo dos direitos humanos colocou o indivíduo como sujeito de direito e a dignidade humana tornou-se o valor maior. Chamar as uniões fora do clássico formato legal de casamento de concubinato não impediu a existência das

---

6. KELSEN, Hans. *Teoria Pura do Direito*. 7. ed. São Paulo: Martins Fontes, 2006, p. 121-212.

referidas uniões. Com o passar do tempo, a própria justiça passou a reconhecer direitos aos vínculos afetivos não formalizados.[7]

A da engenharia genética propiciou uma verdadeira revolução no que diz respeito aos vínculos de filiação e paternidade, tendo em vista que, para a concepção de um filho já não é mais necessário um relacionamento necessariamente sexual entre duas pessoas de sexos diferentes. Com todas essas mudanças sociais ocorreu, no instituto da família, um verdadeiro mosaico da diversidade, voltado para a realização pessoal de cada membro, o respeito ao outro e a proteção das individualidades.[8]

O amor tornou-se líquido[9] e o afeto passou a ser o elemento identificador dos relacionamentos familiares, em detrimento de modelos pré-concebidos pela legislação, como foi a questão do casamento entre homem e mulher. Os vínculos entre pais e filhos se separam da verdade genética. Foi assim que novas conformações familiares adquiriram aceitação. As uniões, que eram vistas como marginalizadas, ganharam reconhecimento social, o que levou ao ampliamento do conceito de família.

Para Maria Berenice Dias:

> As mudanças foram de tal intensidade que a Constituição da República de 1988 desdobrou o conceito de família e igualou os filhos. Ao dedicar à família especial proteção, a considerando a base da sociedade, abandonou a correlação entre família e casamento. Introduzido o conceito de entidade familiar foi concedida a mesma proteção tanto à união extramatrimonial entre um homem e uma mulher, como à denominada família monoparental: um dos genitores e sua prole. E no momento em que o Estado abandonou a necessidade de sua intervenção para o reconhecimento da família, foi necessário buscar o elemento que permite identificar o seu atual conceito, pois casamento, sexo e procriação não mais são os elementos caracterizadores da família. A entidade familiar não é somente a constituída pelo casamento. Também o é a união batizada com o nome de estável. Do mesmo modo, a finalidade procriativa deixou de servir de elemento configurador da família. O envolvimento de ordem sexual não é pressuposto para o seu reconhecimento. Certamente o grande mérito do Instituto Brasileiro de

---

7. DIAS, Maria Berenice. O primado dos direitos humanos e a garantia do direito à afetividade. *Jus Scriptum's International Journal of Law*, v. 7, n. 1, p. 50-65, 2022.
8. MARIA CELINA BODIM DE MORAES, Sobre o Nome da Pessoa Humana, *Revista Brasileira de Direito de Família*, nº 7, Porto Alegre, IBDFAM / Síntese, out./dez. 2000, p. 43.
9. O termo "amor líquido" foi cunhado pelo sociólogo alemão Bauman. Para o autor, a sociedade pós-moderna é líquida, fazendo uma contraposição à sociedade da Idade Moderna, que era considerada sólida. Baumann refere-se a amor líquido para descrever o tipo de relações interpessoais que se desenvolvem na pós-modernidade. A liquidez, nesse contexto, é caracterizada pela velocidade das mudanças sociais, fazendo com que o indivíduo tenha de se adaptar de maneira constante, o que impede que sua própria forma de agir possa se consolidar como um hábito. BAUMAN, Zygmunt. *Modernidade Líquida*. Rio de Janeiro: Editora Zahar, 2001. BAUMAN, Zygmunt. *Amor líquido*. Acerca de la fragilidad de los vínculos humanos. Tradução: Carlos Alberto Medeiros. Rio de Janeiro: Jorge Zahar, 2004.

Direito de Família (IBDFAM) foi identificar o afeto como o elemento constitutivo dos vínculos de conjugalidade e também de filiação.[10]

Nesse sentido, o ampliamento do conceito de família, consequentemente dos vínculos de parentalidade, acabou propiciando o desenvolvimento de uma nova conceituação da família e da filiação, com os mais variados matizes. As mudanças sociais foram de tão fortes que a Constituição da República de 1988[11] desdobrou o conceito de família e igualou os filhos. Ademais, a constituição deixa de correlacionar a família ao casamento, oferecendo especial proteção às uniões extramatrimoniais entre um homem e uma mulher, como à denominada família monoparental, que é composta por um dos genitores e seu filho.

Quando o Estado abandona a necessidade de sua intervenção para o reconhecimento da família, isso ocorre por causa da identificação de outros conceitos, ante a insuficiência dos conceitos de casamento, sexo e procriação como caracterizadores da família.

A família deixou de ser um núcleo econômico e de reprodução para ser um espaço de afeto. Transformou-se em uma estruturação psíquica em que cada membro ocupa um lugar, uma função.[12]

Esta dilação do conceito de família corresponde à exigência atual da sociedade, na qual para se ter família sequer é necessário ter um par. Assim, concebe-se a consagração do direito que todos têm de conviver em família, sendo imperioso concluir que existe um direito fundamental à convivência familiar.[13]

Especialmente para a tese objeto dessa pesquisa, não só as relações de conjugalidade sofreram transformação social, mas também os vínculos de parentalidade. O afeto inegavelmente se tornou o elemento fundamental das entidades familiares, constituindo o paradigma definidor dos vínculos parentais.

De um lado existe a verdade biológica, comprovável por meio de exame laboratorial, que permite afirmar, com certeza quase absoluta, a existência de um

---

10. DIAS, Maria Berenice. O primado dos direitos humanos e a garantia do direito à afetividade. *Jus Scriptum's International Journal of Law*, v. 7, n. 1, p. 50-65, 2022.
11. CR, artigo 226: A família, base da sociedade, tem especial proteção do Estado.
    § 1º O casamento é civil e gratuita a celebração.
    § 2º O casamento religioso tem efeito civil, nos termos da lei.
    § 3º Para efeito da proteção do Estado, é reconhecida a união estável entre o homem e a mulher como entidade familiar, devendo a lei facilitar sua conversão em casamento.
    § 4º Entende-se, também, como entidade familiar a comunidade formada por qualquer dos pais e seus descendentes.
12. PEREIRA, Rodrigo da Cunha. *Direito das Famílias*. 2. ed. Rio de Janeiro: Gen/Forense, 2021, p. 34.
13. DIAS, Maria Berenice. O primado dos direitos humanos e a garantia do direito à afetividade. *Jus Scriptum's International Journal of Law*, v. 7, n. 1, p. 50-65, 2022.

liame genético entre duas pessoas. De outro lado há uma verdade que não mais pode ser desprezada: a filiação socioafetiva, que decorre da estabilidade dos laços familiares construídos ao longo da história de cada indivíduo e que constitui o fundamento essencial da atribuição da paternidade ou maternidade.[14]

Ressalta-se que o artigo 227 da Constituição determina, ainda, a prioridade absoluta aos direitos de crianças e adolescentes e aos filhos havidos ou não da relação de casamento.[15]

O artigo 1.593 do Código Civil de 2002 também amplia, no mesmo sentido, os vínculos de filiação, admitindo não só o parentesco natural e civil, mas também o parentesco de outra origem.[16] É necessário interpretar a palavra "origem" para conceber a entrada da socioafetividade dentro do sistema do Direito, como paradigma propiciador do vínculo de filiação socioafetivo. No dilema entre a verdade biológica e a realidade afetiva, o ordenamento jurídico brasileiro optou por privilegiar a realidade, prezando pelo melhor interesse da criança e do adolescente.

Surge a chamada posse do estado de filho como um valor axiológico e agora, também deontológico da sociedade contemporânea, para designar a situação de alguém que é considerado como filho, mesmo não sendo do ponto de vista unicamente biológico. A posse de estado de filho passa a ser o paradigma para o reconhecimento da filiação socioafetiva, que pode ser definida como a crença na condição de filho fundada em fortes laços de afeto construídos ao longo do tempo.[17]

Existe ainda, a chamada posse de estado de pai, para determinar a situação de reciprocidade com a posse de estado de filho. O fato é que a posse do estado de filho depende da posse do estado de pai, de maneira que uma não existe sem a outra.[18]

Atualmente, a filiação socioafetiva pode ser reconhecida em cartório voluntariamente e é regulamentada pelo Provimento 63/2017 do Conselho Nacional de Justiça – CNJ. Antes desse provimento, era necessário que o processo de adoção

---

14. LÔBO, Paulo, *Direito Civil*: Famílias. 11. ed., São Paulo, Saraiva, 2021, p. 152.
15. CF, artigo 227: É dever da família, da sociedade e do Estado assegurar à criança, ao adolescente e ao jovem, com absoluta prioridade, o direito à vida, à saúde, à alimentação, à educação, ao lazer, à profissionalização, à cultura, à dignidade, ao respeito, à liberdade e à convivência familiar e comunitária, além de colocá-los a salvo de toda forma de negligência, discriminação, exploração, violência, crueldade e opressão.
    CF, artigo 227, § 6º: Os filhos, havidos ou não da relação do casamento, ou por adoção, terão os mesmos direitos e qualificações, proibidas quaisquer designações discriminatórias relativas à filiação.
16. CC, artigo 1.593: O parentesco é natural ou civil, conforme resulte de consanguinidade ou outra origem.
17. PEREIRA, Rodrigo da Cunha. *Dicionário de Direito de Família e Sucessões*. 2. ed. São Paulo, Saraiva, 2018, p. 599.
18. LÔBO, Fabiola Albuquerque. *Multiparentalidade* – efeitos no Direito de Família. São Paulo: Editora Foco, 2021, p. 355.

fosse realizado pelo Poder Judiciário, conforme a regulamentação estabelecida pela Lei nº 12.010/09,[19] também chamada de Lei da Adoção.

Historicamente, o instituto da adoção possui registro desde os tempos dos Códigos de Hamurabi, Manu, no Deuteronômio, na Grécia Antiga e em Roma. No Direito Romano, que constitui a base de todo o direito ocidental, a adoção tinha uma função religiosa, voltada para preservação do culto da família de quem adotava, já que os adotados renunciavam o culto de sua família original. Portanto, a adoção era meio de perpetuação da memória da família, evitando sua extinção.[20]

Na Idade Média a adoção perde evidência, praticamente caindo em desuso, por influência do Direito Canônico. Esse sustentava a ideia da família cristã formada pelo santo matrimônio. Em 1804, no Código de Napoleão, a adoção retorna a ter papel de maior significado na sociedade. No Brasil, a influência do conceito de família estabelecido pela Igreja Católica perdurou desde as Ordenações Filipinas até o Código Civil de 1916.[21]

O Código Civil de 1916 foi vanguardista ao abordar o tema da família de forma mais abrangente, em que pese ser uma abordagem patriarcal.[22] Estabeleceu, desde já, que a família era constituída pelo casamento civil entre homem e mulher. No entanto, apesar de possuir grandes avanços, a legislação proibia o divórcio e manteve os impedimentos matrimoniais da Idade Média.

Assim, o artigo 233 do Código Civil de 1916 determinava o marido como o exclusivo chefe da sociedade conjugal. A mulher era somente uma ajudante das atribuições do lar, conforme o artigo 240 do Código Civil de 1916. Ressalta-se, inclusive, que a mulher, ao se casar, perdia sua plena capacidade, passando a ser relativamente incapaz. Dessa maneira, necessitava da autorização do marido para todas as atividades sociais, até mesmo para trabalhar. Outra característica marcante desse momento histórico, é que a identificação da família se dava pelo nome do marido, de forma que a esposa era obrigada a adotar tal sobrenome.[23]

---

19. BRASIL. Lei nº 12.010, de 3 de agosto de 2009. Disponível em: http://www.planalto.gov.br/ccivil_03/_ato2007-2010/2009/lei/l12010.htm. Acesso em: 10 out. 2022.
20. BORDALLO, G. A. C. Adoção. *Curso de Direito da criança e do adolescente*: aspectos teóricos e práticos. 7. ed. São Paulo: Saraiva, 2010, p. 198.
21. GONÇALVES, Carlos Roberto. *Direito Civil brasileiro*. 14. ed. São Paulo: Saraiva, p. 490, 2017.
22. Patriarcal é uma sociedade na qual o poder é exercido por homens que predominam em funções de liderança política, autoridade moral, privilégio social e controle das propriedades. Simone de Beauvoir já denunciava a sociedade patriarcal no século XIX em seu livro "O Segundo Sexo", escrito em 1959. BEAUVOIR, Simone de. *O Segundo Sexo*. 5 ed. Rio de Janeiro: Nova Fronteira, 2019.
23. BIAS, Rafael Borges de Souza. Provimento n. 63/17 do CNJ e adoção simulada: reflexões a partir da jurisprudência do STJ. *Civilistica.com*. Rio de Janeiro, a. 10, n. 1, 2021, p. 5. Disponível em: http://civilistica.com/provimento-n-63/. Acesso em: 9 out. 2022.

Sobre o tema da filiação, o artigo 322 do Código Civil de 1916 discriminava parentes legítimos e ilegítimos. Eram legítimos os parentescos formados pelo casamento, de maneira que os filhos presumidamente legítimos. A presunção se dava com base no artigo 338 do Código de Bevilaqua, segundo o qual, pai era aquele com quem a mãe estava casada no período da concepção.

De outro lado, os filhos chamados ilegítimos eram os concebidos de relações externas ao casamento. Nesta classificação, a discriminação era mais específica ainda. Existiam inclusive categorias. Os filhos naturais, nascidos de homem e mulher que podiam se casar, embora não tivessem se casado em momento anterior à concepção, e os filhos espúrios, cujos pais eram impedidos de contrair matrimônio ao momento da concepção.[24]

Os filhos espúrios eram subdivididos, ainda, em incestuosos e adulterinos. Os incestuosos eram aqueles cujo impedimento matrimonial dos pais derivava de parentesco próximo, inclusive por afinidade. Os filhos adulterinos eram aqueles em que pelo menos um dos pais era casado com terceira pessoa.[25]

O artigo 358 do Código Civil de 1916 era expresso ao não reconhecer os filhos incestuosos e os adulterinos. Essa legislação ignorava a ação realizada pelos pais e punia os filhos. Portanto, o Código Civil dessa época procedia como se os filhos tivessem culpa, penalizando-os por nascerem fora do contexto do casamento.[26]

A família legítima, até o século XX, era a família formada pelo casamento. Qualquer outra forma de família, que não fosse a legítima, não era reconhecida pelo direito e ficava à margem da sociedade da época.[27]

Somente com a Constituição de 1988, e, posteriormente, com o novo Código Civil de 2002, a família passa a ser relacionada à questão da afetividade em detrimento da questão formal ligada ao matrimônio.

A atual Constituição Federal de 1988, em seu artigo 226, *caput*, determina que "a família, base da sociedade, tem especial proteção do Estado."[28] Nos parágrafos 3º, 4º e 5º do artigo 226, reconhece e protege as novas formas de constituição

---

24. TARTUCE, Flávio. *Direito Civil*. 12. ed. rev., atual. e ampl. Rio de Janeiro: Forense, 2017. v. 5: Direito de Família.
25. NADER, Paulo. *Curso de Direito Civil*. Rio de Janeiro: Forense, 2016, v. 5: Direito de Família p. 436.
26. BRASIL. Lei nº 3.071, de 1º de janeiro de 1916. Código Civil dos Estados Unidos do Brasil. Disponível em: http://www.planalto.gov.br/ccivil_03/leis/l3071.htm. Acesso em: 10 out. 2022.
27. OLIVEIRA, Flávia Roberta Gusmão. CABRAL, Vera Lúcia da Silva. O reconhecimento da filiação socioafetiva e da multiparentalidade no registro civil brasileiro à luz dos princípios que regem o direito de família. *Revista Esmat*. v. 13 n. 21, p. 193-214, 2021. Disponível em: http://esmat.tjto.jus.br/publicacoes/index.php/revista_esmat/article/view/435. Acesso em: 08 out. 2022.
28. BRASIL. Constituição da República Federativa do Brasil. Disponível em: http://www.planalto.gov.br/ccivil_03/constituicao/constituicao.htm. Acesso em: 10 out. 2022.

de família, como a união estável entre o homem e a mulher, a família monoparental, formada por qualquer dos pais e seus descendentes, além de estabelecer que os deveres e direitos sejam exercidos pelo homem e pela mulher de maneira igualitária dentro da sociedade conjugal.[29]

O artigo 5º, *caput*, da Constituição Federal,[30] ao estabelecer que todos são iguais perante a lei, sem distinção de qualquer natureza, garantindo-se aos brasileiros e aos estrangeiros residentes no País a inviolabilidade do direito à vida, à liberdade, à igualdade, à segurança e à propriedade, traz para o ordenamento jurídico um critério de igualdade que é caro para o atual Direito de Família, e serve de fundamento para a filiação socioafetiva.

Juntamente com a previsão constitucional dos princípios da dignidade da pessoa humana (inserido no artigo 1º, III), da solidariedade social e da igualdade substancial, (constante nos artigos 3º e 5º), o conceito de família mudou para acrescer características essencialmente igualitárias, democráticas e plurais.[31]

A família do século XIX, que era formada essencialmente pelo casamento, perde lugar à família como instrumento de desenvolvimento da personalidade de seus membros. A preocupação deixa de ser somente o casamento como um laço meramente formal e passa a ser a relação de afetividade como fundamento de união de seus membros. A consanguinidade deixa de ser o mais importante fundamento da família, cedendo espaço para as relações de amor e afeto.

Nesse contexto, Maria Berenice Dias[32] cunha a expressão "união homoafetiva" para a união entre pessoas do mesmo sexo, reconhecendo-a como entidade familiar lícita para o Direito. Dessa forma, após um longo período da história, que se inicia pela negação total de direitos de família para a união entre as pessoas do mesmo sexo, iniciou-se o período que inaugurou o seu reconhecimento como sociedade de fato até o atual tratamento como família, equiparada à união estável.

Somente em 2011 o Supremo Tribunal Federal – STF, por meio de uma decisão no âmbito da Ação Direta de Inconstitucionalidade 4277/DF e da Ação

---

29. BRASIL. Constituição da República Federativa do Brasil. Disponível em: http://www.planalto.gov.br/ccivil_03/constituicao/constituicao.htm. Acesso em: 10 out. 2022.
30. BRASIL. Constituição da República Federativa do Brasil. Disponível em: http://www.planalto.gov.br/ccivil_03/constituicao/constituicao.htm. Acesso em: 10 out. 2022.
31. BRASIL. Constituição da República Federativa do Brasil. Disponível em: http://www.planalto.gov.br/ccivil_03/constituicao/constituicao.htm. Acesso em: 10 out. 2022.
32. Os termos "união homoafetiva" e "homoafetividade" foram criados por Maria Berenice Dias, em seu livro "União homossexual, o preconceito e a justiça", publicado em 2005. DIAS, Maria Berenice. *União homossexual, o preconceito e a justiça*. 3. ed. Porto Alegre: Livraria do Advogado, 2005.

de Descumprimento de Preceito Fundamental – ADPF 132/RJ, publicada no seu Informativo n. 625,[33] reconheceu a união homoafetiva.

Em seguida, no Recurso Especial – Resp 757.411/MG, relatado pelo ministro Fernando Gonçalves, da Quarta Turma, julgado em 29 de novembro de 2005, o STJ deixou de reconhecer a obrigação de reparação por danos morais decorrente de abandono afetivo a favor de um filho em face do pai. Utilizou-se da tese de que o afeto não pode ser imposto na relação entre pai e filho e que não existe dever jurídico de convivência.[34]

No entanto, em decisão mais atual, datada de 2012, o entendimento mudou no STJ, ao admitir a reparação por danos morais decorrente do abandono afetivo, no âmbito do REsp:[35]

> Civil e processual civil. Família. Abandono afetivo. Compensação por dano moral. Possibilidade.
>
> 1. Inexistem restrições legais à aplicação das regras concernentes à responsabilidade civil e o consequente dever de indenizar/compensar no Direito de Família.
>
> 2. O cuidado como valor jurídico objetivo está incorporado no ordenamento jurídico brasileiro não com essa expressão, mas com locuções e termos que manifestam suas diversas desinências, como se observa do artigo 227 da CF/88.

---

33. BRASIL. Supremo Tribunal Federal. ADI 4277/DF e ADPF 132/RJ. Informativo 625. Relação homoafetiva e entidade familiar – 1. A norma constante do artigo 1.723 do Código Civil – CC ("É reconhecida como entidade familiar a união estável entre o homem e a mulher, configurada na convivência pública, contínua e duradoura e estabelecida com o objetivo de constituição de família") não obsta que a união de pessoas do mesmo sexo possa ser reconhecida como entidade familiar apta a merecer proteção estatal. Essa a conclusão do Plenário ao julgar procedente pedido formulado em duas ações diretas de inconstitucionalidade ajuizadas, respectivamente, pelo Procurador-Geral da República e pelo Governador do Estado do Rio de Janeiro. Preliminarmente, conheceu-se de arguição de preceito fundamental – ADPF, proposta pelo segundo requerente, como ação direta, tendo em vista a convergência de objetos entre ambas as ações, de forma que as postulações deduzidas naquela estariam inseridas nesta, a qual possui regime jurídico mais amplo. Ademais, na ADPF existiria pleito subsidiário nesse sentido. Em seguida, declarou-se o prejuízo de pretensão originariamente formulada na ADPF consistente no uso da técnica da interpretação conforme a Constituição relativamente aos artigos 19, II e V, e 33 do Estatuto dos Servidores Públicos Civis da aludida unidade federativa (Decreto-lei 220/75). Consignou-se que, desde 2007, a legislação fluminense (Lei 5.034/2007, artigo 1º) conferia aos companheiros homoafetivos o reconhecimento jurídico de sua união. Rejeitaram-se, ainda, as preliminares suscitadas. Rel. Min. Ayres Britto, 4 e 5 de maio de 2011. Disponível em: https://www.stf.jus.br/arquivo/informativo/documento/informativo625.htm. Acesso em: 07 out. 2022.
34. BRASIL, Superior Tribunal de Justiça. Recurso Especial nº 757.411/MG. Responsabilidade civil. Abandono moral. Reparação. Danos morais. Impossibilidade. Rel. Min. Fernando Gonçalves, 4ª Turma, julgado em 29/11/2005. DJ 27/03/2006. Disponível em: https://processo.stj.jus.br/jurisprudencia/externo/informativo/?acao=pesquisar&livre=%22REsp%22+com+%22757411%22. Acesso em: 22 set. 2022.
35. BRASIL. Superior Tribunal de Justiça. Recurso Especial 1.159.242/SP. Civil e Processual Civil. Família. Abandono afetivo. Compensação por dano moral. Possibilidade. Relatora Ministra Nancy Andrighi, Terceira Turma, julgado em 24.04.2012, DJe 10.05.2012. Disponível em: https://processo.stj.jus.br/jurisprudencia/externo/informativo/?acao=pesquisar&livre=%22REsp%22+com+%221159242%22. Acesso em: 03 out. 2022.

3. Comprovar que a imposição legal de cuidar da prole foi descumprida implica em se reconhecer a ocorrência de ilicitude civil, sob a forma de omissão. Isso porque o *non facere*, que atinge um bem juridicamente tutelado, leia-se, o necessário dever de criação, educação e companhia – de cuidado – importa em vulneração da imposição legal, exsurgindo, daí, a possibilidade de se pleitear compensação por danos morais por abandono psicológico.

4. Apesar das inúmeras hipóteses que minimizam a possibilidade de pleno cuidado de um dos genitores em relação à sua prole, existe um núcleo mínimo de cuidados parentais que, para além do mero cumprimento da lei, garantam aos filhos, ao menos quanto à afetividade, condições para uma adequada formação psicológica e inserção social.

5. A caracterização do abandono afetivo, a existência de excludentes ou, ainda, fatores atenuantes – por demandarem revolvimento de matéria fática – não podem ser objeto de reavaliação na estreita via do recurso especial.

6. A alteração do valor fixado a título de compensação por danos morais é possível, em recurso especial, nas hipóteses em que a quantia estipulada pelo Tribunal de origem revela-se irrisória ou exagerada.

7. Recurso especial parcialmente provido.

Assim, o STJ demonstrou que evoluiu no entendimento do tema em 2012, ao mudar o seu posicionamento para passar a admitir a reparação por danos morais decorrente do abandono afetivo entre pai e filho.

A ministra relatora, Nancy Andrighi, destacou a existência de uma obrigação inarredável entre pais e filhos, que é o auxílio psicológico. Dessa maneira, a ministra insere em sua decisão a ideia de cuidado com valor jurídico, e cunha a frase que se tornou relevante para entender as questões relacionadas ao abandono afetivo: "amar é faculdade, cuidar é dever".[36]

É importante ressaltar que o artigo 229 da Constituição Federal de 1988[37] já define o dever de convivência dos pais em relação aos filhos. Da mesma forma, o artigo 1.634, I e II do Código Civil de 2002.[38] Dessa maneira, existindo a obrigação determinada pela lei e havendo a violação dessa obrigação, nasce

---

36. BRASIL. Superior Tribunal de Justiça. Recurso Especial 1.159.242/SP. Civil e Processual Civil. Família. Abandono afetivo. Compensação por dano moral. Possibilidade. Relatora Ministra Nancy Andrighi, Terceira Turma, julgado em 24.04.2012, DJe 10.05.2012. Disponível em: https://processo.stj.jus.br/jurisprudencia/externo/informativo/?acao=pesquisar&livre=%22REsp%22+com+%221159242%22. Acesso em: 03 out. 2022.
37. Artigo 229. Os pais têm o dever de assistir, criar e educar os filhos menores, e os filhos maiores têm o dever de ajudar e amparar os pais na velhice, carência ou enfermidade.
38. Artigo 1.634. Compete a ambos os pais, qualquer que seja a sua situação conjugal, o pleno exercício do poder familiar, que consiste em, quanto aos filhos: (Redação dada pela Lei nº 13.058, de 2014).
   I – dirigir-lhes a criação e a educação; (Redação dada pela Lei nº 13.058, de 2014).
   II – exercer a guarda unilateral ou compartilhada nos termos do artigo 1.584; (Redação dada pela Lei nº 13.058, de 2014).

então o ilícito civil passível de indenização, nos termos do artigo 186 do Código Civil de 2002.[39]

Por fim, passa-se ao próximo tópico dessa pesquisa, que identifica a possibilidade do reconhecimento da filiação socioafetiva no Código Civil de 2022, que pode ser enquadrada na cláusula geral "outra origem", inserida no artigo 1.593 do Código Civil de 2002.[40]

5.2 POSSIBILIDADE DO RECONHECIMENTO DA FILIAÇÃO SOCIOAFETIVA NO CÓDIGO CIVIL DE 2002

A família passou por transformações recentes. Hoje, a família vem deixando de ser unidade de caráter patrimonial para ser, fundamentalmente, um agrupamento cuja base é a afetividade. As questões existenciais ganharam relevo. A filiação socioafetiva é uma questão existencial.

O existencialismo é uma corrente filosófica que surgiu na França, tendo como base as ideias do filósofo dinamarquês Soren Kierkegaard. Posteriormente, com a publicação dos trabalhos de de Heidegger e Sartre, também na França, em meados de 1950, o existencialismo viveu seu apogeu.[41]

Como o próprio nome indica, essa filosofia é pautada nas questões advindas da existência humana, de forma que a liberdade de escolha do indivíduo é o principal objeto de estudo. A presente tese entende a filiação socioafetiva como uma questão existencial, justamente por depender da escolha livre e consciente da relação de filiação e paternidade/maternidade entre filho(a) e pai/mãe.

Em Kierkegaard, o existencialismo nasce como a expressão de uma experiência individual e singular. A existência, para o autor, consiste em uma constante tensão entre o que o homem é e o que ele não é. Kierkegaard foi um crítico dos sistemas fechados, que acreditavam em uma verdade ilusória. Segundo o referido autor, a experiência irredutível do absurdo e do trágico é fundamental para a existência humana. O existencialismo privilegia o ato de existir em detrimento do ato de conhecer, desprezando a ciência especulativa.

---

39. Artigo 186. Aquele que, por ação ou omissão voluntária, negligência ou imprudência, violar direito e causar dano a outrem, ainda que exclusivamente moral, comete ato ilícito. BRASIL. Lei nº 10.406, de 10 de janeiro de 2002. Institui o Código Civil. Disponível em: http://www.planalto.gov.br/ccivil_03/leis/2002/l10406compilada.htm. Acesso em: 15 set. 2022.
40. Artigo 1.593. O parentesco é natural ou civil, conforme resulte de consanguinidade ou outra origem. BRASIL. Lei nº 10.406, de 10 de janeiro de 2002. Institui o Código Civil. Disponível em: http://www.planalto.gov.br/ccivil_03/leis/2002/l10406compilada.htm. Acesso em: 15 set. 2022.
41. SPIEGELBERG, H. *The Phenomenological Movement*. A historical introduction. 2. ed. Louvain, Netherlands: Martinus Nijhoff; The Hague, 1976.

Isso porque, o homem está imerso na existência antes de toda atividade de conhecimento.[42]

Para Kierkegaard, a realidade é a determinação ética do espírito ou sua liberdade efetiva, pelo qual fica determinada a consistência metafísica do ser. Contudo, esta realidade pessoal nunca está dada de maneira imediata. Sempre deve-se consegui-la refletindo, através de um desenvolvimento dialético. Esse desenvolvimento dialético constitui a própria criação continuada do eu.[43] Dentro desse contexto, é possível conceber a relação de filiação socioafetiva como consequência de um desenvolvimento dialético da existência do ser no mundo.

A liberdade humana, baseada no fundamento da realidade, constitui a questão primordial para a filosofia de Kierkegaard. O pensamento filosófico de Kierkegaard se diferencia do pensamento filosófico de Hegel, pois, para esse, o fundamento da realidade é a razão, e, para aquele, o fundamento da realidade é a própria liberdade de existir.[44].

O existencialismo vive seu apogeu com Sartre, após o período das grandes guerras. Sartre publica "O Ser e o Nada" em 1943, incomodando a sociedade da época (sua obra chegou a entrar para a lista negra dos livros proibidos do Vaticano[45]). Sartre sofreu a influência da filosofia de Husserl, que o fez compreender a questão da fenomenologia. Ao compreender a fenomenologia, Sartre pôde então apresentar um viés crítico sobre a clássica concepção do conceito de consciência. Essa concepção compreendia a consciência como uma forma de caixa na qual as sensações se reuniam para ficarem guardadas.[46]

Sartre adota então a noção de consciência intencional de Husserl e, a partir desse pressuposto, postula suas críticas aos estudos da consciência realizados até o referido momento histórico, em geral pela psicologia, mas também pela filosofia. Dessa maneira, a fenomenologia permitia a superação de determinados dualismos da filosofia, segundo Sartre. Essa constitui a proposta de seu livro, "O Ser e o Nada".[47]

Para Sartre, a fenomenologia tornava possível falar das coisas da mesma forma que essas coisas eram evidenciadas em sua consciência. Simone de Beauvoir chegou a afirmar que Sartre havia encontrado o que procurava: "ultrapassar a oposição do idealismo e do realismo, afirmar a um tempo a soberania da cons-

---

42. KIERKEGAARD VIVO. *Kierkegaard Vivo*. *Colóquio Unesco, 1963*. Madrid, Espanha: Encuentro, 2005.
43. BINETTI, María J. *La posibilidad necesária de la libertad*: um análisis del pensamento de Soren Kierkegaard. Pamplona – Spain: Cuardemos de anuário Filosófico – Serie Universitaria, 2005.
44. KIERKEGAARD, Soren. *O Conceito de angústia*. Trad. Torrieri Guimarães. São Paulo: Hemus, 1968.
45. LÉVY, B.-H. *O Século de Sartre*. Rio de Janeiro: Nova Fronteira, 2001.
46. MOUTINHO. *Sartre*: existencialismo e liberdade. São Paulo: Moderna, 1995, p. 32.
47. SARTRE. *O Ser e o Nada*: ensaio de ontologia fenomenológica. Petrópolis: Vozes, 2005.

ciência e a presença do mundo, tal como se dá a nós"[48] ao se referir ao encontro de Sartre com a fenomenologia em Husserl.

A fenomenologia, para Sartre, permitia acabar com a concepção de subjetivismo atribuída à consciência, pois a consciência deixa de ser confundida com o próprio objeto que a constitui. Essa é a característica principal do pensamento idealista. Assim, o mundo deixa de ser um produto da própria ideia do ser humano. Por outro lado, para a posição materialista o sujeito do conhecimento desaparece por completo, gerando a posição de que os objetos se explicam por si, sem a necessidade de qualquer grau de consciência para os revelar. Diferentemente destas duas posições extremistas, a idealista e a materialista, Sartre propôs uma visão do conhecimento que se apresenta como produto da relação dialética entre subjetividade e objetividade. Para tanto, Sartre trabalha com a superação de diversos dualismos.[49]

Um dos dualismos superado por Sartre, no contexto de sua fenomenologia, é o que propõe a oposição entre o interior ao exterior. Para Sartre, não é possível ver o existente escondido pela superficialidade da aparência, necessitando verificar no interior a verdadeira natureza, a essência. Dessa forma, para a fenomenologia, o fenômeno é o que aparece, de forma que a aparência esconde a essência do ser humano.[50] Dessa forma, Sartre propõe a superação do dualismo essência e aparência.

Outro dualismo superado por Sartre é o dualismo aristotélico de potência e ato. Pela visão fenomenológica, potência constitui a essência. Dessa maneira, tal dualismo não faz sentido, diante do postulado de que tudo está em ato. Segundo Boechat "não há por detrás do ser nenhuma potência ou virtualidade. O fenômeno já encerra em si toda a realidade de ser, assim como a aparência encerra toda a essência".[51] A fenomenologia se preocupa, portanto, com os fenômenos visados pela consciência, tendo em vista que um fenômeno é, justamente, a manifestação do ser a uma consciência que o apreende.

Ao superar o dualismo aparência e essência, Sartre entende que o ser é o que aparece mas não se reduz a este seu aparecer. A filosofia de Sartre preocupa-se em manter-se alinhada aos fenômenos do mundo concreto, abordando a existência humana através de suas infinitas manifestações. Dessa forma, Sartre realiza a distinção entre o "ser-do-fenômeno" e o "fenômeno-do-ser". O "ser-do-

---

48. BEAUVOIR, S. de. *A Força da Idade*. Rio de Janeiro: Nova Fronteira, 1984, p. 138.
49. MAHEIRIE, K. *Agenor no mundo*: um estudo psicossocial da identidade. Florianópolis: Letras Contemporâneas, 1994, p. 108.
50. SARTRE. *O Ser e o Nada*: ensaio de ontologia fenomenológica. Petrópolis: Vozes, 2005, p. 16.
51. BOËCHAT, N. *As máscaras do cogito*: a interpretação da realidade humana pela ontologia de Jean-Paul Sartre. Rio de Janeiro: Nau, 2004, p. 24.

-fenômeno" é o que está para além da consciência, não podendo ser apreendido na sua totalidade por ser infinito e inacabado. O "fenômeno-do-ser" pode ser apreendido por meio da percepção humana através da sua manifestação. Um objeto, pela fenomenologia de Sartre, pode ser percebido por meio de uma série infinita de manifestações, que revelam a sua essência.

O ser não se esgota em todas as suas aparições, ele existe para além de suas manifestações, no entanto, para ter acesso ao ser-do-fenômeno necessariamente isso deve ocorrer pelas manifestações do fenômeno-do-ser. Segundo Sartre: "não podemos dizer nada sobre o ser salvo consultando este fenômeno de ser, a relação exata que une o fenômeno-de-ser ao ser-do-fenômeno deve ser estabelecida antes de tudo".[52]

O ser-do-fenômeno, portanto, pode ser compreendido numa relação de transversalidade com o fenômeno-do-ser, para Sartre, o que faz sua teoria se afastar do idealismo, no qual o ser se reduz às suas próprias manifestações, sendo considerado apenas o fenômeno-do-ser. Não se pode reduzir a realidade ao conhecimento que se tem dela.

Segundo Sartre, a realidade dos objetos e do ser está para além da consciência que se possa ter deles, existindo de maneira independente do sujeito que formula um conhecimento a seu respeito. Neste sentido, se quero conhecer uma identidade, devo saber que o sujeito/objeto de meu estudo transcende o conhecimento que estabeleço a seu respeito. Tal constatação supera mais um importante dualismo: o do sujeito/objeto, visto que esta é a relação típica do conhecimento.[53]

A fenomenologia permite, então, que a pessoa investigue a própria consciência em relação eterna com o mundo, que se caracteriza pela significação. Para Sartre, é a consciência que ele interrogará, pois este sentido não é algo vindo de fora, "ele só existe na medida em que aparece, isto é, em que é "assumido" pela realidade-humana".[54]

Sartre, portanto, concorda com essa visão, constatando que o sentido da consciência precede ao experimento. Com base nisso, é possível perceber que as premissas para o reconhecimento da filiação socioafetiva estão fixadas na consciência humana, e que essa consciência é a manifestação do ser-do-fenômeno. É necessário que, a partir da manifestação do fenômeno-do-ser no mundo, que se dá pelas relações humanas e afetos, o ser humano possa ressignificar a relação, podendo sua consciência determinar seus relacionamentos de afetividade

---

52. SARTRE. *O Ser e o Nada*: ensaio de ontologia fenomenológica. Petrópolis: Vozes, 2005, p. 20.
53. MAHEIRIE, K. *Agenor no mundo*: um estudo psicossocial da identidade. Florianópolis: Letras Contemporâneas, 1994, p. 105.
54. SARTRE. *Esboço para uma teoria das emoções*. Porto Alegre: L&PM Pocket, 2007, p. 27.

relacionados à paternidade e filiação. Cabe ao sujeito, pela visão fenomenológico-existencialista, se sentir como pai ou filho, e essa transversalidade entre o ser-do-fenômeno e o fenômeno-do-ser que vai determinar a relação de filiação e paternidade socioafetiva.

O Código Civil de 2002, em que pese ser uma legislação mais recente do que a própria Constituição Federal, abordou o Direito de Família de forma mais limitada do que a própria Carta Maior. Dessa forma, a hermenêutica jurídica necessita da coerência constitucional com o Direito Privado.

Historicamente, o conceito de parentesco no Direito Civil passou por diversas fases. A primeira fundava-se, na verdade jurídica, conforme se depreende do artigo 1.597 do Código Civil.[55] Para esse conceito, os filhos concebidos na constância do casamento são presumidamente do casal. São resquícios do Código Civil de 1916. Os avanços na medicina com testes de DNA, dentre outros, nos levaram para a segunda fase, a da verdade biológica. Atualmente, estamos na terceira fase, a da verdade socioafetiva, que relativiza o aspecto biológico aduzindo que parente é aquele que possui vínculos de afetividade e de afinidade.

O artigo 1.596 do Código Civil de 2002[56] estabelece que todos os filhos, independentemente de sua origem, possuem os mesmos direitos. O Código Civil de 2002, no artigo 1.593, dispõe: "O parentesco é natural ou civil, conforme resulte de consanguinidade ou outra origem".[57] A expressão "outra origem" constitui o fundamento legal para a filiação socioafetiva aqui defendida.

Nessa esteira, a IV Jornada de Direito Civil do Conselho da Justiça Federal aprovou o Enunciado 339 que dispõe que "A paternidade socioafetiva, calcada na vontade livre, não pode ser rompida em detrimento do melhor interesse do filho".[58] No mesmo sentido, o Enunciado 256 da Jornada de Direito Civil aduz que "A posse do estado de filho (parentalidade socioafetiva) constitui modalidade de

---

55. Artigo 1.597. Presumem-se concebidos na constância do casamento os filhos: I – nascidos cento e oitenta dias, pelo menos, depois de estabelecida a convivência conjugal; II – nascidos nos trezentos dias subsequentes à dissolução da sociedade conjugal, por morte, separação judicial, nulidade e anulação do casamento; III – havidos por fecundação artificial homóloga, mesmo que falecido o marido; IV – havidos, a qualquer tempo, quando se tratar de embriões excedentários, decorrentes de concepção artificial homóloga; V – havidos por inseminação artificial heteróloga, desde que tenha prévia autorização do marido. BRASIL. Lei nº 10.406, de 10 de janeiro de 2002. Institui o Código Civil. Disponível em: http://www.planalto.gov.br/ccivil_03/leis/2002/l10406compilada.htm. Acesso em: 15 set. 2022.
56. Artigo 1.596. Os filhos, havidos ou não da relação de casamento, ou por adoção, terão os mesmos direitos e qualificações, proibidas quaisquer designações discriminatórias relativas à filiação. BRASIL. Lei nº 10.406, de 10 de janeiro de 2002. Institui o Código Civil. Disponível em: http://www.planalto.gov.br/ccivil_03/leis/2002/l10406compilada.htm. Acesso em: 15 set. 2022.
57. BRASIL. Lei nº 10.406, de 10 de janeiro de 2002. Institui o Código Civil. Disponível em: http://www.planalto.gov.br/ccivil_03/leis/2002/l10406compilada.htm. Acesso em: 15 set. 2022.
58. ENUNCIADO 369. Conselho da Justiça Federal. Disponível em: https://www.cjf.jus.br/enunciados/enunciado/369. Acesso em: 17 jan. 2023.

parentesco civil"[59] e o Enunciado 103 da mesma Jornada de Direito Civil reconhece a paternidade socioafetiva como relação de parentesco civil, com o seguinte texto:

> O Código Civil reconhece, no artigo 1.593, outras espécies de parentesco civil além daquele decorrente da adoção, acolhendo, assim, a noção de que há também parentesco civil no vínculo parental proveniente quer das técnicas de reprodução assistida heteróloga relativamente ao pai (ou mãe) que não contribuiu com seu material fecundante, quer da paternidade socioafetiva, fundada na posse do estado de filho.[60]

Com relação aos efeitos pessoais e patrimoniais, o Enunciado 519 da V Jornada de Direito Civil orienta que "O reconhecimento judicial do vínculo de parentesco em virtude de socioafetividade deve ocorrer a partir da relação entre pai(s) e filho(s), com base na posse do estado de filho, para que produza efeitos pessoais e patrimoniais."[61]

Nestes mais de trinta anos que já se passaram desde a promulgação da Constituição Federal de 1988, pode-se afirmar que ocorreram significativas mudanças no âmbito do Direito Civil. Não há como negar a influência da Constituição Federal no âmbito do Direito Civil e de todas as relações privadas.

A ciência do Direito vem afastando a ideia de Constituição como uma mera carta política formal e vem se aproximando da força normativa da Constituição. Tal força constitucional faz refletir para todo o ordenamento jurídico os valores nela insculpidos, inclusive influencia a interpretação das normas de direito privado, em especial, o próprio Código Civil. É o fenômeno que se chama constitucionalização do Direito Civil.

O direito é uno. As divisões entre direito público e privado e demais divisões em disciplinas do direito são unicamente para fins de facilitação do estudo do Direito e para sua organização e sistematização. No entanto, deve haver unidade interpretativa para o ordenamento jurídico e essa unidade é calcada nos valores constitucionais.[62]

---

59. ENUNCIADO 501. Conselho da Justiça Federal. Disponível em: https://www.cjf.jus.br/enunciados/enunciado/501. Acesso em: 17 jan. 2023.
60. ENUNCIADO 734. Conselho da Justiça Federal. Disponível em: https://www.cjf.jus.br/enunciados/enunciado/734. Acesso em: 17 jan. 2023.
61. ENUNCIADO 588. Conselho da Justiça Federal. Disponível em: https://www.cjf.jus.br/enunciados/enunciado/588. Acesso em: 17 jan. 2023.
62. A título de exemplificação de importantes estudos introdutórios de Direito que abordam a conexão entre o Direito Público e Privado e sobre a força normativa da Constituição, é indispensável as obras de: DWORKIN, Ronald. Levando os direitos a sério. São Paulo: Martins Fontes, 2002. BONAVIDES, Paulo. Curso de direito constitucional. 7. ed. São Paulo: Malheiros, 2000. ALEXY, Robert. *Teoría de los derechos fundamentales*. Trad. de E. Garzón Valdés. Madrid: Centro de Estudios Constitucionales, 1993. PERLINGIERI, Pietro. O Direito Civil na Legalidade Constitucional. Trad. Maria Cristina de Cicco. Rio de Janeiro: Renovar, 2008. HESSE, Konrad. A força normativa da Constituição. Porto Alegre: Sérgio Antonio Fabris Editor, 1991.

Atualmente, o momento filosófico que vive o Direito é o do pós-positivismo. Neste contexto, as normas inferiores à Constituição são examinadas não apenas sob o ponto de vista formal, como era no positivismo clássico, mas com base em seu conteúdo substancial, seus valores. Assim, o Código Civil deve ser interpretado com base nos valores constitucionais, para que ocorra a interpretação conforme à Constituição.[63]

Os casos difíceis do Direito não são resolvidos com a simples subsunção do fato à norma. A norma resolve questões corriqueiras, simples, que acontecem na sociedade rotineiramente. Para os casos novos, excepcionais, é necessário que o Direito apresente uma solução jurídica justa. Mas a norma é mais lenta do que o fato social. O Direito posto em norma, em lei, positivado no ordenamento jurídico brasileiro, precisa passar pelo processo legislativo, é demorado, burocrático e acompanha o pensamento da bancada parlamentar da época.

Já o fato social é imediato, decorre da evolução da sociedade, da tecnologia da época, a exemplo da internet que criou o corpo eletrônico, segundo Rodotà, ou a persona digital,[64] descrita por Roger Clarke,[65] bem como propiciou os novos conflitos digitais. Dessa forma, é impossível que a norma jurídica consiga prever todas as situações conflituosas que possam ocorrer na sociedade.

Também é impossível, nesse raciocínio, que todos os conflitos sociais sejam resolvidos por mera subsunção do fato à norma, como foi a pretensão do positivismo. O positivismo nasce na França, juntamente com o Código de Napoleão. Decorreu da crítica dos iluministas e da necessidade de segurança que a sociedade burguesa passou.[66]

---

63. A interpretação conforme à Constituição (*Verfassungskonforme Auslegung*) decorre da força normativa da Lei Fundamental, impedindo a total submissão do Direito às circunstâncias políticas, sociais ou culturais. Esse método possui origem na jurisprudência da Suprema Corte Americana, fruto da tradição de controle jurisdicional existente nos EUA, e nas decisões da Corte Constitucional da Alemanha (*Bundes-verfassungsgericht*). Segundo Gilmar Ferreira Mendes, o princípio já era conhecido pela doutrina alemã desde a época de Weimar. MENDES, Gilmar Ferreira. *Jurisdição Constitucional*. São Paulo: Saraiva, 1996.
64. Para Stefano Rodotà, o corpo eletrônico constitui um novo aspecto da pessoa natural, que possui não apenas uma dimensão física, mas também uma dimensão digital. Dessa forma, a pessoa, em sua integralidade, é composta por uma massa física e outro componente de ordem eletrônica, e o conjunto desses dados sistematizados compõe uma unidade intangível, que constitui a pessoa humana. RODOTÀ, Stefano. *Intervista su privacy e libertà*. Roma/Bari: Laterza, 2005, p. 121-122.
65. Segundo Roger Clarke, uma persona digital é uma representação simplificada de apenas alguns aspectos da realidade relacionada à pessoa. Nesse sentido, a eficácia dessa representação depende da medida em que ele captura as características da realidade que são relevantes para o uso do modelo. CLARKE, Roger. Profiling: a hidden challenge to the regulation of data surveillance. *Journal of Law, Information and Science*, Hobart, v. 4, n. 2, dez. 1993. p. 403.
66. FERRAZ JÚNIOR, Tercio Sampaio. *Introdução ao Estudo do Direito*: técnica, decisão e dominação. 10 ed. São Paulo: Atlas, 2018. p. 50.

Este positivismo que nasce na França, em meados do século XIX, é denominado de positivismo exegético e remonta às circunstâncias sociais e políticas da época. Nesse momento filosófico-jurídico ocorre a separação do direito e da política, reforçando a legitimidade do Direito enquanto ciência autônoma. Dessa forma, o positivismo exegético é considerado como o início da Teoria do Direito nas sociedades modernas.

Uma de suas principais características é a existência de um texto formal, sob o qual não haveria ainda um desenvolvimento aprofundado da hermenêutica, como ciência da interpretação, ocorrendo a interpretação meramente gramatical. Esse momento do positivismo se relaciona, ainda, com o paradigma do Estado Liberal, no qual os direitos dos indivíduos estavam centralizados nas liberdades individuais. Predominava a ideia de que o Estado deveria se abster de atuar, em contraposição ao paradigma do Estado Social, que é pautado pela concretização dos direitos fundamentais e na atuação do Estado.[67]

Já o positivismo normativista de Hans Kelsen considera o Direito apenas como um objeto, vazio de todos os valores. Busca na lógica formal proposições do dever ser. Para isso, Kelsen pensou em purificar o Direito, pensando-o dissociado de qualquer valor.[68]

O positivismo normativista coloca a norma como o objeto central da ciência do Direito. No entanto, Kelsen não se aprofunda no debate sobre a decisão judicial. Ao mesmo tempo em que funda sua teoria na racionalidade da lei, aceita a decisão judicial como um ato de vontade do juiz.[69]

Dessa forma, uma grande diferença entre o positivismo normativista e o positivismo exegético é que, para aquele, a lei não possui significado objetivo, quem determina o seu significado é o juiz, no momento da decisão judicial. Portanto, enquanto o positivismo exegético não aceita a hermenêutica, o normativismo abre um campo interpretativo, no entanto, acaba por admitir o decisionismo.[70]

Para Kelsen, as normas jurídicas ostentam um sentido de dever-ser, de imputação, e não de causalidade. Dessa maneira, o fundamento de validade de uma norma deve ser aferido com base em outra norma jurídica, de maneira a compreender o direito enquanto um sistema de normas. Ainda, Kelsen faz re-

---

67. BONAVIDES, Paulo. *Do Estado Social ao Estado Liberal*. 11. ed. São Paulo: Malheiros, 2013, p. 86.
68. KELSEN, Hans. *Teoria Pura do Direito*. Trad. João Baptista Machado. 8. ed. São Paulo: Martins Fontes, 2009.
69. KELSEN, Hans. *Teoria Pura do Direito*. 8 ed. João Baptista Machado. São Paulo: Martins Fontes, 2009.
70. STRECK, Lenio Luiz. *Verdade e Consenso*: constituição, hermenêutica e teorias discursivas. 4. ed. São Paulo: Saraiva, 2011, p. 38.

ferência a uma norma fundamental, que deve estar hierarquicamente acima de todo o sistema jurídico, para aferir a validade de todo esse sistema.[71]

É a norma fundamental de Kelsen que dá unidade para todo o ordenamento jurídico. Ainda, Kelsen organiza essa sistemática do ordenamento jurídico em forma de pirâmide. No topo da pirâmide encontra-se a Constituição. Abaixo, as leis gerais, e um pouco mais abaixo os regulamentos, sentenças, negócios jurídicos, dentre outros.[72]

A norma fundamental ficaria acima dessa pirâmide, fora dela, fundamentando-a. Toda a coerência metodológica da teoria de Kelsen reside justamente no fechamento sistemático do ordenamento jurídico, propiciado pela teoria da norma fundamental.[73]

Em seguida, destaca-se o positivismo analítico, e, no âmbito desta pesquisa, utiliza-se a obra de Hart, *El concepto de derecho*, como principal representante dessa escola de pensamento. Hart inovou por considerar o funcionamento das instituições, a linguagem, o poder e até mesmo a moral em sua teoria do Direito.[74] Em que pese ser considerado ainda positivista, é representante de uma escola de pensamento que começa a considerar a importância dos valores para a ciência do Direito, ou pelo menos não a ignora.

Sem aprofundar em casa escola positivista do Direito, ressalta-se aqui essencialmente a aceitação gradual da moral e dos valores nas teorias e escolas que fundamentaram o Direito enquanto ciência. Isso porque, faz-se necessário que o próprio ordenamento jurídico esteja preparado para lidar com situações novas.

A filiação socioafetiva é uma situação nova. Por isso, é necessário a existência dos princípios/valores. O atual pensamento filosófico do Direito, que é o do pós-positivismo, admite a existência de valores. O pós-positivismo surge em um momento pós-guerra, no qual a sociedade entende que o Direito deve possuir forte conteúdo humanitário, sob pena de ser usado para justificar a barbárie.[75]

As obras de Dworkin, jusfilósofo norte-americano, Alexy,[76] jurista alemão e Zagrebelsky,[77] jurista italiano, serão utilizadas no âmbito desta pesquisa como referência para o que se determinou como pós-positivismo.

---

71. KELSEN, Hans. *Teoria Pura do Direito*. 8 ed. João Baptista Machado. São Paulo: Martins Fontes, 2009.
72. KELSEN, Hans. *Teoria Pura do Direito*. 8 ed. João Baptista Machado. São Paulo: Martins Fontes, 2009.
73. KELSEN, Hans. *Teoria Pura do Direito*. 8 ed. João Baptista Machado. São Paulo: Martins Fontes, 2009.
74. HART, H. L. A. *El concepto de derecho*. Trad. Genaro Carrió. Buenos Aires: Abeledo-Perrot, 1963.
75. MARMELSTEIN, George. *Curso de direitos fundamentais*. São Paulo: Atlas, 2008, p. 10.
76. ALEXY, Robert. *Teoria dos direitos fundamentais*. Trad. Virgílio Afonso da Silva. São Paulo: Malheiros, 2008.
77. ZAGREBELSKY, Gustavo. *El derecho dúctil*. 7. ed. Trad. Marina Gascón. Madrid: Trotta, 2007.

Dessa maneira, os valores ingressam no sistema do Direito, por meio dos princípios, a fim de possibilitar a realização da justiça. No entanto, a fixação de critérios racionais para a solução dos litígios nos casos difíceis é a grande crítica ao pós-positivismo, que não pode ser utilizado como pretexto para arbitrariedades.

A consagração da dignidade da pessoa humana na Constituição Federal de 1988, no artigo 1º, III, é um dos maiores exemplos de como os valores podem e devem ingressar no sistema do Direito para que a justiça seja efetivada. Também é um exemplo de transformação subversiva de toda a ordem jurídica privada.

Isso porque, a escolha do constituinte ao elevar a dignidade da pessoa humana para o topo do ordenamento jurídico obriga a antiga estrutura do direito civil a se submeter a ditames de ordem pública, na medida em que determinou o predomínio necessário das situações jurídicas existenciais sobre as relações patrimoniais.[78]

Os institutos de Direito Civil sofreram o efeito da alteração da interpretação e na aplicação dos valores ligados essencialmente à dignidade da pessoa humana no momento do pós-positivismo.

O Direito nasce enquanto ciência no contexto de uma sociedade essencialmente burguesa, nos tempos da Revolução Francesa. Nesse momento, imperava o estado liberal, pautado pela força da propriedade privada, pela autonomia privada e pela não intervenção estatal. No pós-positivismo, com a ascensão da teoria dos direitos fundamentais, pautada na centralidade da dignidade da pessoa humana, o estado liberal vai perdendo espaço para o estado social.[79]

O atual excesso de legislação esparsa encontra, no pós-positivismo, uma unidade axiológica: todos os institutos devem ser interpretados com base nos valores da dignidade da pessoa humana. Com o Direito Civil não poderia ser diferente. Hoje não se fala mais no predomínio da estrutura do Direito Civil sob as normas constitucionais, necessariamente deve haver a interpretação das normas de direito privado levando-se em consideração os valores constitucionais.[80]

A soberania da Constituição como centro do ordenamento jurídico pauta-se no princípio democrático. A Constituição, elaborada com base no poder constituinte, com participação e representação popular, por meio dos representantes eleitos do povo, os legisladores, consegue fornecer a segurança jurídica à

---

78. BODIN DE MORAIS, Maria Celina. O conceito de dignidade humana: substrato axiológico e conteúdo normativo, in I. Sarlet (Org.). *Constituição, direitos fundamentais e direito privado*. Porto Alegre: Livraria do Advogado, 2003, p. 137.
79. BONAVIDES, Paulo. *Do Estado Social ao Estado Liberal*. 11. ed. São Paulo: Malheiros, 2013, p. 86.
80. BODIN DE MORAIS, Maria Celina. Constituição e direito civil: tendências. *Revista dos Tribunais*, n. 779, 2000, p. 47-63.

sociedade, fazendo transparecer a força das instituições para o respaldo social da ordem jurídica.[81]

A democracia pressupõe a eficácia do texto constitucional. Essa é, segundo Bobbio, a função promocional do Direito.[82] A função promocional do Direito é instrumento na busca da efetivação dos Direitos e da ordem social. Deve ser complementar às sanções jurídicas e à visão coercitiva do Direito, como uma expressão sincera das profundas aspirações de transformação social.

Para a tese aqui proposta e defendida, o Direito de Família se submete sim aos ditames e valores constitucionais, e toda a hermenêutica séria e comprometida com a ciência do Direito, realizada no âmbito do Direito positivado por meio do Código Civil de 2002, indubitavelmente consegue fundamentar, dentro da visão existencialista, dos valores da dignidade da pessoa humana, a fundamentação necessária para o reconhecimento da filiação socioafetiva e os direitos dela decorrentes, de ordem previdenciária. Esse reconhecimento tornou-se uma consequência necessária do uso da hermenêutica constitucional.

Ademais, a análise da jurisprudência proposta no âmbito desta pesquisa, destas mais de três décadas da Constituição Federal de 1988, especialmente no âmbito da filiação socioafetiva – salvo raras exceções – serve para desconfigurar o justo receio de que a aplicação dos valores sirva a um decisionismo ou a um ativismo judicial.[83]

Dessa forma, é importante que as decisões judiciais sejam motivadas, fundamentadas pela ciência do Direito, revelando os princípios jurídicos que foram aderidos e quais as ponderações utilizadas pelo magistrado no caso concreto. Só assim é possível uma fundamentação racional, democrática e isonômica, protegida do decisionismo.

É importante salientar que o processo de efetivação do Direito e realização da justiça constitui desafio perene a ser enfrentado pela metodologia civil-constitucional. Ademais, o simples fato de o Código Civil de 2002 ser legislação cronologicamente posterior à Constituição de 1988 não faz com que aquele seja norma presumidamente constitucional. Isso significa que os institutos ali idealizados não dispensam de interpretação constitucional, tarefa essa a ser realizada constantemente na efetivação do Direito.

---

81. HESPANA, António M. *Panorama histórico da cultura jurídica europeia*. 2. ed. Lisboa, Publicações Europa-América, 1998, pp. 43 e ss.; Pietro Perlingieri, Normas constitucionais nas relações privadas. *Revista da Faculdade de Direito da UERJ*, n. 6 e 7, 1998/1999, p. 63-64.
82. BOBBIO, Norberto. *Da estrutura à função*: novos estudos de teoria do direito. Trad. Daniela Baccaccia Versani. Barueri-SP: Editora Manole, 2007.
83. ENGISCH, Karl. *Introdução ao pensamento jurídico*. 8. ed. Lisboa: Calouste Gulbenkian, 2001.

Com a filiação socioafetiva não é diferente, sendo certo que a cláusula aberta deixada no artigo 1.596 do Código Civil de 2002, que estabelece que todos os filhos, independentemente de sua origem, possuem os mesmos direitos, só pode ser interpretada conforme a Constituição Federal de 1988, conforme os ditames da dignidade da pessoa humana. Assim, o campo axiológico leva a apenas uma interpretação válida para o Direito enquanto ciência.

5.3 POSSIBILIDADE DE RECONHECIMENTO DA FILIAÇÃO SOCIOAFETIVA EM INSTRUMENTOS JURÍDICOS INTERNACIONAIS

Em virtude de interesses econômico-financeiros houve o rompimento de barreiras físicas entre os países, e como consequência, ocorreu o avanço da globalização, que impôs aos Estados se adequarem à essa nova realidade, diante das forças externas de poder. Octavio Ianni afirma que a globalização é a "intensificação das relações sociais em escala mundial, que ligam localidades distantes de tal maneira que acontecimentos locais são modelados por eventos ocorrendo a muitas milhas de distância e vice e versa."[84] A globalização causa aos Estados nacionais interferência de atores transacionais, na sua soberania, redes de comunicação, poder e orientações.[85]

Dentro desse novo contexto social, o Brasil já participa das decisões mundiais, e deve participar e sofrer as consequências em caso de omissão. A Constituição Federal Brasileira determina em seu artigo 84, VII, que compete privativamente ao Presidente da República celebrar tratados, convenções e atos internacionais, sujeitos ao referendo do Congresso Nacional. Sobre o compromisso da ratificação, é de competência exclusiva do Congresso Nacional, conforme previsto no artigo 49, I da Constituição Federal.

A Constituição da República Federativa do Brasil,[86] em seu artigo 59, trata do processo legislativo e apresenta, em seus incisos, as espécies normativas dele decorrentes, quais sejam, as emendas constitucionais, as leis complementares, leis ordinárias, medidas provisórias, decretos legislativos e resoluções.

O artigo 5º, § 2º do Diploma Constitucional,[87] ao estabelecer que os direitos e garantias expressos na Constituição Federal não excluirão outros decorrentes do

---

84. IANNI, Octavio. *Teorias da globalização*. 15. ed. Rio de Janeiro: Civilização Brasileira, 2008. p. 243.
85. BECK, Ulrich. *O que é globalização?* Equívocos do globalismo: respostas à globalização. São Paulo: Paz e Terra, 1999. p. 30.
86. BRASIL. Presidência da República. Casa Civil. Subchefia para Assuntos Jurídicos. Constituição da República Federativa do Brasil de 1988. Disponível em: http://www.planalto.gov.br/ccivil_03/constituicao/constituicao.htm. Acesso em: 17 mar. 2022.
87. BRASIL. Presidência da República. Casa Civil. Subchefia para Assuntos Jurídicos. Constituição da República Federativa do Brasil de 1988. Disponível em: http://www.planalto.gov.br/ccivil_03/constituicao/constituicao.htm. Acesso em: 17 mar. 2022.

regime e princípios por ela adotados, faz menção expressa também aos tratados internacionais em que a República Federativa do Brasil seja parte, revelando a intenção do legislador constituinte de vê-los produzir efeitos jurídicos ao lado das demais espécies legislativas.

É também o que sucede com o parágrafo 3º do artigo 5º da Constituição,[88] que foi acrescentado pela Emenda Constitucional 45/04,[89] ao prescrever que os tratados e convenções internacionais de direitos humanos que forem aprovados, em cada Casa do Congresso Nacional, em dois turnos, por três quintos dos votos dos respectivos membros, serão equivalentes às emendas constitucionais.

Da menção inicial aos parágrafos 2º e 3º do artigo 5º da Constituição Federal, vislumbra-se, preliminarmente, que o legislador menciona dois tipos de tratados: os internacionais e os internacionais de direitos humanos sendo que a diferença entre ambos se estabelece através da forma pela qual superam o processo de internalização, ou seja, a forma pela passam a fazer parte do ordenamento jurídico nacional.

A manifestação de vontade de Estados-membros da comunidade internacional sobre temas de relevância global e regional revela-se, ao mundo exterior, através de instrumentos de direito internacional denominados tratados, acordos, convenções, estatutos e protocolos, dentre outros, tratando-se de documentos jurídicos que vinculam os Estados que a eles aderem.

A Convenção de Viena de 1969, promulgada pelo Decreto 7.030/2009,[90] em seu artigo 2, § 1º, "a", define tratado internacional como o acordo formal, celebrado por escrito e concluído pelos sujeitos de Direito Público Internacional, com base no Direito Internacional Público, visando produzir efeitos jurídicos para as partes contratantes e, em certos casos, para terceiros não partes na avença.

De acordo com De Plácido e Silva:

> Tratado. Em significação propriamente jurídica, é o convênio, o acordo, a declaração, ou o ajuste firmado entre duas, ou mais nações, em virtude do que as signatárias se obrigam a cumprir e respeitar as cláusulas e condições que nele se inscrevem, como se fossem verdadeiros preceitos de preceitos de Direito Positivo.[91]

---

88. BRASIL. Presidência da República. Casa Civil. Subchefia para Assuntos Jurídicos. Constituição da República Federativa do Brasil de 1988. Disponível em: http://www.planalto.gov.br/ccivil_03/constituicao/constituicao.htm. Acesso em: 17 mar. 2022.
89. BRASIL. Presidência da República. Casa Civil. Subchefia para Assuntos Jurídicos. Emenda Constitucional nº 45, de 30 de dezembro de 2004. Disponível em: http://www.planalto.gov.br/ccivil_03/constituicao/emendas/emc/emc45.htm. Acesso em: 17 mar. 2022.
90. BRASIL. Presidência da República. Casa Civil. Subchefia para Assuntos Jurídicos. Decreto nº 7.030, de 14 de dezembro de 2009. Disponível em: http://www.planalto.gov.br/ccivil_03/_ato2007-2010/2009/decreto/d7030.htm. Acesso em: 10 jul. 2022.
91. SILVA, De Plácido. *Vocabulário jurídico*. 32. ed. Rio de Janeiro: Forense, 2016, p. 1347.

Em que pesem as especificidades técnicas pertinentes aos diversos tipos de documentos internacionais, estes acabam por guardar similaridade finalística - a produção de efeitos em âmbito interno e externo - motivo pelo qual, nesta tese, serão tomados por expressões sinônimas e espécies do gênero tratado, conceituando-se este, do ponto de vista constitucional, como sendo o documento internacional que, obedecidos os procedimentos legais previstos nos ordenamentos jurídicos interacionais e nacionais, torna-se diploma legal com espectro constitucional, hábil a efetivar seu conteúdo, norteado que é pelo valor universal e princípio constitucional diretor no sistema jurídico brasileiro - a dignidade da pessoa humana.

A Constituição Federal de 1988[92] é o marco histórico-jurídico que, efetivamente, promoveu a redemocratização do país, tendo erigido, dentre seus fundamentos, a dignidade da pessoa humana como princípio vetor. É o que se intui da leitura do artigo 1º, inciso III: "Artigo 1º A República Federativa do Brasil, formada pela união indissolúvel dos Estados e Municípios e do Distrito Federal, constitui-se em Estado Democrático de Direito e tem como fundamentos: III – a dignidade da pessoa humana".

Após os crimes contra a humanidade cometidos durante a 2ª Guerra Mundial, os países que se mostravam contrários às atrocidades perpetradas no hediondo conflito não mais podiam continuar indiferentes a atos e fatos que atentassem à condição humana, motivo pelo qual passaram a incluir, em suas constituições, normas de proteção à dignidade da pessoa humana a exemplo do que fez o legislador constitucional pátrio ao inserir, em seu texto, o artigo 4.º, inciso II,[93] onde se lê que "a República Federativa do Brasil rege-se nas suas relações internacionais pelos seguintes princípios: II – prevalência dos direitos humanos".

A intenção constitucional, no que tange à proteção desses direitos, consta, inclusive, em seu preâmbulo:

> Considerando que o reconhecimento da dignidade inerente a todos os membros da família humana e de seus direitos iguais e inalienáveis constitui o fundamento da liberdade, da justiça e da paz no mundo [...]. Considerando que as Nações Unidas reafirmaram, na Carta, sua fé nos direitos fundamentais do homem, na dignidade e valor da pessoa humana [...].[94]

---

92. BRASIL. Presidência da República. Casa Civil. Subchefia para Assuntos Jurídicos. Emenda Constitucional nº 45, de 30 de dezembro de 2004. Disponível em: http://www.planalto.gov.br/ccivil_03/constituicao/emendas/emc/emc45.htm. Acesso em: 17 mar. 2022.
93. BRASIL. Presidência da República. Casa Civil. Subchefia para Assuntos Jurídicos. Constituição da República Federativa do Brasil de 1988. Disponível em: http://www.planalto.gov.br/ccivil_03/constituicao/constituicao.htm. Acesso em: 17 mar. 2022.
94. BRASIL. Presidência da República. Casa Civil. Subchefia para Assuntos Jurídicos. Constituição da República Federativa do Brasil de 1988. Disponível em: http://www.planalto.gov.br/ccivil_03/constituicao/constituicao.htm. Acesso em: 17 mar. 2022.

Para Sarlet, não há como falar em dignidade da pessoa humana sem retomar a filosofia moral kantiana, por ser a doutrina jurídica mais expressiva, tanto no Direito nacional quanto no internacional, sobre a conceituação da dignidade da pessoa humana.[95]

No seu livro "Fundamentação da Metafísica dos Costumes, Immanuel Kant, ao se referir ao homem, diz que se existe algo cuja existência em si mesma tenha valor absoluto, com um fim em si mesmo. Assim, ao compreender que o homem existe como um fim em si mesmo e não meramente como um meio para o fim arbitrário de uma vontade alheia, compreende-se o conceito com valor absoluto de dignidade da pessoa humana.

Para Kant, o homem, por ser racional, diferencia-se na natureza como fim em si mesmo: "quer dizer como algo que não pode ser empregado como simples meio e que, por conseguinte, limita nessa medida todo o arbítrio (e é um objeto do respeito)".[96]

Ao incorporar a dignidade da pessoa humana no ordenamento constitucional, o legislador acabou por conferir-lhe força normativa, o que não se verificava enquanto norma apenas moral. Uma vez com roupagem principiológica, a dignidade humana torna-se vetor de conduta, de forma que todo ato jurídico praticado deve amoldar-se ao princípio em comento, sob pena de tornar-se ilegítimo, ilegal e inconstitucional.

Nesta esteira, diversos documentos internacionais de proteção à pessoa humana passaram a ser editados formando um sistema de proteção integrado por diversos diplomas internacionais, a exemplo da Declaração Universal de Direitos Humanos, do Pacto de Direitos Civis e Políticos, da Convenção Interamericana de Direitos Humanos – Pacto de San José da Costa Rica – reveladores de um sistema global e regional de proteção aos direitos humanos, que trazem, em seus textos, disposições indispensáveis para efetivação do princípio da dignidade da pessoa humana.

Em solo brasileiro, referidos documentos acabaram por servir de orientação ao legislador constituinte, conforme se depreende da lição de Valerio de Oliveira Mazzuoli:

> A Constituição Brasileira de 1988, seguindo essa ótica internacional marcadamente humanizante e protetiva, erigiu a dignidade da pessoa humana (artigo 1º, III) e a prevalência dos direitos humanos (artigo 4º, II) a princípios fundamentais da República Federativa do Brasil.

---

95. SARLET, Ingo Wolfgang. *Dignidade da pessoa humana e direitos fundamentais na Constituição Federal de 1988*. 8. ed. Porto Alegre: Livraria do Advogado, 2010, p. 39.
96. KANT, Immanuel. *Fundamentação da metafísica dos costumes*. Trad. Paulo Quintela. Lisboa: Edições 70, 2007, p. 68.

Este último passou a ser, inclusive, princípio pelo qual o Brasil deve reger-se no cenário internacional.[97]

Como visto, a Constituição Federal de 1988[98] sofreu forte influência do direito internacional por ocasião do seu processo de elaboração, motivo pelo qual o legislador constitucional não pôde descurar da incorporação de tratados internacionais de direitos humanos na Constituição Federal.

Para tanto, instituiu, no § 2º do artigo 5º que "os direitos e garantias expressos nesta Constituição não excluem outros decorrentes do regime e dos princípios por ela adotados, ou dos tratados internacionais em que a República Federativa do Brasil seja parte",[99] proporcionando o legislador, desta forma, a inserção do Brasil no sistema global de proteção aos direitos humanos.

Na mesma esteira, merece menção a Emenda Constitucional 45/04[100] que acrescentou ao artigo 5º da Constituição Federal o parágrafo 3º dispondo que:

§ 3º "Os tratados e convenções internacionais sobre direitos humanos que forem aprovados, em cada Casa do Congresso Nacional, em dois turnos, por três quintos dos votos dos respectivos membros, serão equivalentes às emendas constitucionais.

A reforma constitucional decorrente da Emenda Constitucional 45/04,[101] que, dentre outras disposições, acrescentou o § 3º acima transcrito, estabelecendo procedimento específico e quórum qualificado para aprovação de tratados e convenções internacionais de direitos humanos, acabou por reafirmar a vocação protetiva do legislador constitucional no que tange aos direitos humanos.

Delineado o panorama inicial, cumpre, neste momento, a explicitação de como os tratados internacionais passam a integrar, efetivamente, o ordenamento jurídico nacional, sendo necessário, para compreensão do assunto, a análise dos

---

97. MAZZUOLI, Valério de Oliveira. *Controle jurisdicional da convencionalidade das leis*. 5. ed. Rio de Janeiro: Forense, 2018, p. 77.
98. BRASIL. Presidência da República. Casa Civil. Subchefia para Assuntos Jurídicos. Constituição da República Federativa do Brasil de 1988. Disponível em: http://www.planalto.gov.br/ccivil_03/constituicao/constituicao.htm. Acesso em: 17 mar. 2022.
99. BRASIL. Presidência da República. Casa Civil. Subchefia para Assuntos Jurídicos. Constituição da República Federativa do Brasil de 1988. Disponível em: http://www.planalto.gov.br/ccivil_03/constituicao/constituicao.htm. Acesso em: 17 mar. 2022.
100. BRASIL. Presidência da República. Casa Civil. Subchefia para Assuntos Jurídicos. Emenda Constitucional nº 45, de 30 de dezembro de 2004. Disponível em: http://www.planalto.gov.br/ccivil_03/constituicao/emendas/emc/emc45.htm. Acesso em: 17 mar. 2022.
101. BRASIL. Presidência da República. Casa Civil. Subchefia para Assuntos Jurídicos. Emenda Constitucional nº 45, de 30 de dezembro de 2004. Disponível em: http://www.planalto.gov.br/ccivil_03/constituicao/emendas/emc/emc45.htm. Acesso em: 17 mar. 2022.

artigos 84, VIII e 49, I, ambos da Constituição Federal,[102] que estabelecem referido processo de internalização

O artigo 84, inciso VIII da Constituição, estabelece a competência para celebração dos tratados ao prescrever: "Artigo 84. Compete privativamente ao Presidente da República: VIII – celebrar tratados, convenções e atos internacionais, sujeitos a referendo do Congresso Nacional."[103]

Da leitura do citado artigo, afere-se que cabe tão somente ao Chefe do Poder Executivo Federal a celebração de tratados internacionais que, após assinados, demonstram a vontade nacional de a ele aderir.

Mencionada manifestação de vontade, entretanto, não é ato isolado, dependendo os tratados internacionais da atuação do Congresso Nacional para que possam tornar-se parte do Direito brasileiro. É o que diz a letra do artigo 49, I da Constituição Federal os instituir ser competência exclusiva do Congresso Nacional: "I – resolver definitivamente sobre tratados, acordos ou atos interacionais que acarretem encargos ou compromissos gravosos ao patrimônio nacional."[104]

A assinatura de um tratado internacional pelo Chefe do Poder Executivo Brasileiro não é suficiente para conferir-lhe efeito vinculante, tratando-se mesmo de espécie de condição suspensiva, isto é, celebração jurídica que depende da ocorrência de evento futuro e incerto – a aprovação ou referendo pelo Congresso Nacional – para que produza efeitos no ordenamento jurídico nacional.

Uma vez referendado, e assumindo a forma de Decreto-Legislativo, o tratado é devolvido ao Poder Executivo para ratificação e promulgação, concluindo seu processo de internalização com sua publicação no Diário Oficial da União, adquirindo força jurídica no plano interno.

Feitas as considerações sobre a forma de ingresso dos tratados no ordenamento jurídico brasileiro, passa-se agora à análise de sua natureza jurídica. Para tanto, faz-se imprescindível o estudo do artigo 5º, parágrafos 2º e 3º da Constituição Federal de 1988,[105] anteriormente citados.

---

102. BRASIL. Presidência da República. Casa Civil. Subchefia para Assuntos Jurídicos. Constituição da República Federativa do Brasil de 1988. Disponível em: http://www.planalto.gov.br/ccivil_03/constituicao/constituicao.htm. Acesso em: 17 mar. 2022.
103. BRASIL. Presidência da República. Casa Civil. Subchefia para Assuntos Jurídicos. Constituição da República Federativa do Brasil de 1988. Disponível em: http://www.planalto.gov.br/ccivil_03/constituicao/constituicao.htm. Acesso em: 17 mar. 2022.
104. BRASIL. Presidência da República. Casa Civil. Subchefia para Assuntos Jurídicos. Constituição da República Federativa do Brasil de 1988. Disponível em: http://www.planalto.gov.br/ccivil_03/constituicao/constituicao.htm. Acesso em: 17 mar. 2022.
105. BRASIL. Presidência da República. Casa Civil. Subchefia para Assuntos Jurídicos. Constituição da República Federativa do Brasil de 1988. Disponível em: http://www.planalto.gov.br/ccivil_03/constituicao/constituicao.htm. Acesso em: 17 mar. 2022.

A análise do parágrafo 2º do artigo 5º da Constituição Federal,[106] autoriza a compreensão de que as disposições insculpidas nos tratados internacionais de direitos humanos são passíveis de incorporação aos direitos e garantias consagrados na Constituição Federal, conforme assevera Valerio de Oliveira Mazzuoli:

> Segundo o nosso entendimento, a cláusula aberta do § 2º do artigo 5.º da Carta de 1988, sempre admitiu o ingresso dos tratados internacionais de proteção aos direitos humanos no mesmo grau hierárquico das normas constitucionais, e não em outro âmbito de hierarquia normativa. Portanto, segundo sempre defendemos, o fato de esses direitos se encontrarem em tratados internacionais jamais impediu a sua caracterização como direitos de status constitucionais.[107]

Anteriormente à entrada em vigor da Emenda Constitucional 45/04,[108] que instituiu o parágrafo 3º ao artigo 5º da Constituição Federal, os tratados internacionais de direitos humanos ingressavam no ordenamento jurídico com o status de lei ordinária, pois obedeciam ao rito de ingresso estabelecido no artigo 49, I da Constituição Federal, que previa ser de competência exclusiva do Congresso Nacional a resolução definitiva sobre tratados, acordos ou atos internacionais que acarretassem encargos ou compromissos gravosos ao patrimônio nacional.

Tal disposição, analisada em cotejo ao artigo 5º, parágrafo 2º da Constituição Federal,[109] fez surgir o entendimento de que os tratados internacionais de direitos humanos, para que produzissem efeitos no ordenamento jurídico nacional, deveriam ser aprovados por maioria simples no Congresso Nacional, e veiculados sob a forma de Decreto-Legislativo, o que acabava por lhe conferir o grau hierárquico de norma infraconstitucional – ou leis ordinárias – entendimento até então encampado pelo Supremo Tribunal Federal de acordo com o HC 72.131/RJ, de 22.11.1995.[110]

Desta forma, diplomas internacionais como a Convenção Interamericana de Direitos Humanos de 1969 – o Pacto de San José da Costa Rica – promulgada

---

106. BRASIL. Presidência da República. Casa Civil. Subchefia para Assuntos Jurídicos. Constituição da República Federativa do Brasil de 1988. Disponível em: http://www.planalto.gov.br/ccivil_03/constituicao/constituicao.htm. Acesso em: 17 mar. 2022.
107. MAZZUOLI, Valério de Oliveira. *Controle jurisdicional da convencionalidade das leis*. 5. ed. Rio de Janeiro: Forense, 2018, p. 80.
108. BRASIL. Presidência da República. Casa Civil. Subchefia para Assuntos Jurídicos. Emenda Constitucional nº 45, de 30 de dezembro de 2004. Disponível em: http://www.planalto.gov.br/ccivil_03/constituicao/emendas/emc/emc45.htm. Acesso em: 17 mar. 2022.
109. BRASIL. Presidência da República. Casa Civil. Subchefia para Assuntos Jurídicos. Constituição da República Federativa do Brasil de 1988. Disponível em: http://www.planalto.gov.br/ccivil_03/constituicao/constituicao.htm. Acesso em: 17 mar. 2022.
110. BRASIL. Supremo Tribunal Federal. STF. Habeas Corpus: 72.131/RJ. Relator: Min. Marco Aurelio. Data de julgamento: 03 out. 1995. Disponível em: https://redir.stf.jus.br/paginadorpub/paginador.jsp?docTP=AC&docID=73573. Acesso em 10 jun. 2022.

pelo Decreto nº 678, de 6 de novembro de 1992,[111] enunciadora de direitos fundamentais da pessoa humana, ocupavam o mesmo nível de uma lei ordinária, resultando, concretamente, na colisão entre tratados internacionais e leis ordinárias nacionais, a exemplo do choque entre o artigo 7º, n. 7 do Pacto de San José da Costa Rica[112] que vedava a prisão do depositário infiel e o artigo 1.287 do Código Civil de 1916,[113] que expressamente a autorizava.

Referida questão se tornou emblemática, sendo divisor de águas na mudança de posicionamento do Supremo Tribunal Federal na interpretação do status hierárquico a ser atribuído aos tratados internacionais, alterado a partir de voto proferido pelo, à época, Ministro Celso de Mello, no Habeas Corpus n. 87.585-8/TO,[114] entendimento reforçado pelo Recurso Extraordinário 349.703/RS[115] cuja ementa estabelecia que "O caráter especial desses diplomas internacionais sobre direitos humanos lhes reserva lugar específico no ordenamento jurídico, estando abaixo da Constituição, porém acima da legislação interna" bem como pelo Recurso Extraordinário 466.343/SP,[116] cujo julgamento espancou definitivamente o entendimento de que os tratados internacionais de direitos humanos têm o mesmo status hierárquico de uma lei ordinária, situando-se acima desta, logo, com a natureza de normas supralegais.

O voto do Ministro Gilmar Mendes, no RE 466.343/SP,[117] ao tratar da questão referente à prisão do depositário infiel, delineou ser, tal prisão, inaplicável em razão de dívida, trazendo, como consequência jurídica, o afastamento da condição de leis ordinárias aos tratados internacionais de direitos humanos conforme se afere em trecho de sua decisão:

---

111. BRASIL. Presidência da República. Casa Civil. Subchefia para Assuntos Jurídicos. Decreto nº 678, de 6 de novembro de 1992. Disponível em: http://www.planalto.gov.br/ccivil_03/decreto/d0678.htm#:~:text=1.-,Toda%20pessoa%20tem%20o%20direito%20de%20que%20se%20respeite%20sua,dignidade%20inerente%20ao%20ser%20humano. Acesso em: 10 jul. 2022.
112. Ninguém deve ser detido por dívida. Este princípio não limita os mandados de autoridade judiciária competente expedidos em virtude de inadimplemento de obrigação alimentar.
113. BRASIL. Presidência da República. Casa Civil. Subchefia para Assuntos Jurídicos. Lei nº 3.071, de 1º de janeiro de 1916. Disponível em: http://www.planalto.gov.br/ccivil_03/leis/l3071.htm Acesso em: 10 jul. 2022
114. BRASIL. Supremo Tribunal Federal. STF. Habeas Corpus: 87.585-8/TO. Relator: Min. Marco Aurelio. Data de julgamento: 03 dez 2008. Disponível em: https://redir.stf.jus.br/paginadorpub/paginador.jsp?docTP=AC&docID=597891. Acesso em 10 jun. 2022.
115. BRASIL. Supremo Tribunal Federal. STF. Habeas Corpus: 349.703-1/RS. Relator: Min. Gilmar Mendes. Data de julgamento: 03 dez 2008. Disponível em: https://redir.stf.jus.br/paginadorpub/paginador.jsp?docTP=AC&docID=595406. Acesso em 10 jun. 2022.
116. BRASIL. Supremo Tribunal Federal. STF. Habeas Corpus: 466.343-1/SP. Relator: Min. Cezar Peluso. Data de julgamento: 03 dez 2008. Disponível em: https://redir.stf.jus.br/paginadorpub/paginador.jsp?docTP=AC&docID=595444Acesso em 10 jun. 2022.
117. BRASIL. Supremo Tribunal Federal. STF. Habeas Corpus: 349.703-1/RS. Relator: Min. Gilmar Mendes. Data de julgamento: 03 dez 2008. Disponível em: https://redir.stf.jus.br/paginadorpub/paginador.jsp?docTP=AC&docID=595406. Acesso em 10 jun. 2022.

> ...parece mais consistente a interpretação que atribui a característica de supralegalidade aos tratados e convenções de direitos humanos. Essa tese pugna pelo argumento de que os tratados sobre direitos humanos seriam infraconstitucionais, porém, diante de seu caráter especial em relação aos demais atos normativos internacionais, também seriam dotados de um atributo de supralegalidade. Em outros termos, os tratados sobre direitos humanos não poderiam afrontar a supremacia da Constituição, mas teriam lugar especial reservado no ordenamento jurídico. Equipará-los à legislação ordinária seria subestimar o seu valor especial no contexto do sistema de proteção dos direitos da pessoa humana. Portanto, diante do inequívoco caráter especial dos tratados internacionais que cuidam da proteção dos direitos humanos, não é difícil entender que a sua internalização no ordenamento jurídico, por meio do procedimento de ratificação previsto na Constituição, tem o condão de paralisar a eficácia jurídica de toda e qualquer disciplina normativa infraconstitucional com ela conflitante.

Conclui, o Ministro, sobre o dispositivo constitucional no que tange à prisão do depositário infiel que

> Nesse sentido, é possível concluir que, diante da supremacia da Constituição sobre os atos normativos internacionais, a previsão constitucional da prisão civil do depositário infiel (artigo 5º, LXVII) não foi revogada pela adesão do Brasil ao Pacto Internacional dos Direitos Civis e Políticos (artigo 11) e à Convenção Americana sobre Direitos Humanos – Pacto de San José da Costa Rica (Artigo 7º, 7), mas deixou de ter aplicabilidade diante do efeito paralisante desses tratados em relação à legislação infraconstitucional que disciplina a matéria, incluídos o artigo 1.287 do Código Civil de 1916 e o Decreto-Lei n. 911, de 1º.10.1969. Tendo em vista o caráter supralegal desses diplomas normativos internacionais, a legislação infraconstitucional posterior que com eles seja conflitante também tem sua eficácia paralisada. É o que ocorre, por exemplo, com o artigo 652 do Código Civil (Lei n. 10.406/2002), que reproduz disposição idêntica ao artigo 1.287 do Código Civil de 1916.

Tais decisões ensejaram a edição da Súmula Vinculante 25 do STF: "É ilícita a prisão civil de depositário infiel, qualquer que seja a modalidade de depósito".[118]

A Emenda Constitucional nº 45, de 8 de dezembro 45/2004,[119] que acrescentou o § 3º ao artigo 5º da Constituição Federal, instituiu o que "os tratados e convenções internacionais sobre direitos humanos que forem aprovados, em cada Casa do Congresso Nacional, em dois turnos, por três quintos dos votos dos respectivos membros, serão equivalentes às emendas constitucionais", hierarquizou os tratados internacionais de direitos humanos ao trazer quórum

---

118. BRASIL. Supremo Tribunal Federal. STF. Súmula Vinculante 25. Relator: Data de julgamento: 09 dez 2015. Disponível em: https://www.stf.jus.br/portal/jurisprudencia/menuSumario.asp?sumula=1268#:~:text=%C3%89%20il%C3%ADcita%20a%20pris%C3%A3o%20civil,seja%20a%20modalidade%20de%20dep%C3%B3sito. Acesso em 10 jun. 2022.
119. BRASIL. Presidência da República. Casa Civil. Subchefia para Assuntos Jurídicos. Emenda Constitucional nº 45, de 30 de dezembro de 2004. Disponível em: http://www.planalto.gov.br/ccivil_03/constituicao/emendas/emc/emc45.htm. Acesso em: 17 mar. 2022

qualificado de votação e aprovação – o mesmo exigido para aprovação de emendas constitucionais.

A partir de sua publicação, os tratados internacionais que versassem sobre direitos humanos, desde que aprovados pelo quórum qualificado previsto, passaram a ingressar no ordenamento jurídico em condição de equivalência às emendas constitucionais, sendo essa sua natureza jurídica a partir de então.

Necessário explicitar que referida natureza jurídica – norma constitucional com equivalência de emenda constitucional – difere da emenda constitucional propriamente dita, conforme se depreende da lição de Mazzuoli:

> Não há que se confundir a equivalência às emendas, de que trata o artigo 5º, § 3º, com as próprias emendas constitucionais previstas no artigo 60 da Constituição. A relação entre tratado de direitos humanos e as emendas constitucionais é de equivalência, não de igualdade. O artigo 5º, § 3º, não disse que "A é igual a B" mas, mas que "A é equivalente a B", sendo certo que duas coisas só se "equivalem" se forem diferentes. Por isso, é inconfundível a norma do tratado equivalente a uma emenda constitucional com uma emenda propriamente dita, sendo também inconfundível o processo de formação de um (tratado) e de outra (emenda).[120]

Conforme os ensinamentos do autor, não há que se confundir o procedimento adotado para a aprovação de tratados internacionais de direitos humanos com o procedimento para aprovação de emenda constitucional previsto no artigo 60 da Constituição Federal.[121]

As redações do § 3º do artigo 5º e do artigo 60, § 2º da Constituição Federal[122] em muito se parecem, o que exige redobrada cautela quando de sua análise, a fim de que não se tomem por disposições idênticas, pois estampam ritos para aprovação de espécies constitucionais diversas, quais sejam, os tratados internacionais de direitos humanos e as emendas constitucionais.

As Emendas Constitucionais, enquanto manifestações do poder constituinte reformador, necessariamente submetem-se à peculiaridades do rito procedimental a elas destinadas no artigo 60, parágrafos e incisos da Constituição Federal, inclusive no tocante à iniciativa e forma de ingresso no ordenamento jurídico, ou seja, devem ser propostas por no mínimo um terço dos membros da Câmara ou do Senado Federal, pelo presidente da República os mais da metade

---

120. MAZZUOLI, Valério de Oliveira. *Controle jurisdicional da convencionalidade das leis*. 5. ed. Rio de Janeiro: Forense, 2018, p. 90.
121. BRASIL. Presidência da República. Casa Civil. Subchefia para Assuntos Jurídicos. Constituição da República Federativa do Brasil de 1988. Disponível em: http://www.planalto.gov.br/ccivil_03/constituicao/constituicao.htm. Acesso em: 17 mar. 2022.
122. BRASIL. Presidência da República. Casa Civil. Subchefia para Assuntos Jurídicos. Constituição da República Federativa do Brasil de 1988. Disponível em: http://www.planalto.gov.br/ccivil_03/constituicao/constituicao.htm. Acesso em: 17 mar. 2022.

das Assembleias Legislativas das unidades da Federação, manifestando-se cada uma delas pela maioria relativa de seus membros sendo, em seguida, discutida e votada em cada Casa do Congresso Nacional, em dois turnos, considerando-se aprovada se obtiver, em ambos, três quintos dos votos dos respectivos membros.

Já no parágrafo 3º do artigo 5º da Constituição Federal,[123] não há iniciativa para a propositura de um tratado, que é objeto de adesão pelo Presidente da República com consequente submissão ao Poder Legislativo, que poderá referendá-lo e, caso o faça pelo quórum qualificado do parágrafo 3º, estes tornam-se equivalentes às emendas constitucionais, o que significa dizer que passam a ter a mesma força potencial das emendas para reformar o texto constitucional, sendo, contudo, instrumento normativo diverso, posto encontrar sua origem no direito externo, ao passo que as emendas constitucionais são gestadas no plano nacional.

A leitura do parágrafo 3º do artigo 5º,[124] permite intuir que apenas os tratados e convenções que vençam o processo qualificado de discussão e votação nele previsto estariam hábeis a alcançar o nível hierárquico de normas constitucionais, ficando reservados aos demais tratados, quais sejam, os não aprovados por citado quórum, o estado de normas infraconstitucionais equivalentes às leis ordinárias aprovadas na forma do artigo 49, I da Constituição Federal,[125] redesenhando-se, destarte, o escalonamento normativo hierárquico constitucional sintetizado a partir da forma de ingresso dos tratados internacionais no direito brasileiro podendo, em síntese do até aqui exposto, os tratados internacionais assumirem a forma de normas infraconstitucionais (tratados internacionais aprovados na forma do artigo 49, I, Constituição Federal), normas supralegais (tratados internacionais de direitos humanos submetidos ao procedimento do artigo 49, I, Constituição Federal) e normas equivalentes às emendas constitucionais (tratados internacionais de direitos humanos aprovados segundo o procedimento previsto no artigo 5º, § 3º da Constituição Federal).

Atualmente, apenas dois diplomas internacionais de direitos humanos foram aprovados pelo quórum qualificado previsto no artigo 5º parágrafo 3º da

---

123. BRASIL. Presidência da República. Casa Civil. Subchefia para Assuntos Jurídicos. Constituição da República Federativa do Brasil de 1988. Disponível em: http://www.planalto.gov.br/ccivil_03/constituicao/constituicao.htm. Acesso em: 17 mar. 2022.
124. BRASIL. Presidência da República. Casa Civil. Subchefia para Assuntos Jurídicos. Constituição da República Federativa do Brasil de 1988. Disponível em: http://www.planalto.gov.br/ccivil_03/constituicao/constituicao.htm. Acesso em: 17 mar. 2022.
125. BRASIL. Presidência da República. Casa Civil. Subchefia para Assuntos Jurídicos. Constituição da República Federativa do Brasil de 1988. Disponível em: http://www.planalto.gov.br/ccivil_03/constituicao/constituicao.htm. Acesso em: 17 mar. 2022.

Constituição Federal,[126] quais sejam, a Convenção Internacional sobre os Direitos das Pessoas com Deficiência[127] e o Tratado de Marraqueche.[128]

Desde o início do século XX discute-se acerca dos direitos da criança. No primeiro momento, a preocupação com as crianças era inerente ao trabalho infantil. A primeira Convenção Internacional a regular o trabalho infantil foi a Convenção nº 05 de 1919 da Organização Internacional do Trabalho (OIT) que determinou no seu artigo 2º que as crianças menores de 14 não poderiam ser empregadas, nem poderiam trabalhar, em empresas públicas ou privadas ou em suas dependências, com exceção daquelas que unicamente estejam empregados os membros de uma mesma família.[129] No ano seguinte, foi editada a Convenção nº 07 que regulamentava sobre a idade mínima para admissão de menores no trabalho marítimo.[130]

Em 1924, a Assembleia da Liga das Nações editou a Declaração de Genebra dos Direitos da Criança, elaborada por Eglantyne Jebb, fundadora do fundo *Save the Children*. A declaração determinava que todas as pessoas devem às crianças meios para seu desenvolvimento; ajuda especial em momento de necessidade; prioridade no socorro e assistência; liberdade econômica e proteção contra exploração; e uma educação de instile consciência e dever social.[131]

A Assembleia Geral das Nações Unidas aprovou, em 10 de dezembro de 1948, a Declaração Universal dos Direitos Humanos, e em seu artigo 25 dispôs que:

> 1. Toda a pessoa tem direito a um nível de vida suficiente para lhe assegurar e à sua família a saúde e o bem-estar, principalmente quanto à alimentação, ao vestuário, ao alojamento, à

---

126. BRASIL. Presidência da República. Casa Civil. Subchefia para Assuntos Jurídicos. Constituição da República Federativa do Brasil de 1988. Disponível em: http://www.planalto.gov.br/ccivil_03/constituicao/constituicao.htm. Acesso em: 17 mar. 2022.
127. BRASIL. Presidência da República. Casa Civil. Subchefia para Assuntos Jurídicos. Decreto nº 6.949, de 25 de agosto de 2009 promulga a Convenção Internacional sobre os Direitos das Pessoas com Deficiência. Disponível em: http://www.planalto.gov.br/ccivil_03/_ato2007-2010/2009/decreto/d6949.htm. Acesso em: 10 jul. 2022.
128. BRASIL. Presidência da República. Casa Civil. Subchefia para Assuntos Jurídicos. Decreto nº 9.522, de 8 de outubro de 2018 promulga o Tratado de Marraqueche para facilitar o acesso a obras públicas às pessoas cegas, como deficiência visual ou com outras dificuldades para ter acesso ao texto impresso.. Disponível em: http://www.planalto.gov.br/ccivil_03/_ato2015-2018/2018/decreto/D9522.htm. Acesso em: 10 jul. 2022.
129. C005 – Idade Mínima de Admissão nos Trabalhos Industriais. Organização Internacional Do Trabalho. Disponível em: https://www.ilo.org/brasilia/convencoes/WCMS_234872/lang--pt/index.htm#:~:text=pela%20autoridade%20p%C3%BAblica.-,Artigo,data%20do%20nascimento%20das%20mesmas. Acesso em 14 de fevereiro de 2022.
130. C007 – Convenção Sobre a Idade Mínima para Admissão de Menores No Trabalho Marítimo (Revista em 1936). Organização Internacional do Trabalho. Disponível em: https://www.ilo.org/brasilia/convencoes/WCMS_235012/lang--pt/index.htm. Acesso em: 14 de fevereiro de 2022.
131. História dos Direitos da Criança. Unicef. Disponível em: https://www.unicef.org/brazil/historia-dos-direitos-da-crianca. Acesso em: 14 de fev. de 2022.

assistência médica e ainda quanto aos serviços sociais necessários, e tem direito à segurança no desemprego, na doença, na invalidez, na viuvez, na velhice ou noutros casos de perda de meios de subsistência por circunstâncias independentes da sua vontade.

2. A maternidade e a infância têm direito a ajuda e a assistência especiais. Todas as crianças, nascidas dentro ou fora do matrimônio, gozam da mesma protecção social.[132]

A Declaração Universal dos Direitos Humanos foi o primeiro instrumento a reconhecer a necessidade de cuidados especiais para as crianças. Posteriormente, a proteção das crianças também restou resguardada no Pacto Internacional sobre Direitos Civis e Políticos adotada na Assembleia Geral das Nações Unidas, em 16 de dezembro de 1966. No Brasil, o Pacto entrou em vigor em 24 de abril de 1992, com o Decreto nº 592/1992.[133]

O artigo 24 do Pacto Internacional sobre Direitos Civis e Políticos prevê que todas as crianças terão direitos, sem discriminação de nenhuma espécie, seja ela por motivo de cor, sexo, língua, religião, origem nacional ou social, situação econômica ou nascimento. Ainda, reconheceu o Pacto que as crianças requererem proteção especial por parte de sua família, sociedade e do Estado.

Adotado pela Assembleia Geral das Nações Unidas em 19 de dezembro de 1966, o Pacto Internacional sobre Direitos Econômicos, Sociais e Culturais também trouxe determinações sobre a adoção de medidas especiais de proteção e assistência em prol de todas as crianças e adolescentes. Além de prezar pela não discriminação das crianças, também resguardou as crianças e adolescentes do emprego em trabalhos que lhes sejam nocivos à moral e a saúde, que lhe coloquem em perigo de vida ou lhe prejudique o desenvolvimento.[134]

O marco mais significativo para a efetivação dos direitos da criança foi a Convenção sobre os Direitos das Crianças. Adotada pela Assembleia Geral da Organização das Nações Unidas em 20 de novembro de 1989, entrou em vigor em 2 de setembro de 1990.

Em seu preâmbulo, a Convenção sobre os Direitos da Criança lembra que a Declaração Universal dos Direitos Humanos proclamou que a infância tem direito a cuidados e assistências especiais e que a família é essencial para o natural crescimento e bem-estar de todos aqueles que fazem parte, em especial das crianças, que devem receber a proteção e assistência da sociedade.

---

132. Declaração Universal dos Direitos Humanos – DUHU. Nações Unidas Brasil. Disponível em: https://brasil.un.org/pt-br/91601-declara%C3%A7%C3%A3o-universal-dos-direitos-humanos. Acesso em: 17 jan. 2023.
133. DECLARAÇÃO UNIVERSAL DOS DIREITOS HUMANOS – DUHU. Nações Unidas Brasil. Disponível em: https://brasil.un.org/pt-br/91601-declara%C3%A7%C3%A3o-universal-dos-direitos-humanos. Acesso em: 17 jan. 2023.
134. O Pacto Internacional sobre Direitos Econômicos, Sociais e Culturais entrou em vigor no Brasil em 24 de abril de 1992, pelo Decreto nº 591, de 6 de julho de 1992.

A Convenção sobre os Direitos da Criança delimita que criança é todo ser humano com menos de 18 anos de idade, e sobre elas, todos os Estados signatários devem assegurar às crianças a não ocorrência de discriminação, seja em razão da sua raça, cor, sexo, idioma, religião, opinião política ou de outra natureza, origem nacional, étnica ou social, posição econômica, deficiência física, nascimento ou qualquer outra condição da criança, de seus pais ou de seus representantes.

O princípio basilar da Convenção Internacional sobre os Direitos da Criança é o do melhor interesse da criança.

Acerca da proteção previdenciária, o artigo 26 da Convenção é expresso ao mencionar que "Os Estados Partes reconhecerão a todas as crianças o direito de usufruir da previdência social, inclusive do seguro social, e adotarão as medidas necessárias para lograr a plena consecução desse direito, em conformidade com sua legislação nacional."

Nesse sentido, surge, em 1990, o Estatuto da Criança e do Adolescente, cujas peculiaridades, entre avanços e retrocessos, serão abordadas no próximo tópico.

5.4 POSSIBILIDADE DO RECONHECIMENTO DA FILIAÇÃO SOCIOAFETIVA NO ESTATUTO DA CRIANÇA E DO ADOLESCENTE

O Capítulo VII da Constituição Federal que está inserido no Título VIII - Da Ordem Social, dispõe acerca da Família, da Criança, do Adolescente, do Jovem e do Idoso. O artigo 226 da Constituição Federal traz a família como base da sociedade e concede a ela a especial proteção do Estado.

Com relação à proteção constitucional da criança e adolescente, o artigo 227 da Constituição Federal assegura à criança, ao adolescente e ao jovem, com absoluta prioridade, o direito à vida, à saúde, à educação, ao lazer, à profissionalização, à cultura, à dignidade, ao respeito, à liberdade e à convivência familiar e comunitária, além de colocá-los a salvo de toda forma de negligência, discriminação, exploração, violência, crueldade e opressão.

A Constituição Federal de 1988 e, posteriormente, o Estatuto da Criança e do Adolescente, adotaram a doutrina da proteção integral à criança e ao adolescente. Conforme previsto no artigo 227 da Constituição Federal à criança é destinada a garantia integral, ou seja, em âmbito nacional, as crianças são sujeitos de direitos e a elas devem ser efetivados todos os direitos fundamentais.

Antes da Constituição Federal de 1988 e do Estatuto da Criança e do Adolescente, outras legislações concediam às crianças e adolescentes a proteção, contudo, sem o caráter da integralidade.

O Código Penal de 1830 dispunha em seu artigo 13 que "se se provar que os menores de quatorze anos, que tiverem cometido crimes, obraram com discernimento, deverão ser recolhidos às casas de correção, pelo tempo que ao Juiz parecer, com tanto que o recolhimento não exceda à idade de dezessete anos". A legislação trazia uma preocupação com a criança, e levava em consideração o seu discernimento para a análise da impunidade. No mesmo sentido o Código Penal de 1890 que não considerava criminosos os menores de 9 anos completos e os maiores de 9 e menores de 14, que obrarem sem discernimento.

O Código de Menores dispunha sobre a assistência, proteção e vigilância a menores até dezoito anos de idade, que se encontrem em situação irregular; e entre dezoito e vinte um anos, nos casos expressos em lei.[135]

Menor em situação irregular era aquele que estava privado de condições essenciais à sua subsistência, saúde e instrução obrigatória, ainda que eventualmente, em razão de falta, ação ou omissão dos pais ou responsável; manifesta impossibilidade dos pais ou responsável para provê-las; vítimas de maus tratos ou castigos imoderados impostos pelos pais ou responsável.

Também era considerado em situação irregular o menor que tinha sido vítima de maus tratos ou castigos imoderados impostos pelos pais ou responsável e em perigo moral, devido a encontrar-se, de modo habitual, em ambiente contrário aos bons costumes e exploração em atividade contrária aos bons costumes. Aqueles que eram privados de representação ou assistência legal, pela falta eventual dos pais ou responsável ou que tinham desvio de conduta, em virtude de grave inadaptação familiar ou comunitária ou autor de infração penal também eram considerados menores em situação irregular.

Conforme ensina Wilson Donizeti Liberati "o Código revogado não passava de um Código Penal do Menor disfarçado em sistema tutelar; suas medidas não passavam de verdadeiras sanções, ou seja, penas disfarçadas em medida de proteção".[136] As crianças e jovens eram seres privados dos seus direitos. Havia na legislação somente penalidades para as crianças e jovens que estavam em situações irregulares. Liberati conclui que "em situação irregular estão a família que não tem estrutura e abandona a criança; os pais, que descumprem os deveres do

---

135. BRASIL. Presidência da República. Casa Civil. Subchefia para Assuntos Jurídicos. Código de Menores. Disponível em: http://www.planalto.gov.br/ccivil_03/leis/1970-1979/l6697.htm. Acesso em: 12 jun. 2022.
136. LIBERATI, Wilson Donizeti. *Comentários ao Estatuto da Criança e do Adolescente*. 12. ed. São Paulo: Malheiros, 2015, p. 17.

poder familiar; o Estado, que não cumpre as suas políticas sociais básicas; nunca a criança e o jovem".[137]

Foi somente com a Convenção Internacional sobre os Direitos da Criança, adotada pela Assembleia-Geral das Nações Unidas, ratificada pelo Congresso Nacional pelo Decreto Legislativo 28, de 14.9.1990 que o Brasil passou a utilizar como alicerce jurídico e social a proteção dos direitos das crianças e dos adolescentes.

Somente haverá a proteção integral das crianças e adolescentes se todos os seus direitos puderem ser usufruídos e, caso haja alguma violação aos seus direitos, que estes possam ser reprimidos.

O Estatuto da Criança e do Adolescente, legislação mais recente, de 1990, surge então com uma proteção mais ampla para a criança e o adolescente. Em seu artigo 26, dispõe que "os filhos havidos fora do casamento poderão ser reconhecidos pelos pais, conjunta ou separadamente, no próprio termo de nascimento, por testamento, mediante escritura ou outro documento público, qualquer que seja a origem da filiação".[138]

A teoria da proteção integral das crianças e dos adolescentes constitui um marco que se consolida com a Constituição Federal de 1988 no ordenamento jurídico brasileiro. Para tanto, foi necessário romper radicalmente com a doutrina da situação irregular, até então impregnada no Código Criminal do Império no Brasil,[139] que acentuava a situação de preconceito e descaso com relação à infância.

Foram os movimentos sociais de redemocratização de 1980 que trouxeram um novo olhar sobre a infância e a adolescência e a maior responsabilidade do Estado na preocupação com o atendimento a esses interesses. Diante do marco constitucional da proteção integral, crianças e adolescentes passam a ser titulares dos direitos fundamentais, inerentes à pessoa humana.[140]

Ainda na esteira na proteção integral, o artigo 42, §2º, do Estatuto da Criança e do Adolescente assim preleciona: "para adoção conjunta, é indispensável que os adotantes sejam casados civilmente ou mantenham união estável, comprovada a

---

137. LIBERATI, Wilson Donizeti. *Comentários ao Estatuto da Criança e do Adolescente*. 12. ed. São Paulo: Malheiros, 2015, p. 18.
138. BRASIL. Lei nº 8.069, de 13 de julho de 1990. Estatuto da Criança e do Adolescente. Disponível em: http://www.planalto.gov.br/ccivil_03/leis/l8069.htm. Acesso em: 08 out. 2022.
139. BRASIL. Código Criminal do Imperio do Brazil. Disponível em: http://www.planalto.gov.br/ccivil_03/leis/lim/lim-16-12-1830.htm. Acesso em: 12 jun. 2022.
140. CUSTÓDIO, Andre Viana. REIS, Suzéte da Silva. Fundamentos históricos e principiológicos do direito da criança e do adolescente: bases conceituais da teoria da proteção integral. *Revista Justiça do Direito*. v. 31, n. 3, 2017, p. 621-659. Disponível em: http://seer.upf.br/index.php/rjd/article/view/7840. Acesso em: 20 out. 2022.

estabilidade da família". Ocorre que o STJ já deu interpretação conforme à Constituição para permitir a adoção conjunta por irmãos, relativizando a exigência do casamento civil.¹⁴¹

O STJ entendeu que a essência que deve ser alcançada pela norma é o estabelecimento do adotando em núcleo familiar estável, e, dos autos, constatou-se que o melhor interesse do adotando estava sendo integralmente cumprido.

Outro dispositivo atacado por esse julgamento foi o artigo. 42, § 6º, da Lei 8.069/90 ECA: "a adoção poderá ser deferida ao adotante que, após inequívoca manifestação de vontade, vier a falecer no curso do procedimento, antes de prolatada a sentença". Nesse sentido, o STJ entendeu que o § 6º comtempla a possibilidade de ocorrer a adoção póstuma quando o óbito do adotante ocorrer no curso do procedimento de adoção, desde que fique constatado que o adotante se manifestou, em vida, de maneira inequívoca, pelo desejo de adotar. Ademais, o STJ entende como comprovação inequívoca a vontade do falecido de adotar, as mesmas regras que comprovam a filiação socioafetiva: o tratamento do menor como se filho fosse e o conhecimento público dessa condição.

Esse julgado é importante, pois reconheceu a possibilidade de adoção conjunta para além do casamento tradicional. No mesmo sentido, destaca-se o julgamento que é marco teórico da multiparentalidade¹⁴² no Brasil. No Recurso

---

141. Civil. Processual civil. Recurso especial. Adoção póstuma. Validade. Adoção conjunta. Pressupostos. Família anaparental. Possibilidade. Ação anulatória de adoção post mortem, ajuizada pela União, que tem por escopo principal sustar o pagamento de benefícios previdenciários ao adotado – maior interdito –, na qual aponta a inviabilidade da adoção post mortem sem a demonstração cabal de que o de cujus desejava adotar e, também, a impossibilidade de ser deferido pedido de adoção conjunta a dois irmãos. A redação do artigo 42, § 5º, da Lei 8.069/90 ECA, renumerado como § 6º pela Lei 12.010/2009, que é um dos dispositivos de lei tidos como violados no recurso especial, alberga a possibilidade de se ocorrer a adoção póstuma na hipótese de óbito do adotante, no curso do procedimento de adoção, e a constatação de que este manifestou, em vida, de forma inequívoca, seu desejo de adotar. Para as adoções post mortem, vigem, como comprovação da inequívoca vontade do de cujus em adotar, as mesmas regras que comprovam a filiação socioafetiva: o tratamento do menor como se filho fosse e o conhecimento público dessa condição. O artigo 42, § 2º, do ECA, que trata da adoção conjunta, buscou assegurar ao adotando a inserção em um núcleo familiar no qual pudesse desenvolver relações de afeto, aprender e apreender valores sociais, receber e dar amparo nas horas de dificuldades, entre outras necessidades materiais e imateriais supridas pela família que, nas suas diversas acepções, ainda constitui a base de nossa sociedade. A existência de núcleo familiar estável e a consequente rede de proteção social que podem gerar para o adotando, são os fins colimados pela norma e, sob esse prisma, o conceito de núcleo familiar estável não pode ficar restrito às fórmulas clássicas de família, mas pode, e deve, ser ampliado para abarcar uma noção plena de família, apreendida nas suas bases sociológicas. BRASIL. Superior Tribunal de Justiça, Resp 1217415/RS. Relatora: Ministra Nancy Andrighi, Data do Julgamento: 19/06/2012. Disponível em: https://scon.stj.jus.br/SCON/GetInteiroTeorDoAcordao?num_registro=201702003965&dt_publicacao=13/04/2018. Acesso em: 05 out. 2022.
142. A multiparentalidade aqui pesquisada diz respeito à possibilidade da colocação nos registros públicos do vínculo de paternidade e maternidade com mais de uma mãe e mais de um pai.

Extraordinário nº 898.060/SC,[143] julgado em 22 de setembro de 2016, o Supremo Tribunal Federal reconheceu a possibilidade de coexistência dos vínculos de filiação afetivos e biológicos.

A decisão obteve repercussão geral, vinculando tribunais e demais órgãos. Nesse sentido, o Conselho Nacional de Justiça achou por bem regulamentar então o procedimento de reconhecimento extrajudicial de filiação socioafetiva, por meio do Provimento n. 63/2017.[144] A partir desse provimento, os vínculos de filiação socioafetiva começaram a ser registrados diretamente nos cartórios de todo o Brasil, sem a necessidade da intervenção judiciária.

No entanto, com o passar do tempo verificou-se que a redação original do Provimento 63/2017 do CNJ violava, em certo sentido, os direitos de crianças e adolescentes. Isso porque, facilitou sobremaneira o registro, sem a necessidade de verificação do vínculo de afeto, além de permitir o registro de crianças em tenra idade. Na prática, abriu espaço para a possibilidade de fraudes, como adoções à brasileira, burla ao cadastro de adoção e até comercialização de crianças.

Assim, em 2019 a regulamentação foi modificada pelo Provimento 83/2019[145] do CNJ, depois do pedido de providências de autoria do Colégio de Coordenadores da Infância e da Juventude.[146] As maiores modificações foram a exigência da comprovação do vínculo afetivo preexistente por meio da participação obrigatória do Ministério Público e a idade mínima de 12 anos. Fora dessas hipóteses, o reconhecimento da filiação socioafetiva continuou sendo exclusividade do Poder Judiciário. O reconhecimento formal da filiação pelo cartório conforme os requisitos estabelecidos pelos Provimentos 63 e 83 do CNJ revelam-se dia após dia compatível com a doutrina da proteção integral, uma vez que asseguram o superior interesse de crianças e adolescentes.

Por fim, é inegável que a doutrina da proteção integral constitui a base principiológica para a interpretação do conjunto de normas que permeiam a possibilidade de concessão da pensão por morte na filiação socioafetiva e esse

---

143. BRASIL. Supremo Tribunal de Justiça Recurso Extraordinário n. 898060. Relator Ministro Luiz Fux. Julgado em 22 set. 2016. Disponível em: http://redir.stf.jus.br/paginadorpub/paginador.jsp?docTP=-TP&docID=13431919. Acesso em: 10 out. 2022.
144. CONSELHO NACIONAL DE JUSTIÇA. Provimento n. 63/2017, de 14 de novembro de 2017. Disponível em: https://atos.cnj.jus.br/atos/detalhar/atos-normativos?documento=2525. Acesso em: 10 jun. 2020.
145. CONSELHO NACIONAL DE JUSTIÇA. Provimento n. 83/2019. Disponível em: https://atos.cnj.jus.br/atos/detalhar/2975. Acesso em: 10 out. 2022.
146. CONSELHO NACIONAL DE JUSTIÇA. Pedido de Providências no 0001711- 40.2018.2.00.0000 de 05 de setembro de 2019. Disponível em: https://cnj.jusbrasil.com.br/jurisprudencia/756840136/pedido-de-providencias-pp-17114020182000000/inteiro-teor-756840315. Acesso em: 10 out. 2022.

vetor interpretativo jamais pode ser ignorado, sob pena de levar a um critério de injustiça na aplicação concreta do Direito.

Ressalta-se ainda, que o direito à convivência familiar é um direito fundamental da criança e do adolescente, que são considerados sujeitos em desenvolvimento. No entanto, esse direito deve considerar a profunda transformação que o conceito de família sofreu com a Constituição de 1988, de maneira que, a convivência familiar não pode mais ser entendida apenas como exclusiva da família tradicional formada necessariamente pelo casamento.

O afeto é considerado um valor (axiológico) e também um princípio (deontológico), ou seja, é um valor moral, e também um princípio jurídico. Portanto, deve ser considerado dentro do sistema do Direito, sob pena de violação do Direito das crianças e adolescentes na atualidade. Quando levado em consideração o princípio do afeto (socioafetividade) em conjunto com o princípio do melhor interesse das crianças e adolescentes, fica evidente que é possível conceber, dentro do sistema do Direito, a relação jurídica entre o dever do Estado em conceder o benefício previdenciário da pensão por morte devida ao filho socioafetivo do segurado.

6
A POSSIBILIDADE DE CONCESSÃO DO BENEFÍCIO DE PENSÃO POR MORTE AOS FILHOS SOCIOAFETIVOS

6.1 DO PENSAMENTO SISTEMÁTICO AO PENSAMENTO PROBLEMÁTICO E SISTÊMICO: A POSSIBILIDADE DE CONCESSÃO DA PENSÃO POR MORTE NAS RELAÇÕES SOCIOAFETIVAS

Para pensar a possibilidade da concessão da pensão por morte na filiação socioafetiva, primeiramente, é preciso desenvolver a perspectiva do pensamento problemático sobre a questão. Essa é a essência da zetética, em contraposição à dogmática do pensamento sistemático. Theodor Viehweg propõe que o saber em Direito seja classificado em zetético e dogmático.[1] Essa classificação foi internacionalizada no Brasil com muita força por meio de Tércio Sampaio Ferraz Junior,[2] à partir da obra de Viehweg.[3]

A título de esclarecimento, nesta pesquisa, quando se fala em pensamento crítico, não menciona a conotação pejorativa da palavra. A essência do significado do pensamento crítico aqui utilizado refere-se ao aprofundamento da investigação por meio da indagação das raízes do problema. Conforme Miguel Reale, "toda vez que indagamos dos pressupostos ou das razões de legitimidade ou da validez de algo, estamos fazendo sua crítica".[4]

As origens das palavras zetética e dogmática são gregas, de *zetein*, que significa perquirir, e *dokein*, que significa doutrinar.[5] Para a pesquisa jurídica, a principal diferença entre a zetética e a dogmática reside no enfoque que é dado à investigação. Nesse sentido, caso seja dado maior enfoque às perguntas, a

---

1. VIEHWEG, Theodor. *Tópica e Jurisprudência*. Trad. Tércio Sampaio Ferraz Jr. Brasília: Departamento de Imprensa Nacional, 1979, p. 71-85.
2. FERRAZ JÚNIOR, Tércio Sampaio. *Introdução ao Estudo do Direito*: técnica, decisão e dominação. 4 ed. São Paulo: Atlas, 2003.
3. FERRAZ JÚNIOR, Tércio Sampaio. *Direito, retórica e comunicação*: subsídios para uma pragmática do discurso jurídico. 2. ed. São Paulo: Saraiva, 1997.
4. REALE, Miguel. *Filosofia do direito*. 20 ed. São Paulo: Saraiva, 2002, p. 35.
5. PESSOA, Leonel Cesarino. Em torno da distinção entre as perspectivas zetética e dogmática: nota sobre a pesquisa jurídica no Brasil. *Prisma Jurídico*, São Paulo, v. 4, p. 23-32, 2005.

perspectiva será zetética. No entanto, caso seja dado maior enfoque às respostas, predomina a dogmática.

Na perspectiva dogmática, a investigação científica encontra limites em algumas premissas que existem como dogmas. Os dogmas não podem ser questionados, estão estabilizados, são consenso e limitam o próprio campo de pesquisa. De outro lado, na perspectiva zetética tudo deve ser questionado. Todas as premissas colocadas dentro do objeto investigativo podem ser submetidas à comprovação. Isso significa que elas podem vir a ser rejeitadas ou substituídas.

Segundo Viehweg, outra distinção importante entre a zetética e a dogmática consiste na função em que desempenham. Nessa distinção, o pensamento dogmático refere-se à formação de opinião, enquanto o zetético se relaciona com a dissolução das meras opiniões por meio da verdadeira investigação. Quando existem opiniões conflitantes a respeito de determinado assunto, é por meio da zetética que se chega a uma resposta válida, ao tratar a questão como um problema de investigação científica.[6]

A dogmática jurídica limita-se a visualizar dentro do direito positivado no âmbito do ordenamento jurídico a solução, tomando a norma como ponto de partida. Isso não ocorre na investigação zetética. O saber sob a perspectiva zetética ultrapassa o campo das definições teóricas e não se limita a parafrasear a legislação. Vai além. Busca na sociedade real o enfrentamento do problema social, cultural, com aplicabilidade prática. É por isso que, no âmbito dessa pesquisa, é obrigatório o enfrentamento do problema do reconhecimento da pensão por morte na filiação socioafetiva levando em consideração a perspectiva do pensamento problemático, pois é sob as premissas desse pensamento que é possível estabelecer a aplicabilidade da filiação socioafetiva na pensão por morte no âmbito social e cultural, com as diferentes e novas sociedades (digital, complexa, líquida, do risco) e com as novas formas de família e os novos costumes e no âmbito da aplicabilidade prática, das decisões judiciais dos tribunais superiores.

A análise que se faz da temática da possibilidade da concessão do benefício previdenciário da pensão por morte nas relações socioafetivas adequa-se à perspectiva zetética, tendo em vista que supera o consensualismo do que foi definido nas regras jurídicas da legislação ordinária e busca na interpretação principiológica do ordenamento jurídico, com base nos valores estabelecidos pela sociedade e cultura atuais, bem como na decisão dos tribunais, a resposta para a pergunta objeto central da investigação, com base, fundamentalmente, nos princípios da dignidade da pessoa humana e da socioafetividade.

---

6. VIEHWEG. Theodor. *Tópica y filosofía del derecho*. 2. ed. Barcelona: Gedisa, 1997, p. 77.

Não aceita os dogmas propostos pela interpretação apenas gramatical[7] da lei, como era no momento filosófico do Direito do positivismo. Busca, sobretudo, uma interpretação, pautada na hermenêutica jurídica.[8] Se fosse para estabelecer um dogma, seria o dogma constitucional. No entanto, não há como falar em dogma constitucional, pois a essência da interpretação principiológica é a sua dinamicidade quando colocada face a face com outros princípios de igual hierarquia, para que ocorra a otimização.[9] É nos princípios que reside o critério de justiça capaz de responder ao questionamento colocado sob análise nesta pesquisa jurídica. É o que se verá da análise social, cultural e jurisprudencial proposta nos próximos tópicos.

A hermenêutica constitui um movimento anterior ao positivismo, mas é a partir do Direito positivo que recebe um estímulo maior. Esse estímulo decorre o fato de que a lei passa a se manifestar por meio de uma linguagem objetiva: a escrita. Nesse sentido, a hermenêutica jurídica faz nascer as teorias dogmáticas da interpretação no direito.[10]

A hermenêutica jurídica vai buscar o sentido de cada palavra, mas cada palavra sozinha, em tese, não possui significado algum. Isso porque, a palavra necessita de um sistema para possuir sentido, que é a frase. Dentro da frase, pode ser que a palavra esteja com um grau de abstração muito forte, com um amplo grau de significados, ou pode ser que ela tenha um significado muito restrito. Por exemplo, o artigo 1.593 do Código Civil de 2022: "o parentesco é natural ou civil, conforme resulte de consanguinidade ou outra origem.[11]

Existem muitas palavras importantes nesse artigo, com um campo maior ou menor de interpretação. O parentesco natural possui um campo inegavelmente menor de interpretação do que o parentesco civil. Isso porque, a lei deixa claro que o parentesco natural é somente o advindo da consanguinidade, no entanto, o parentesco civil é todo aquele residual que pode advir de qualquer outra origem.

---

7. A interpretação gramatical, conhecida também como interpretação literal ou filológica, visa encontrar o sentido jurídico da norma com base no sentido das próprias palavras que formam o arcabouço normativo.
8. A hermenêutica jurídica defendida nesta pesquisa pode ser entendida como ciência da interpretação e é o ramo da hermenêutica que se preocupa com a interpretação das normas jurídicas, estabelecendo métodos dogmáticos para a compreensão das normas. Utiliza-se, essencialmente, da hermenêutica jurídica desenvolvida por: FERRAZ JÚNIOR, Tércio Sampaio. *Direito, retórica e comunicação*: subsídios para uma pragmática do discurso jurídico. 2. ed. São Paulo: Saraiva, 1997.
9. ALEXY, Robert. *Teoria dos direitos fundamentais*. São Paulo: Malheiros, 2015.
10. ALVES, Helio Gustavo. *Teoria Pentadimensional do Direito*: pura e prognosticada. São Paulo: Ltr, 2019.
11. BRASIL. Lei nº 10.406, de 10 de janeiro de 2002. Institui o Código Civil. Disponível em: http://www.planalto.gov.br/ccivil_03/leis/2002/l10406compilada.htm. Acesso em: 15 set. 2022.

A palavra origem foi utilizada, nesse artigo de lei, com um extenso campo interpretativo, que vai decorrer necessariamente da interpretação principiológica levando-se em conta as particularidades do caso concreto. As regras possuem o campo interpretativo menor, são mais objetivas, enquanto os princípios possuem o campo interpretativo maior, são mais subjetivos.

A expressão "hermenêutica" deriva do grego *hermeneutiké téchné*, cujo significado é a arte de interpretar. A hermenêutica é, portanto, um ramo da filosofia que não se limita à interpretação num sentido único, compreende o viés prático e teórico de sua aplicação. Já a hermenêutica jurídica, conforme Tércio Sampaio, "é uma forma de pensar dogmaticamente o direito que permite um controle das consequências possíveis de sua incidência sobre a realidade antes que elas ocorram."[12]

A hermenêutica jurídica viabiliza a comunicação do Direito. O Direito externa-se por meio de palavras escritas e faladas, mas não basta ouvir ou ler o Direito para que se faça compreender por que, diferentemente das línguas, seu significado sempre extrapola o simples conhecimento de vocabulário. É preciso interpretá-lo dentro de uma gama de cenários, princípios e contextos que vão além da mera significação semântica e sintáxica, mas também pragmática.

Se o Direito normatizado é código a orientar a convivência social, a hermenêutica jurídica é o instrumento que permite que este código seja traduzido. Sem a hermenêutica, os códigos e normas seriam apenas marcas de tinta e palavras ao vento.

Para Tércio Sampaio o ordenamento jurídico é completo, cabendo ao intérprete saber utilizá-lo por meio da interpretação. Sem a compreensão de hermenêutica não seria possível entender a seriedade da interpretação conforme a Constituição, que deve ser o vetor interpretativo da ordem jurídica. A interpretação conforme a Constituição é um exercício hermenêutico, se condiciona à existência de um espaço de interpretação que vai necessariamente implicar em várias possibilidades interpretativas. A dificuldade é que dentro do exercício interpretativo, sempre haverá o cuidado de extrair da norma somente o que realmente é, de fato, o conteúdo desta.[13]

Obviamente, na interpretação dogmática sempre há a preocupação com a questão do justo, momento em que zetética e dogmática interagem. Nesse sentido, é oportuna a menção a Castanheira Neves, sobre a dogmática da interpretação:

---

12. FERRAZ JÚNIOR, Tércio Sampaio. *Introdução ao Estudo do Direito*: técnica, decisão e dominação. 4. ed. São Paulo: Atlas, 2003, p. 308.
13. FERRAZ JÚNIOR, Tércio Sampaio. *Direito, retórica e comunicação*: subsídios para uma pragmática do discurso jurídico. 2. ed. São Paulo: Saraiva, 1997.

justa deve ser toda a normativo-constitutiva realização do direito. E se a interpretação jurídica concorre para essa realização, então quer isto dizer que também não é cognitiva ou teoreticamente, mas antes normativa e praticamente que essa interpretação se deve intencionalmente compreender e metodicamente definir, de modo que a boa ou válida interpretação não será aquela que numa intenção da verdade (de cognitiva objectividade) se proponha a exegética explicitação ou a compreensiva determinação da significação dos textos-normas como objecto, mas aquela que numa intenção de justiça (de prática justeza normativa) vise a obter do direito positivo ou da global normatividade jurídica as soluções judicativo-decisórias que melhor realizam o sentido axiológico fundamentante que deve ser assumido pelo próprio direito, em todos os seus níveis e em todos os seus momentos.[14]

Assim, Castanheira Neves demonstra a sua preocupação com a importância da existência de técnicas interpretativas a serem desenvolvidas pela hermenêutica jurídica.

Tercio Sampaio explica que existem teorias dogmáticas da interpretação, que nada mais são do que regras técnicas que visam a orientar o intérprete para os problemas em três perspectivas: sintática, semântica e pragmática. A perspectiva sintática se refere à conexão das palavras nas sentenças (chamadas de questões léxicas), à conexão de uma expressão com outras dentro de um contexto (chamadas de questões lógicas) e à conexão das sentenças num todo orgânico (chamadas de questões sistemáticas).

Quando se enfrenta uma questão léxica, se refere à interpretação gramatical, levando-se em conta a ordem das palavras e o modo como elas estão conectadas. A interpretação gramatical também é conhecida como interpretação filológica ou literal, uma vez que visa estabelecer o sentido jurídico da norma com base nas próprias palavras que a expressam. Já a interpretação sistemática, segundo Tercio Sampaio, possibilita ao intérprete enfrentar os problemas sintáticos, no que se refere às questões sistemáticas. Neste contexto, a interpretação sistemática consiste em considerar o preceito jurídico interpretando como parte do sistema normativo mais amplo que o envolve.[15]

É exatamente por isso que para compreender o artigo 1.592 do Código Civil, é preciso necessariamente compreender o princípio da dignidade da pessoa humana e o princípio da socioafetividade, considerando que esse dispositivo legal está dentro de um sistema do Direito, além de verificar sua compatibilidade de a Constituição Federal.

---

14. CASTANHEIRA NEVES, António. *O actual problema metodológico da interpretação jurídica* – I. Coimbra: Coimbra Editora, 2003, p. 102.
15. FERRAZ JÚNIOR, Tércio Sampaio. *Introdução ao Estudo do Direito*: técnica, decisão e dominação. 4. ed. São Paulo: Atlas, 2003, p. 308.

No que se refere aos problemas interpretativos semânticos, estes referem-se ao significado das palavras, podendo surgir problemas de vagueza ou ambiguidade. Nesse caso, o intérprete deve fazer uso da interpretação sociológica, histórica e evolutiva. Na prática a interpretação histórica e a sociológica se misturam, porém, Tércio Sampaio define uma diferença fundamental: "é preciso ver as condições específicas do tempo em que a norma incide, mas não podemos desconhecer as condições em que ocorreu sua gênese".[16]

Por fim, as questões pragmáticas de interpretação referem-se aos valores atribuídos às expressões, podendo ser solucionadas através da interpretação teleológica e axiológica. A regra básica do método teleológico é a de que sempre é possível atribuir um propósito às normas, mas nem sempre essa finalidade é clara. Neste sentido é o artigo 5º da Lei de Introdução ao Código Civil, ao dispor que: "Na aplicação da lei o juiz atenderá aos fins sociais a que ela se dirige e às exigências do bem comum". Assim, uma típica interpretação teleológica e axiológica postula fins e valoriza situações.[17]

Em determinado momento da história do Direito do mundo ocidental a Teoria do Direito não conseguiu sustentar como lícitas as ordens totalitárias que se instalaram no mundo durante o período das Grandes Guerras Mundiais. Assim, diante dos grandes crimes e das grandes violações de Direito cometidas, principalmente, pelos regimes Nazista[18] e Fascista,[19] sob a ótica do pensamento filosófico do Direito do positivismo jurídico, se fez necessário repensar as estruturas da racionalidade jurídica, estabelecendo uma nova conexão entre o Direito e os valores.

Nesse cenário, surge a pesquisa "Tópica e Jurisprudência", em 1979, de Viehweg,[20] visando retomar o pensamento tópico-problemático na argumentação jurídica como uma solução ao problema evidenciado, de uma Teoria Geral do Di-

---

16. FERRAZ JÚNIOR, Tércio Sampaio. *Introdução ao Estudo do Direito*: técnica, decisão e dominação. 4. ed. São Paulo: Atlas, 2003, p. 286.
17. FERRAZ JÚNIOR, Tércio Sampaio. *Introdução ao Estudo do Direito*: técnica, decisão e dominação. 4. ed. São Paulo: Atlas, 2003, p. 288.
18. O Nazismo é o nome de uma ideologia política racista disseminada pelo Partido Nacional Socialista dos Trabalhadores Alemães, que foi criado em 1920 na Alemanha. Tal ideologia se espalhou por toda a Alemanha sob o comando de Adolf Hitler e foi um dos fatores que levaram a vários marcos históricos, como o Holocausto e a Segunda Guerra Mundial. FAUSTO, Boris. A interpretação do nazismo, na visão de Norbert Elias. *Mana*, v. 4, p. 141-152, 1998. Disponível em: https://www.scielo.br/j/mana/a/NJky3cJjbdQRhsJwsh3CHjw/abstract/?lang=pt. Acesso em: 11 abr. 2023.
19. O fascismo constitui um movimento político e filosófico estabelecido inicialmente por Benito Mussolini na Itália, em 1922, que é representado por um governo autocrático, centralizado na figura de um ditador e faz prevalecer os conceitos de nação e raça sobre os valores individuais. ECO, Humberto. *O Fascismo Eterno*. Trad. Eliana Aguiar. Rio de Janeiro: Record, 2018.
20. VIEHWEG, Theodor. *Tópica e Jurisprudência*. Trad. Tércio Sampaio Ferraz Jr. Brasília: Departamento de Imprensa Nacional, 1979, p. 71-85.

reito que colocava uma lógica dedutiva como raciocínio central. Essa nova forma de pensar o Direito significava a busca nos *topoi* validados pela sociedade de um determinado tempo, como elemento de coerência ao discurso inerente à Teoria do Direito, capaz então de facilitar a adequação das normas ao caso concreto.

O termo *topoi* é de Aristóteles, que nomeava *topoi* (plural de *topos*) como as verdades gerais aceitas socialmente, capazes de formar a base dos entendimentos que orientam as escolhas cotidianas. Os *topoi* são, portanto, lugares comuns que as pessoas utilizam como base para uma determinada argumentação.[21]

O *topos* de Aristóteles é desenvolvido em seu Livro IV da Física. Aristóteles diferencia o espaço (ou lugar, ou *topos*) da matéria, sendo aquele o limite confinante ao corpo nele contido. Aristóteles trabalha com a ideia de que o lugar (*topos*) pode ser separado das coisas, o que não ocorre com a forma e a matéria. Depois de Aristóteles, somente Isaac Newton e Albert Einstein estabeleceram, de forma precisa, uma clara e objetiva definição de espaço físico.[22]

A origem histórica da tópica parte então de Aristóteles, na Grécia antiga. Possui relação direta com a lógica dialética, tendo em vista que o raciocínio pode ser considerado dialético quando parte de opiniões geralmente aceitas e estas são basicamente as opiniões que todo mundo admite, ou a maioria das pessoas admite.[23]

Para Warat, os *topoi* são equivalentes aos princípios gerais do direito. Isso porque, é com base neles que os institutos de direito vão sendo amoldados. O interesse público, o bem comum, a boa-fé, a autonomia contratual e a autonomia da vontade, o Estado de Direito, o sistema jurídico, dentre outros, são exemplos de topoi.[24]

A tópica de Viehweg, desenvolvida a partir de um novo paradigma do Direito, que pensa uma lógica baseada no questionamento, remete faz questionar até que ponto a tradição de uma Teoria do Direito que possua um raciocínio meramente dedutivista pode trabalhar dentro do sistema do Direito fornecendo integridade e adequabilidade ao ordenamento jurídico, se é da essência do conceito de modernidade a reprodução das experiências passadas sob a visão de um pensamento crítico.[25]

---

21. ANDRADE, Christiano José de. *Hermenêutica jurídica no Brasil*. São Paulo: Revista dos Tribunais, 1991.
22. CARUSO, Francisco; DE ARAÚJO, Roberto Moreira Xavier. O Espaço em Aristóteles: da bidimensionalidade do topos às seis diastaseis que definem os animais. *Revista do Programa de Pós-Graduação em Filosofia da UFRJ*. v. 12, n. 24, 2018. ISSN: 1982-5323. Disponível em: Acesso em: 11 abr. 2023.
23. ANDRADE, Christiano José de. *Hermenêutica jurídica no Brasil*. São Paulo: Revista dos Tribunais, 1991, p. 201.
24. WARAT, Luis Alberto. *Mitos e Teorias na Interpretação das Leis*. Síntese, 1979, p. 86.
25. VASCONCELLOS, Maria José Esteves. *Pensamento sistêmico*: o novo paradigma da ciência. Campinas-SP: Papirus, 2002, p 58.

Foi na Grécia Antiga que se criou as bases da racionalização do conhecimento, inaugurando a passagem do mito para o logos, entre os séculos V a.C. e IV a.C., em Atenas, com Sócrates, Platão e Aristóteles. Dessa maneira, considera-se que os gregos lançaram as bases para a racionalidade ocidental, e que os romanos conservaram, nos séculos seguintes, essa tradição.[26]

No entanto, com a ascensão do cristianismo no Ocidente durante o período histórico da Idade Média, ocorreu a conciliação entre fé e razão, construindo-se uma filosofia de cunho religioso, distanciando-se do padrão de racionalidade iniciado pelos gregos. Em seguida, o desenvolvimento da racionalidade científica apenas teve continuidade no século XVII.[27]

Na Idade Moderna ocorreu uma busca maior pela racionalidade que fosse universal e pudesse ser estendida a todos os domínios do conhecimento, do universo físico ao social, político e moral. A pretensão de rigor, precisão e universalidade do conhecimento, por meio da racionalidade, levaram os cientistas modernos a formularem métodos para atingir a certeza do conhecimento. Ocorre o desenvolvimento da noção de método científico, bem como o nascimento do Direito enquanto ciência, frente à institucionalização da ciência tradicional. No entanto, nesse momento histórico, o paradigma da ciência era basicamente voltado para os pressupostos da simplicidade, da estabilidade e da objetividade.[28]

O pressuposto da simplicidade significa que a ciência parte da análise da realidade complexa que envolve o todo, no entanto é indispensável a fragmentação do objeto, que nada mais é do que a divisão desse todo complexo em pequenas partes, para então tornar mais simples o estudo. O pressuposto da estabilidade parte do pensamento de que o mundo é ordenado, possuindo leis de funcionamento que são imutáveis e que podem ser conhecidas. Se podem ser conhecidas, é possível, ainda, estabelecer relações funcionais entre o ser humano e tais leis, permitindo relações igualmente previsíveis e controláveis. O pressuposto da objetividade funda-se no pensamento de que é possível conhecer o mundo tal como ele é na realidade, buscando-se atingir uma versão única do conhecimento, por meio do distanciamento entre o sujeito e o objeto do conhecimento.

Esses pressupostos foram desenvolvidos inicialmente no campo das ciências físicas e, em seguida, foram inseridos nas demais disciplinas como modelo de ciência adequado. No entanto, se, para as ciências físicas, a utilização dos pres-

---

26. VASCONCELLOS, Maria José Esteves. *Pensamento sistêmico*: o novo paradigma da ciência. Campinas-SP: Papirus, 2002, p 60.
27. VASCONCELLOS, Maria José Esteves. *Pensamento sistêmico*: o novo paradigma da ciência. Campinas-SP: Papirus, 2002, p 59.
28. VASCONCELLOS, Maria José Esteves. *Pensamento sistêmico*: o novo paradigma da ciência. Campinas-SP: Papirus, 2002, p 74-94.

supostos da simplicidade, estabilidade e objetividade ajustava-se perfeitamente, cada vez mais percebia-se que esses pressupostos não se enquadravam no campo das ciências biológicas e das ciências humanas, que encontravam suas complexidades crescentes, próprias dos fenômenos humanos e sociais.

Então, a partir da segunda metade do século XX, um grupo de pensadores começou a questionar os paradigmas tradicionais de ciência, desencadeando o início de uma virada epistemológica e o surgimento de novos pressupostos para a razão da ciência. Inicia-se um processo de reconhecimento de que o ideal racional moderno de simplificação não corresponde à realidade, pois a sociedade é complexa. Ademais, a ilusão de simplificação do objeto do conhecimento, principalmente pela separação do objeto do conhecimento do seu contexto contribuiu para obscurecer o conhecimento da natureza e dos fenômenos.[29]

Nesse contexto, surgem novas propostas teóricas, denominadas de teorias sistêmicas. Duas principais vertentes da teoria dos sistemas se destacaram no decorrer do século XX: a organicista, com base no conhecimento de sistemas naturais, biológicos ou sociais, sendo inclusive associada à Teoria Geral dos Sistemas, e a mecanicista, com base na criação dos sistemas artificiais e associada às Teorias Cibernéticas.

A essência da teoria dos sistemas consiste na percepção de que o comportamento do todo é mais complexo do que a soma dos comportamentos das partes, e, exatamente por isso a divisão do objeto em pequenas partes para estudá-lo pode prejudicar o conhecimento científico. Criam-se teorias sobre os conceitos de organismo e de sistema e sobre a distinção entre sistemas aberto e fechado, sistema e ambiente, dentre outras. Bertalanffy lança as bases gerais para uma Teoria Geral dos Sistemas da Natureza,[30] mais tarde desenvolvida por Humberto Maturana e Francisco Varela,[31] com base na Teoria da Autopoiese.

O segundo momento da vertente organicista, que interessa ao objeto desta pesquisa, é representado pela Teoria da Autopoiese, que teve o início do seu desenvolvimento em meados da década de 50, por meio dos estudos de Humberto Maturana, que publica suas teorias então por volta de 1970, por meio de uma cooperação científica com Francisco Varela. Os dois cunham o termo "autopoiese" para definir sua nova teoria, com base no conceito de que "auto" se refere à auto-

---

29. VASCONCELLOS, Maria José Esteves. *Pensamento sistêmico*: o novo paradigma da ciência. Campinas-SP: Papirus, 2002, p 104.
30. BERTALANFFY, Ludwig Von. *Teoria geral dos sistemas*: fundamentos, desenvolvimento e aplicações. 4. Ed. Petrópolis: Vozes, 2009.
31. MATURANA, Humberto. VARELA, Francisco. *A árvore do conhecimento*: as bases biológicas do entendimento humano. Campinas-SP: Ed. Psy, 1995.

nomia dos sistemas que se auto organizam e "poiese" significa criação. Ademais, Luhmann define a sociedade como um sistema autopoiético.[32]

Em que pese a Teoria da Autopoiese ter sido construída como teoria biológica, seus conceitos tiveram implicações epistemológicas e ontológicas na ciência do Direito, causando uma verdadeira mudança de paradigma, com base nos três conceitos fundamentais da Teoria da Autopoeise: organização autopoiética, fechamento estrutural e acoplamento estrutural.[33]

Talcott Parsons é um dos pioneiros a aplicar então os princípios oriundos da Teoria dos Sistemas ao campo da observação dos sistemas sociais. Ademais, o sociólogo alemão Niklas Luhmann constrói uma verdadeira teoria geral dos sistemas, adequando os conceitos da autopoiese biológica aos fenômenos sociais, distinguindo o sistema biológico, cujo elemento constitutivo é a vida, do sistema social, no qual a base reprodutiva é a comunicação.[34]

Para Luhmann, o sistema social é um sistema fechado para operar e aberto para aprender. Ademais, o sistema social é um grande gênero de sistema, do qual o sistema do Direito constitui uma espécie.[35] Apesar da Teoria da Autopoiese ter sido desenvolvida na área das ciências físicas, seus fundamentos tiveram relevantes implicações epistemológicas e ontológicas, provocando mudanças no objeto e na forma do conhecimento. Isso causou uma mudança de paradigmática. Os três conceitos fundamentais da Teoria da Autopoeise são a organização autopoiética, o acoplamento estrutural e o fechamento estrutural.[36]

Nesse contexto, Talcott Parsons foi um dos pioneiros na aplicação dos fundamentos decorrentes da Teoria dos Sistemas para a área dos sistemas sociais. No entanto, foi Luhmann quem construiu uma teoria geral do conhecimento pelo paradigma do pensamento sistêmico, ao utilizar uma base conceitual para além dos limites da sociologia, incorporando vários conceitos decorrentes da teoria da autopoiese. Luhmann realiza uma verdadeira adequação dos conceitos da autopoiese da biologia, ressaltando a diferença do sistema biológico, com seu elemento fundamental que é a vida, do sistema social, no qual o elemento fundamental é a comunicação.[37]

---

32. CAPRA, Fritjof. *A Teia da vida*: uma nova compreensão científica dos sistemas vivos. São Paulo: Cultrix, 1996.
33. MATURANA, Humberto. VARELA, Francisco. *A árvore do conhecimento*: as bases biológicas do entendimento humano. Campinas-SP: Ed. Psy, 1995.
34. LUHMANN, Niklas. *Introdução à Teoria dos Sistemas*. 3. ed. Petrópolis-RJ: Vozes, 2011.
35. LUHMANN, Niklas. *Introdução à Teoria dos Sistemas*. 3. ed. Petrópolis-RJ: Vozes, 2011.
36. MATURANA, Humberto. VARELA, Francisco. *A árvore do conhecimento*: as bases biológicas do entendimento humano. Campinas-SP: Ed. Psy, 1995.
37. LUHMANN, Niklas. *Introdução à Teoria dos Sistemas*. 3. ed. Petrópolis-RJ: Vozes, 2011, p. 213.

Dessa maneira, entende a sociedade como um sistema autopoiético. A partir da premissa fundamental da sociedade como um sistema autopoiético, estabelece o modo de funcionamento desse sistema, que é fechado para operar e aberto cognitivamente para aprender. Ademais, estabelece que o sistema social é tido como um grande gênero de sistema, dos quais são espécies o Direito, a Política, a Economia, dentre outros. Cada um desses, são conceituados como subsistemas desse grande sistema social, e operam da mesma forma: cognitivamente abertos para aprender e fechados para operar. Luhmann é considerado um autor cuja linguagem é muito complexa e densa, o que faz com que sua leitura não seja muito atrativa pelo alto grau de dificuldade apresentado.[38]

É importante ressaltar que na pós-modernidade as teorias científicas relativas às ciências sociais ganham destaque, "os grandes sistemas abrangentes não são mais produzidos por filósofos, e sim por sociólogos".[39] Dessa maneira, além de Luhmann, outros proeminentes sociólogos se destacam por suas teorias, como Bauman, com a modernidade líquida,[40] Morin, com a sociedade complexa,[41] Ulrick Beck, com a sociedade do risco[42] e Castells, com a sociedade em rede.[43] Todas essas teorias sociológicas buscam paradigmas para uma nova modernidade.

Para Bauman, a sociedade pós-moderna é líquida, fazendo uma contraposição à sociedade da Idade Moderna, que era considerada sólida. A liquidez, nesse contexto, é caracterizada pela velocidade e fluidez das mudanças sociais, fazendo com que o indivíduo tenha de se adaptar de maneira constante, o que impede que sua própria forma de agir possa se consolidar como um hábito. Disso decorre a grande instabilidade das relações sociais na atualidade, caracterizadas pela efemeridade, pela fragilidade do controle social por todas as espécies de regras, sejam elas éticas, sociais ou jurídicas, e pelo medo da sobrevivência nesse contexto de tamanha instabilidade. Dentro desse contexto, é possível verificar que Bauman sobressai como um crítico dos impactos do capitalismo e do consumismo nas relações sociais.[44]

Os estudos de Edgar Morin ressaltam a questão da complexidade do mundo moderno. Para Morin, a complexidade não possui relação direta com a completude ou com a ausência de simplicidade, e sim com o fato de todo conhecimento

---

38. LUHMANN, Niklas. *Introdução à Teoria dos Sistemas*. 3. ed. Petrópolis-RJ: Vozes, 2011, p. 112.
39. LOSANO, Mario. *Sistema e estrutura no direito*. Trad. Carlos Roberto Dastoli. São Paulo: Martins Fontess, 2008, v. 1: das origens à escola histórica, p 17.
40. BAUMAN, Zygmunt. *Modernidade Líquida*. Rio de Janeiro: Editora Zahar, 2001.
41. MORIN, Edgar. *O paradigma perdido*: a natureza humana. Lisboa: Europa-América, 1973.
42. BECK, Ulrick. *Sociedade do risco*: rumo a uma outra modernidade. Trad. Sebastião Nascimento. São Paulo: Editora 34, 2011.
43. CASTELLS, Manuel. *Sociedade em rede*. Trad. Roneide Venâncio Majer. São Paulo: Paz e Terra, 1999.
44. BAUMAN, Zygmunt. *Modernidade Líquida*. Rio de Janeiro: Editora Zahar, 2001.

ser provisório, inacabado e incompleto. Nesse contexto, a complexidade decorre da transdisciplinaridade, sendo considerado inadequado e insuficiente para a ciência a tendência do conhecimento linear, cartesiano e positivo de dividir os fenômenos para simplificar o conhecimento.[45]

A transdisciplinaridade compreende o *conhecimento de uma forma plural*. É uma corrente de pensamento que busca dar uma resposta ao método tradicional de divisão de disciplinas de maneira linear. Parte do pressuposto que as disciplinas são divididas de forma artificial para facilitar o aprendizado. A transdisciplinaridade concebe o ensino por meio da educação transversal, exigindo uma coordenação mais complexa no ensino. O termo transdisciplinaridade foi criado por Jean Piaget e divulgado pela primeira vez no I Seminário Internacional sobre Pluri e Interdisciplinaridade, que aconteceu em 1970, na Universidade de Nice, na França. Na sociedade atual a transdisciplinaridade é fundamental.[46]

Com relação à sociedade do risco, este é um termo usado para descrever a maneira pela qual a sociedade moderna se organiza em resposta ao risco. O termo foi criado pelo sociólogo alemão Ulrich Beck em seu livro Risikogesellschaft. Beck centraliza as origens e as consequências da degradação do meio ambiente como a base da sociedade moderna, por meio de uma análise da sociedade atual na qual os aspectos negativos ou riscos se destacam por superar os aspectos positivos e, principalmente, pelo fato das instituições sociais não conseguirem controlar esses riscos.[47]

Ademais, essa teoria ressalta a necessidade de existir uma cultura de risco, o que implica necessariamente no desenvolvimento de mecanismos que permitam a prevenção de situações de risco e a autoproteção em caso de perigo. Uma cultura de risco atual é o próprio objeto desta pesquisa, a pensão por morte na filiação socioafetiva. Ademais, um risco social que constitui a base para o desenvolvimento desta tese é a morte do segurado, que constitui o fato gerador da relação jurídica da pensão por morte na filiação socioafetiva. Exatamente por isso, tal teoria é aprofundada no Capítulo 2, que aborda a questão da morte como risco social.

Na sequência, com relação ao paradigma da sociedade em rede, este é um conceito formulado por Jan Van Dijck, em sua obra *The Network Society*, publicada originalmente em 1991 e mais tarde remodelada, em 1996, por Manuel Castells na obra *The Rise of the Network Society*.[48]

---

45. MORIN, Edgar. *O paradigma perdido*: a natureza humana. Lisboa: Europa-América, 1973.
46. MORIN, Edgar. *Introdução ao pensamento complexo*. Lisboa: Instituto Piaget, 1991.
47. BECK, Ulrick. *Sociedade do risco*: rumo a uma outra modernidade. Trad. Sebastião Nascimento. São Paulo: Editora 34, 2011.
48. BECK, Ulrick. *Sociedade do risco*: rumo a uma outra modernidade. Trad. Sebastião Nascimento. São Paulo: Editora 34, 2011.

O termo sociedade em rede designa a sociedade que é organizada a partir de um sistema comunicacional intermediado por tecnologias da informação e comunicação – TIC's. As TiC's são um conjunto de recursos tecnológicos utilizados de forma integrada, com um objetivo comum. Decorrem do desenvolvimento de hardwares e softwares que garantem a operacionalização da comunicação e dos processos decorrentes em meios virtuais. Foi a popularização da internet que potencializou o uso das TICs. Através da internet, novos sistemas de comunicação e informação foram criados, formando uma verdadeira rede. São eles: o e-mail, o chat, os fóruns, a agenda de grupo online, as comunidades virtuais, a *web cam*, entre outros. As TIC's, decorrentes da era da internet, mudaram a forma com que a sociedade se comunica. Esse paradigma é importante para o pensamento sistemático.

Considerando a sociedade como um sistema de interações humanas e o termo rede como um conjunto de coisas interligadas, a expressão sociedade em rede é concebida por Castells como um fenômeno de longo prazo representado por redes tecnológicas de informação e comunicação que desenvolvem um sistema de interações humanas baseadas em um ciberespaço. Ciberespaço é o ambiente virtual no qual as interações sociais acontecem, ocasionando um imediatismo e facilitação das interações humanas.[49] Aqui existe um ponto de inflexão entre a sociedade líquida e a em rede. É possível perceber que a sociedade em rede é facilitadora das relações líquidas e imediatas.

Em síntese, enquanto Luhmann propõe um novo pensamento sistemático dos fenômenos sociais, sob o fundamento da teoria da autopoiese, Morin destaca a questão da complexidade, sob o olhar transversal; Bauman concebe a instabilidade, fragmentariedade e provisoriedade das relações sociais; Beck ressalta os aspectos do risco social como evidentes, decorrentes das mudanças no meio ambiente, diante da prevalência dos aspectos negativos sobre os positivos, e que a sociedade vive sob esse risco atual e Castells demonstra que a forma como a sociedade se comunica mudou para a instantaneidade, afetando todas as relações humanas.

Por fim, todo o esforço demandado para entender a mudança de paradigma social possui o objetivo de compreender o impacto disso na tese jurídica proposta no âmbito desta pesquisa, influenciando de maneira direta a concessão da pensão por morte na filiação socioafetiva.

Para tanto, é necessário compreender as origens do padrão de racionalidade que constituiu a base orientadora da ciência na atualidade. Na Idade Média, ocorreu o afastamento do paradigma de racionalidade iniciado na Grécia Antiga,

---

49. CASTELLS, Manuel. *Sociedade em rede*. Trad. Roneide Venâncio Majer. São Paulo: Paz e Terra, 1999.

ocasionado pela tentativa religiosa de tornar compatível a fé com a razão. Tomás de Aquino é um representante desse pensamento que tenta conciliar a fé e a razão, utilizando dos ideais racionais de Aristóteles, cuja obra "Suma de Teologia"[50] tenta aproximar a filosofia aristotélica dos princípios do cristianismo.

Na Idade Moderna, o foco é na racionalidade pura como o modo exclusivo de conhecimento científico. O Direito participa, então, desse processo de mudanças epistemológicas. Com a crise do Império Romano, a partir do século III d.C. e sua posterior queda no Ocidente, no século V d.C., o saber jurídico, cujo rigor exigia uma grande formação linguística, cultural e jurídica, perde força e, progressivamente, ganha espaço um direito menos complexo e mais simples, acessível aos leigos.[51]

Em meados do século VI, na tentativa de proteger o Direito Romano, o Imperador Justiniano promoveu a compilação das obras encontradas dos juristas romanos, o que foi nominado de Pandectas ou Digesto. Essa coletânea foi importante, pois representou a memória medieval e moderna do Direito Romano, sendo conhecida como *Corpus Iuris Civilis*, a partir do século XVI.[52]

Durante a Idade Média o pluralismo jurídico, decorrente, de um lado, do chamado *Corpus Iuris Civilis*, e de outro lado, do Direito Canônico, com suas pluralidades de fontes. Existia, ainda, os direitos próprios, decorrentes do direito local costumeiro. A vigência de todas estas ordens jurídicas realizava-se pela primazia dos direitos próprios em relação ao direito comum, sendo esse subsidiário.[53] Dessa maneira, o paradigma do pensamento jurídico medieval na Idade Média era do tipo problemático, em detrimento do pensamento sistemático, deixando de haver uma preocupação com a integração lógica.[54]

Durante o Renascimento, (século XIV e século XVI), ocorre uma a revalorização do racionalismo e do humanismo da antiguidade, impactando na ciência do direito. Ocorre uma releitura do Direito Romano, mas com inspiração na tradição jusnaturalista, que constitui a tentativa de construção racional e sistemática do direito. Nesse contexto, no século XVI é possível perceber o distanciamento da ciência do Direito do *Corpus Iuris Civilis* e o início da organização de um método que objetiva a um sistema. Esses juristas centralizar cada elemento jurídico em princípios que sejam gerais, formando um sistema jurídico por indução. Já no século XVII e no século XVIII, esses princípios gerais aparecem nas escolas

---

50. TOMÁS DE AQUINO, Santo. *Suma de Teologia*: primeira parte – questões 84-89. Tradução e introdução de Carlos Arthur Ribeiro de Nascimento. Uberlândia: EDUFU, 2016.
51. HESPANHA, António Manuel. *Cultura Jurídica Europeia*. Florianópolis: Boiteux, 2005, p 126.
52. HESPANHA, António Manuel. *Cultura Jurídica Europeia*. Florianópolis: Boiteux, 2005, p 126.
53. HESPANHA, António Manuel. *Cultura Jurídica Europeia*. Florianópolis: Boiteux, 2005, p 126, p. 256.
54. HESPANHA, António Manuel. *Cultura Jurídica Europeia*. Florianópolis: Boiteux, 2005, p 126, p 257.

racionalistas do Direito como regras dedutivas. Começam a se organizar ordenamentos jurídicos como sistemas, a exemplo das Ordenações Afonsinas.[55]

Com a mudança do Estado absolutista para o Estado liberal, o pensamento filosófico do Direito do naturalismo racionalista, em meados do século XVII, constitui a base teórica para o movimento de codificação do Direito em meados do século XIX. Esse movimento de codificação, resultante em um Direito que seja escrito, e não mais advindo de princípios divinos, representou a superação do pensamento filosófico do Direito do naturalismo para o pensamento filosófico do Direito do positivismo.[56]

Com o positivismo jurídico, a busca do Direito passa a ser por uma sistematização, desde a área normativa até a área dogmática, para alcançar ordenação e unidade do sistema jurídico, proporcionando uniformidade, segurança e simplificação na aplicação do direito. Dessa maneira, no século XIX prevalece na França a Escola da Exegese, surgida depois do Código de Napoleão, cuja principal característica consiste em um legalismo forte. Na Alemanha surge a Escola Histórica, que era antilegalista, partindo do pressuposto de que as normas jurídicas eram encontradas nos costumes e na tradição, valorizando o consuetudinário e doutrinal do direito e as fontes romanas.[57]

O jurista alemão Savigny é o maior nome da Escola Histórica, também chamada de Jurisprudência dos Costumes, sendo responsável pela criação e desenvolvimento de um sistema de conceitos jurídicos. Destaca-se aqui os conceitos de "fato jurídico" e "relação jurídica", utilizados até hoje na dogmática jurídica. Inclusive, a relação jurídica previdenciária da pensão por morte na filiação socioafetiva constitui a essência do objeto desta pesquisa.[58]

Apesar das diferenças entre a Escola da Exegese (que se desenvolveu na França) e a Escola Histórica (que se desenvolveu na Alemanha), as duas possuíam a finalidade de constituírem um sistema rígido focado no uso do método dedutivo e exigindo a aplicação das leis de acordo com um processo silogístico rigoroso, podendo as duas serem consideradas precursoras do positivismo jurídico em ascensão no século XX.[59]

Em seguida, Hans Kelsen se destaca como grande teórico do positivismo jurídico, deslocando a pesquisa jurídica da norma para o ordenamento, bus-

---

55. HESPANHA, António Manuel. *Cultura Jurídica Europeia*. Florianópolis: Boiteux, 2005, p 126, p 235.
56. CANARIS, Claus-Wilhelm. *Pensamento sistemático e conceito de sistema na ciência do direito*. 2. ed. Lisboa: Fundação Calouste Gulbenkian, 1996.
57. DINIZ, Maria Helena. *Compêndio de introdução à ciência do direito*. 18. ed. São Paulo: Saraiva, 2007.
58. MIOZZO, Pablo Castro. O problema da criação judicial do direito: da jurisprudência dos conceitos a Hans Kelsen. *Revista Eletrônica Direito e Política*, v. 6, n. 3, p. 1069-1092, 2011.
59. DINIZ, Maria Helena. *Compêndio de introdução à ciência do direito*. 18. ed. São Paulo: Saraiva, 2007.

cando a sistematicidade em detrimento da fragmentariedade do Direito. Seu pensamento sistemático está voltado para uma ordem interna, o ordenamento jurídico, que é hierarquizado e autossuficiente. E, nessa esteira de determinação de hierarquia normativa, sua teoria lança as bases para uma teoria da supremacia da constituição e do desenvolvimento de uma doutrina da interpretação constitucional, que, posteriormente, incorporará alguns elementos do pensamento sistêmico.[60]

O padrão de racionalidade moderno encontra então, no positivismo normativista kelseniano, sua elaboração máxima. A obra de Kelsen, "Teoria Pura do Direito", é capaz de traduzir perfeitamente os postulados pensamento científico sistemático, principalmente por sua preocupação em reduzir a complexidade da observação do fenômeno jurídico à normatividade, distinguindo a norma como o único objeto do sistema jurídico. É também seu objetivo investigar a validade do sistema, afirmando que o conteúdo e validade de toda e qualquer norma jurídica é a norma imediatamente superior, e isso, sucessivamente, até o último fundamento de validade do direito, que não é uma norma posta, mas pressuposta, a norma fundamental.[61]

É importante ressaltar que o século XX não foi marcado somente pelo pensamento sistemático. A partir da segunda metade do século XX, começam a surgir novas formas de observar os fenômenos sociais. Na passagem do século XIX para o século XX, principalmente mediante os estudos de Nietzche e Freud, inicia-se uma crítica ao racionalismo, defendendo-se a primazia da vontade sobre a razão. Essa nova racionalidade começa a refletir no pensamento científico do Direito, com o surgimento, no início do século XX, da Jurisprudência dos Interesses, movimento fundamentado no estudo do Direito levando-se em consideração a sua finalidade.[62]

Após a Segunda Guerra Mundial, com as grandes violações de direitos, reascende o debate sobre a justiça e a função social do Direito, buscando uma reaproximação entre o direito e a moral. Algumas teorias se destacam como novas propostas de aplicação do Direito, como a Teoria da Jurisprudência dos Valores (uma releitura da jurisprudência dos Interesses) e a Teoria do Sistema Aberto de Canaris.[63]

---

60. LOSANO, Mario. *Sistema e estrutura no direito* Trad. Carlos Roberto Dastoli. São Paulo: Martins Fontes, 2008, v. 1: das origens à escola histórica, p. 29.
61. KELSEN, Hans. *Teoria pura do direito*. 6. ed. São Paulo: Martins Fontes, 1998.
62. LOSANO, Mario. *Sistema e estrutura no direito*. Trad. Carlos Roberto Dastoli. São Paulo: Martins Fontes, 2008, v. 1: das origens à escola histórica, p. 117.
63. CANARIS, Claus-Wilhelm. *Pensamento sistemático e conceito de sistema na ciência do direito*. 2. ed. Lisboa: Fundação Calouste Gulbenkian, 1996.

A Jurisprudência dos Valores procura conciliar a certeza do Direito, sentida com maior intensidade pelos movimentos totalitários que geraram grandes violações de Direitos, com a flexibilidade necessária para decidir segundo a equidade. É no contexto da Jurisprudência dos Valores que Robert Alexy desenvolve sua teoria de argumentação, deixando como legado uma teoria dos direitos fundamentais e sua famosa técnica de ponderação.[64]

Canaris concebe o direito como um sistema teleológico e aberto. Para o autor, o sistema interno do Direito não precisa ser completo, tendo em vista que nele incidem todos os valores, inclusive os valores que estão de fora do sistema, presentes no meio externo ao Direito. Para Canaris, o sistema jurídico deve possuir ordem e unidade. A ordem significa que o sistema jurídico constitui um conjunto de valores racionalmente apreensíveis, capazes de conduzir o aplicador do Direito a mecanismos de adequação valorativa e a unidade significa garantir a ausência de contradições da ordem jurídica, promovendo a realização da justiça.[65]

Ademais, Canaris acredita que, na aplicação do Direito, para que ocorra a comunicação do seu conteúdo valorativo de maneira assertiva, é necessário compreender que o sistema jurídico é aberto. A abertura do sistema defendida por Canaris significa que, nos casos de difícil solução, quando ocorrer conflito entre a justiça material e a justiça sistemática, pode-se utilizar de critérios extrajurídicos para alcançar a justiça material. Isso significa que Canaris defende a prevalência do conteúdo sobre a formalidade, sendo seu pensamento sistemático, na verdade, voltado também para um pensamento sistêmico.[66]

Assim, na perspectiva sobre a reaproximação da ética e da moral no sistema do Direito, o pensamento científico do Direito começa a desenvolver novas técnicas argumentativas. A lógica meramente dedutiva, pautada no silogismo, servia bem ao rígido sistema do positivismo jurídico, mas se tornava cada vez mais insuficiente na realização da justiça material, evidenciando sérios problemas na aplicação do Direito. O pensamento científico do Direito sentiu a necessidade de uma estratégia discursiva mais complexa, buscando novamente na retórica da Grécia antiga, as suas premissas. Volta então a tópica, que, ao problematizar o caso concreto pelo método indutivo, torna-se mais adequada à reaproximação entre Direito e moral, a fim de realizar a justiça por meio da equidade.

---

64. ALEXY, Robert. *Teoria dos Direitos Fundamentais*. 2. ed. Trad. Virgílio Afonso da Silva. São Paulo: Malheiros Editores, 2012, p. 38.
65. CANARIS, Claus-Wilhelm. *Pensamento sistemático e conceito de sistema na ciência do direito*. 2. ed. Lisboa: Fundação Calouste Gulbenkian, 1996, p. 21.
66. CANARIS, Claus-Wilhelm. *Pensamento sistemático e conceito de sistema na ciência do direito*. 2. ed. Lisboa: Fundação Calouste Gulbenkian, 1996, p. 190.

Chaïm Perelman, em "Tratado da Argumentação: a nova retórica" e Theodor Viehweg, em "Tópica e jurisprudência", destacam-se por desenvolverem estudos sobre essa nova forma de pensamento científico. Perelman foi o precursor da Teoria da Argumentação, recuperando a retórica aristotélica. Perelman alerta sobre a importância da arte da persuasão, cujo pressuposto é a existência de vários e diferentes pontos de vista (*topoi*), fazendo um contraponto à lógica, para qual existe apenas uma verdade como ponto de partida.[67]

Viehweg, em "Teoria da Argumentação", promove a tópica, que constitui uma técnica de pensar por meio de problemas, capaz de promover uma discussão dialética considerando vários pontos de vista, mas que busque um consenso pela solução mais adequada, sem deixar de levar em consideração o valor da justiça e as peculiaridades do caso concreto.[68]

Nesse sentido, é possível perceber que a tópica e a retórica constituem visões do Direito como um sistema aberto. Até mesmo Canaris menciona a tópica em sua obra. Canaris reconhece a importância da tópica e percebe que a teoria sistemática tradicional, com sua lógica dedutiva, é incapaz de resolver todos os problemas do Direito.[69]

É importante ressaltar que as modificações de pensamento científico do sistema do Direito não se resumem às teorias já apresentadas. No entanto, essa pesquisa pauta-se pelo paradigma da mudança do pensamento sistemático ao pensamento sistêmico, firmando suas premissas no pensamento científico sistêmico, sendo necessário o entendimento de tais premissas para a compreensão da tese aqui proposta.

Destaca-se, para o âmbito dessa pesquisa, sem embargo das demais teorias científicas, a teoria da autopoiese social de Luhmann. Luhmann se destacou justamente por não se preocupar em explicar como as normas se organizam no ordenamento, como propunha o pensamento sistemático, mas voltou seu foco para as relações entre o direito e os outros subsistemas sociais, por meio do pensamento sistêmico, cujo principal pressuposto é a complexidade.

A principal contribuição da teoria dos sistemas de Luhmann para o pensamento científico sistêmico é com relação ao fechamento estrutural do sistema. Isso significa que o ambiente externo ao sistema do Direito não tem a capacidade

---

67. PERELMAN, Chäim; e OLBRECHTS-TYTECA, Lucie. *Tratado da argumentação*: a nova retórica. 2. ed. Trad. Maria Ermantina Galvão G. Pereira São Paulo: Martins Fontes, 2005.
68. VIEHWEG, Theodor. *Tópica e jurisprudência*: uma contribuição à investigação dos fundamentos jurídico-científicos. 5. ed. Trad. Kelly Susane Alflen da Silva. Porto Alegre: Sergio Antonio Fabris Editor, 2008.
69. CANARIS, Claus-Wilhelm. *Pensamento sistemático e conceito de sistema na ciência do direito*. 2. ed. Lisboa: Fundação Calouste Gulbenkian, 1996, p. 245.

de determinar o comportamento do sistema, tendo em vista que o sistema se auto-organiza internamente. Ademais, o sistema se relaciona com o ambiente externo de acordo com a sua coerência estrutural, e não conforme as determinações do ambiente externo. Tais interações constituem a abertura do sistema para aprender, visando sua própria conservação e organização.[70]

Ademais, a teoria da autopoiese social, que entende o sistema do Direito como um subsistema do grande sistema social, trabalhando de maneira fechada para operar e aberta para aprender, possibilita uma observação ampla dos fenômenos jurídicos sem excluir as importantes interações e aprendizados com os outros subsistemas da moral, da política, da economia, dentre outros. Garante, ainda, a busca pela realização da justiça, finalidade da qual não se pode deixar de observar na sociedade complexa atual.[71]

Outro elemento que impõe ao Direito uma mudança de paradigma na atualidade do século XXI é o fenômeno da globalização econômica e as crises dela decorrentes na esfera da soberania dos Estados e das ordens jurídicas internas. Diante da crise nas ordens jurídicas internas dos Estados, essas que são fundadas em Constituições, tal crise é caracterizada por uma quebra no poder de controle social e político, tornando essas ordens jurídicas meramente formais e simbólicas.[72]

Dessa maneira, o pensamento científico utilizado no âmbito dessa pesquisa alicerça seus fundamentos do pensamento sistêmico, tendo em vista que o pensamento sistemático tradicional conserva sua validade na aplicação do direito à maioria dos casos concretos, claramente subsumíveis nas normas estatuídas pelo legislador. Entretanto, nos casos de difícil aplicação do Direito, quando a resposta jurídica adequada não está expressamente prevista no sistema do Direito por meio da utilização da metodologia dedutiva, deve-se recorrer a uma referência a princípios não formulados pelo legislador, com base nos valores, para a resolução dos casos difíceis.

Nos casos de difícil aplicação no Direito, como no caso da concessão do benefício previdenciário da pensão por morte na filiação socioafetiva, é necessário que o Direito opere com base no paradigma científico do pensamento sistêmico, utilizando da técnica da ponderação de valores.

---

70. LUHMANN, Niklas. *Introdução à Teoria dos Sistemas*. 3. ed. Petrópolis-RJ: Vozes, 2011.
71. LUHMANN, Niklas. *Introdução à Teoria dos Sistemas*. 3. ed. Petrópolis-RJ: Vozes, 2011.
72. Alguns autores se destacaram por demonstrarem em suas obras os resultados da globalização no pensamento científico do sistema do Direito. Destaca-se: TEUBNER, Gunther. *Fragmentos constitucionais*: constitucionalismo social na globalização. São Paulo: Saraiva, 2016. NEVES, Marcelo. *Transconstitucionalismo*. São Paulo, Martins Fontes, 2009. FARIA, José Eduardo. *O direito na economia globalizada*. São Paulo: Saraiva, 2004.

Primeiro, é necessário admitir que as relações sociais e jurídicas são complexas, caracterizadas pelo pluralismo cultural, pela multiplicidade de centros normativos, devendo sofrer, necessariamente, a interferência de outros sistemas, como o ético, o político, o econômico, o cultural, não havendo o que se falar na simplificação do Direito apenas com base na teoria da norma jurídica e na teoria ordenamento jurídico, como queriam os pensadores do Direito ao tempo do paradigma do pensamento sistemático.

A retomada da argumentação jurídica com base na retórica e na tópica reflete diretamente na diminuição do pressuposto da objetividade e no aumento do pressuposto da intersubjetividade. Reconhece-se que a realidade de fato está sempre dentro de um contexto, e, portanto, vinculada a valores, de maneira que todo o conhecimento enquanto ciência é apenas um espaço no qual existe consenso.

Dessa forma, ressalta-se que o paradigma sistêmico não visa substituir o paradigma sistemático. O pensamento sistemático continua a valer para os casos de resolução mais objetiva, mais simples. Já as situações mais complexas exigem o paradigma do pensamento problemático, num viés sistêmico, representado pela tópica jurídica e pela teoria da argumentação, para a busca de justiça material, que exige do sistema do Direito uma maior abertura.

O sistema do Direito pautado pelo pensamento sistêmico compreende e não nega a complexidade do Direito, que não se constitui apenas de regras, mas também de princípios e valores. As regras determinam prescrições de agir altamente limitadas, claras e objetivas. No entanto, os princípios apresentam prescrições abstratas, sofrendo a influência de determinados valores, que servem para orientar a interpretação das regras. A presente pesquisa utiliza, especialmente, da interpretação dos princípios da dignidade da pessoa humana e da afetividade como princípios basilares para a compreensão da possibilidade da concessão da pensão por morte na filiação socioafetiva. As normas, nesse contexto, podem ser regras ou princípios. Esses, por sua vez, sofrem a influência de determinados valores.

Essa interpretação na qual as normas jurídicas são formadas por regras, princípios e valores é recente e respaldada pelo pensamento jusfilosófico do pós-positivismo. Segundo Barroso:

> O pós-positivismo é a designação provisória e genérica de um ideário difuso, no qual se incluem a definição das relações entre valores, princípios e regras, aspectos da chamada nova hermenêutica e a teoria dos direitos fundamentais. (...) O Direito, a partir da segunda metade do século XX, já não cabia mais no positivismo jurídico. A aproximação quase absoluta entre Direito e norma e sua rígida separação da ética não correspondiam ao estágio do processo civilizatório e às ambições dos que patrocinavam a causa da humanidade. Por outro lado, o discurso científico impregnara o Direito. Seus operadores não desejavam o retorno puro e simples ao jusnaturalismo, aos fundamentos vagos, abstratos ou metafísicos de uma razão

subjetiva. Nesse contexto, o pós-positivismo não surge com o ímpeto da desconstrução, mas como uma superação do conhecimento convencional. Ele inicia sua trajetória guardando deferência relativa ao ordenamento positivo, mas nele reintroduzindo as ideias de justiça e legitimidade. O constitucionalismo moderno promove, assim, uma volta aos valores, uma reaproximação entre ética e Direito.[73]

É possível perceber que que o fundamento filosófico do Direito do século XX sofre uma transformação do positivismo para o pós-positivismo, ao mesmo tempo em que o pensamento científico do Direito sofre uma transformação do pensamento sistemático para o pensamento problemático e sistêmico. Dessa maneira, tanto a Filosofia do Direito quanto a Ciência do Direito do século XX sofre as influências decorrentes da necessidade que o sistema do Direito encontrou de se servir dos valores, carecendo de um intercâmbio criativo com os sistemas externos ao Direito, especialmente o sistema moral e ético.

A hermenêutica jurídica como ciência da interpretação entra em evidência nesse momento jusfilosófico do pós-positivismo, para tornar científica a interpretação da norma jurídica além da pura interpretação gramatical, característica marcante do positivismo. A teoria da interpretação passa a aceitar, então, outras naturezas interpretativas, para além da interpretação meramente gramatical. O pós-positivismo passa a interpretar a norma levando em consideração os valores. O conceito de hermenêutica trazido por Carlos Maximiliano, na introdução ao "Hermenêutica e Aplicação do Direito", inclusive menciona que a hermenêutica jurídica busca o sentido e o alcance das expressões de direito.[74]

Para outros autores, como Dworkin,[75] o papel da interpretação é revelar a verdade que a norma contém. Isso é muito complicado, pois entre a verdade existe a probabilidade, a realidade e a certeza. O que se busca, por meio da ciência do Direito, é aproximar ao máximo da realidade. Não quer dizer que isso vai acontecer. As vezes se chega a uma presunção ou certeza. O direito tenta chegar, mas não quer dizer que vai chegar à verdade absoluta. O pensamento científico sistêmico preocupa-se mais com consenso, pois considera vários pontos de vista.

Ademais, enquanto a Filosofia do Direito desenvolve uma crítica do Direito positivo, enquanto a Ciência do Direito analisa e descreve o direito positivo.

---

73. BARROSO, Luís Roberto. Fundamentos Teóricos e Filosóficos do Novo Direito Constitucional Brasileiro (Pós-modernidade, Teoria Crítica e Pós-Positivismo). In: BARROSO, Luís Roberto (Org.). *A Nova Interpretação Constitucional*: Ponderação, Direitos Fundamentais e Relações Privadas. 2. ed. Rio de Janeiro: Renovar, 2006, p. 27-28.
74. MAXIMILIANO, Carlos. *Hermenêutica e Aplicação do Direito*. 6. ed. São Paulo: Freitas Bastos, 1957. p. 13.
75. DWORKIN, Ronald. *A raposa e o porco espinho: justiça e valor*. São Paulo: WMF Martins Fontes, 2014.

Assim, é da natureza da Filosofia do Direito analisar e criticar os pressupostos da Ciência do Direito.

O direito efetivamente precisa trabalhar com as mudanças de valores sociais morais e éticos que a família, a pessoa, as instituições têm e resolver esses problemas. E sempre ter a premissa da evolução histórica. Não permitir que o dogma seja uma verdade imutável. O Direito precisa da dogmática, mas ela deve ser relida criticamente, e está sujeita a alterações conforme a sociedade vai alterando os seus valores. Não existe Direito enquanto dogmática sem o pensamento problemático, que propõe a leitura crítica da dogmática.[76]

Considerando o pensamento jusfilosófico do Direito do pós-positivismo, é imprescindível o reconhecimento da pensão por morte na filiação socioafetiva como um direito fundamental constitucionalmente garantido. É o que Alexy entende por direito à prestação em sentido estrito, como direito do cidadão em face do Estado.[77] Quais os requisitos possibilitadores da concessão do benefício da pensão por morte na filiação socioafetiva e como essa situação vem sendo descortinada pelos tribunais superiores é tema dos próximos tópicos.

No entanto, é preciso abstrair o real sentido da norma que mais se aproxime ao critério de verdade e justiça diante do amplo campo interpretativo que o ordenamento jurídico brasileiro proporciona para o entendimento da filiação socioafetiva. Portanto, assim como a hermenêutica jurídica fez nascer as teorias dogmáticas da interpretação, é possível conceber requisitos dogmáticos possibilitadores da concessão do benefício da pensão por morte na filiação socioafetiva.

No entanto, somente é possível estabelecer tais requisitos por meio da análise zetética, pela perspectiva propiciada pelo pensamento problemático. Assim, para alcançar o critério de justiça material nos casos complexos aqui propostos de filiação socioafetiva na pensão por morte, é indispensável a utilização da perspectiva do pensamento problemático, que vai buscar os novos valores estabelecidos na sociedade pela evolução do conceito de família, que não são estáticos, numa axiologia que coaduna-se com princípios já consagrados no sistema do Direito, como o princípio da dignidade da pessoa humana e o princípio da afetividade, a otimização desses valores em princípios, capazes de estabelecer verdadeiras regras jurídicas, numa verdadeira perspectiva sistêmica.

---

76. PERLINGIERI, Pietro. *O Direito Civil a Legalidade Constitucional*. Rio de Janeiro: Renovar, 2008.
77. ALEXY, Robert. *Teoria dos direitos fundamentais*. São Paulo: Malheiros, 2015, p. 499.

6.2 A FILIAÇÃO SOCIOAFETIVA NA PENSÃO POR MORTE E A APLICABILIDADE PRÁTICA: A PERSPECTIVA DOS TRIBUNAIS SUPERIORES – STF E STJ

O objetivo do presente tópico é analisar como os tribunais superiores – STF e STJ – têm decidido sobre a possibilidade da concessão do benefício previdenciário da pensão por morte nas relações socioafetivas, em especial na filiação socioafetiva, e quais os principais critérios objetivos analisados para a concessão, em caso positivo.

Para tanto, utiliza-se metodologicamente da análise de conteúdo proposta por Bardin. Para Bardin, a análise de conteúdo é fundamental para o pensamento crítico, pois apresenta um conjunto de instrumentos metodológicos usados na pesquisa científica para racionalizar o conhecimento por meio da análise dos significados.[78]

Sua análise de conteúdo permite, por meio da manipulação de mensagens, confirmar indicadores capazes de inferir sobre outra realidade, diferente da mensagem. É nesse contexto que se busca racionalizar os critérios objetivos utilizados pelos tribunais superiores na concessão da pensão por morte na filiação socioafetiva.

São utilizados, nessa pesquisa, os critérios de organização de análise propostos por Bardin: a pré-análise, a exploração do material e o tratamento dos resultados.

Na pré-análise, ao estabelecer todo o universo de tribunais que poderiam julgar a temática, pela competência, excluiu-se os demais tribunais e optou-se, dentro dos tribunais superiores, por analisar os julgados do STF e do STJ, pelo fato de serem competentes para dar a decisão final sobre o assunto, sendo considerados a última instância.

Na fase de exploração do material, ao serem selecionados os julgados do STF e do STJ, foram inseridos nos buscadores livres de jurisprudência dos sites oficiais[79] do STF e do STJ os termos "pensão por morte" e "filiação socioafetiva". Foi utilizada a pesquisa avançada e selecionado o campo data de publicação final com a data de 29 de outubro de 2022. Também foi selecionada a opção "por termo".

Foram encontradas e analisadas 21 Decisões Monocráticas e 2 Acórdãos no STJ e 1 Recurso Extraordinário com Agravo no STF. Desses, 1 julgado

---

78. BARDIN, Laurence. *Análise de conteúdo*. São Paulo: Edições 70, 2011.
79. O site oficial do STF pode ser acessado pelo seguinte endereço: https://portal.stf.jus.br. O site oficial do STJ pode ser acessado pelo seguinte endereço: https://scon.stj.jus.br/SCON/decisoes/toc.jsp.

apareceu por falha no buscador. Ao ser analisado, constatou-se que não se tratava de demanda que discuta a pensão por morte na filiação socioafetiva. Isso se deve ao fato de que o buscador oficial de jurisprudência do STF e do STJ faz a busca por palavras-chave, e quando a decisão cita ementas de outras decisões, a palavra-chave pode aparecer em decisões de assuntos diferentes. Dessa maneira, excluiu-se essa decisão da análise,[80] por ela não fazer parte do corpo da pesquisa.

Dessa forma, buscou-se atender aos critérios metodológicos determinados por Bardin: (i) exaustividade, sendo que foram analisados todos os julgados relacionados ao assunto pesquisado no âmbito dos referidos tribunais; (ii) representatividade, pois a amostra selecionada foi criteriosa em representar todo o universo de pesquisa dentro do que se propõe; (iii) homogeneidade, pois a amostra selecionada foi coletada utilizando-se da mesma técnica e referindo-se ao mesmo tema; (iv) pertinência, sendo que, dentro da amostra, os julgados que não se referiram ao objeto da pesquisa por falha no buscador foram excluídos da análise e (v) exclusividade, pois cada julgado foi analisado e classificado em apenas uma categoria.

Da chamada leitura flutuante,[81] formulou-se a hipótese de que os tribunais superiores têm dado interpretação conforme à legislação infraconstitucional para reconhecer a filiação socioafetiva e a consequente pensão por morte nas mais diversas situações que reste comprovado a efetiva relação de afeto entre pai/mãe e filho/filha.

O objetivo é saber se os tribunais superiores têm reconhecido o direito à pensão por morte nos casos de filiação socioafetiva, sob o olhar do paradigma do pensamento problemático e sistêmico, em detrimento do pensamento sistemático.

O índice organizado escolhido para a análise do conteúdo foi: primeiro as decisões do STF, depois as decisões monocráticas do STJ e, por fim, os acórdãos do STJ. A seguinte tabela apresenta a análise de conteúdo do corpo documental selecionado.

---

80. A decisão excluída da análise foi a seguinte: BRASIL, Superior Tribunal de Justiça. Recurso Especial nº 1887186. Relator(A) Ministro Francisco Falcão. Data Da Publicação 15/12/2021. Disponível em: https://processo.stj.jus.br/processo/dj/documento/mediado/?tipo_documento=documento&componente=MON&sequencial=142284467&num_registro=202001900833&data=20211215. Acesso em: 05 out. 2022.
81. Para Bardin, leitura flutuante consiste na primeira leitura do material selecionado dentro da pré-análise, para que se possa formular a hipótese e os objetivos da pesquisa. BARDIN, Laurence. *Análise de conteúdo*. São Paulo: Edições 70, 2011.

Tabela – Estudo de casos no STF e STJ		
STF		
Número do Processo Relator Data de julgamento	Reconhecimento da filiação socioafetiva para fins da concessão da pensão por morte	Principais fundamentos utilizados para reconhecer ou negar a filiação socioafetiva no caso concreto
1. ARE 1326600/RJ Relator(A): Min. Presidente Decisão Proferida Pelo(A): Min. Luiz Fux Data do julgamento 1º.06.2021	Decisão que negou o reconhecimento da filiação socioafetiva entre filhos e padrasto após o falecimento do padrasto pleiteada pelos filhos.	– Os filhos não chamavam o padrasto de pai; – Os filhos esperaram 15 anos após o falecimento do suposto padrasto para ajuizar o reconhecimento de paternidade, caso em que restou configurado interesse meramente patrimonial decorrente de herança; – Não há provas de que o suposto pai, em vida, considerava os enteados como filhos; – Foi considerado, na decisão, que o suposto pai era pessoa instruída, por ocupar o cargo de fiscal de rendas, tinha conhecimento suficiente para proceder o reconhecimento dos enteados como seus herdeiros, e não o fez em vida; – Estudo social que não confirmou a filiação socioafetiva;
STJ		
Número do Processo Relator Data de publicação	Decisão judicial com relação ao reconhecimento da filiação socioafetiva para fins da concessão da pensão por morte	Principais fundamentos utilizados para reconhecer ou negar a filiação socioafetiva no caso concreto
Decisões Monocráticas		
2. Processo Aresp 2070638 Relator(A) Ministro Humberto Martins Data da publicação 16.05.2022	Decisão que manteve o reconhecimento da filiação socioafetiva reconhecida pelo pai após a morte do filho para fins de recebimento de pensão por morte.	– Não há óbice à concessão de pensão por morte ao pai não biológico do segurado, desde que comprovada a relação de paternidade socioafetiva e a dependência econômica em relação ao instituidor do benefício; – O fato de o autor ser beneficiário de aposentadoria por idade não desconfigura a dependência econômica por si só, tendo em vista que a lei de benefícios não exige a dependência econômica exclusiva dos pais em relação aos filhos, permitindo o recebimento de outra renda; – A filiação socioafetiva pode ser provada por meios documentais, como: declaração afirmando que o falecido era quem pagava as despesas de medicamento dos pais; declaração afirmando que o falecido era quem pagava as despesas alimentar dos pais; declaração afirmando que a relação entre autor e falecido era de pai e filho; – Filiação socioafetiva pode ser comprovada também por provas testemunhais: em sintonia com a prova material, as testemunhas, todas conhecidas do autor há mais de 40 (quarenta) anos, foram firmes e coesas ao asseverar que foi o autor quem criou o falecido, desde tenra idade e como se filho fosse, bem como era o quem de cujus provia o sustento do autor e da genitora;

Tabela – Estudo de casos no STF e STJ		
3. Resp 1989086 Relator(A) Ministra Maria Isabel Gallotti Data da publicação 28.03.2022	Decisão que negou seguimento ao Recurso Especial e manteve o reconhecimento da filiação socioafetiva.	– Razões do especial que sustentaram o pedido de exclusão de beneficiárias da pensão por morte – netas do participante – as quais não estavam devidamente inscritas, pois inviabilizaria as bases atuariais do fundo formado pelos participantes; – Hipótese em que o avô das menores faleceu no curso do processo em que perseguia a posse definitiva das mesmas exercendo-a de fato; – Interpretação de cláusulas contratuais da previdência responsável pelo pagamento das pensões às menores sob guarda do avô; – Possibilidade de reconhecimento da adoção póstuma, podendo o julgador decidir em face do peculiar interesse das crianças, cujos interesses se sobrepõem a qualquer outro bem juridicamente tutelado; – Conjunto probatório firme, no sentido dos fortes laços afetivos, da vontade de adotar do avô e da situação fática preexistente, quanto ao exercício da posse de fato do avô sobre as netas.
4. Processo Edcl Na Ar 6203 Relator(A) Ministra Assusete Magalhães Data da publicação 07.03.2022	Decisão que manteve o reconhecimento da filiação socioafetiva de filha de militar para o recebimento de pensão por morte.	– Não entrou no mérito dos critérios utilizados para o reconhecimento da filiação socioafetiva, em que pese manter a decisão, tendo em vista se tratar de Embargos Declaratórios em Ação Rescisória;
5. Resp 1932695 Relator(A) Ministro Gurgel De Faria Data da publicação 08.06.2021	Decisão que julgou procedente o Recurso Especial para retornar os autos ao Tribunal de origem com a possibilidade de reconhecimento da filiação socioafetiva na pensão por morte.	– Não pode existir tratamento diferenciado para filhos de qualquer natureza, independendo a percepção de pensão, ainda que por reversão, de adoção formal, desde que comprovada a criação do beneficiário como se filho fosse; – Assim, faz-se necessário o retorno nos autos à Corte a quo para que, diante da possibilidade equiparação da recorrente à condição de filha, analise a comprovação de todos os requisitos para a concessão da pensão pleiteada.
6. Aresp 1720928 Relator(A) Ministro Marco Aurélio Bellizze Data da publicação 12.11.2020	Filiação socioafetiva não reconhecida.	– Os filhos não chamavam o padrasto de pai quando o padrasto era vivo; – Os filhos esperaram 15 anos após o falecimento do padrasto para ajuizar o reconhecimento de paternidade, configurando interesse meramente patrimonial decorrente de herança; – Não há provas de que o suposto pai, em vida, considerava os enteados como filhos; – Foi considerado, na decisão, que o suposto pai era pessoa instruída, por ocupar o cargo de fiscal de rendas, tinha conhecimento suficiente para proceder o reconhecimento dos enteados como seus herdeiros, e não o fez; – Estudo social que não confirmou a filiação socioafetiva;

Tabela – Estudo de casos no STF e STJ		
7. Resp 1678030 Relator(A) Ministro Marco Buzzi Data da publicação 02.10.2020	Decisão que julgou parcialmente procedente o pedido e reconheceu a filiação biológica e a filiação socioafetiva sem excluir a paternidade biológica.	– Vínculo socioafetivo comprovado pelo estudo social; – Julgado parcialmente procedente o pedido inaugural de registro da paternidade biológica, devendo ser mantida, contudo a socioafetiva já existente (multiparentalidade), também reconhecida em juízo. – Assim, deverá a criança manter o patronímico de ambos os pais; – Determinação de averbação no registro de nascimento da criança do nome do pai biológico, assegurados todos os direitos inerentes à filiação biológica, que não exclui a adotiva, acrescido ao nome o patronímico do pai biológico.
8. Resp 1873365 Relator(A) Ministra Assusete Magalhães Data da publicação 02.09.2020	Decisão que devolveu os autos ao tribunal de origem para que sejam supridas as omissões apontadas. Pensão por morte deferida em sede de apelação, mas a decisão foi considerada omissa em alguns pontos, sendo que em sede de Recurso especial a decisão foi devolvida para o TJ para sanar as omissões.	– Ex-marido da mãe que não manteve qualquer laço de afetividade ou dependência não é pai socioafetivo; – Mãe que recebeu alimentos pelo divórcio, não faz do seu filho dependente do ex-marido; – Padrasto que forma outra família, inclusive com filhos legítimos, não é pai socioafetivo; – Enteado que após a separação não convive com o antigo padrasto não é filho socioafetivo; – Prova documental certidão de óbito que não registra o autor como dependente ou filho; – Muitos anos antes do falecimento o ex-marido da mãe vivia em outra unidade familiar com esposa e filho, sem prova de qualquer vínculo com a unidade familiar anterior;
9. Resp 1511354 Relator(A) Ministro Gurgel de Faria Data da publicação 03.08.202	Decisão que reconheceu o menor sob guarda com direito à pensão por morte, reflexo da socioafetividade.	– Direito ao recebimento de pensão por morte, porquanto no presente caso foi comprovado que a Recorrente foi sempre tratada pelos pais adotivos como filha, desde o momento em que assinaram o termo de guarda até o falecimento dos mesmos; – Na presente ação, resta evidenciada a publicidade da relação existente entre a filha e o falecido casal possíveis pais socioafetivos; – Recorrente que viveu com o falecido casal desde os 03 anos de idade, tendo sido acolhida na família e tratada publicamente como se fosse filha biológica; – Comprovação de que o possível pai dispensava à possível filha tratamento idêntico ao que as famílias devotam à filha biológica; – Necessidade de assegurar o direito pensional decorrente do óbito do seu pai afetivo ou por adoção, sendo desimportante, nesta hipótese para a sua definição, a ausência de previsão legal expressa; – Reconhecimento jurisprudencial de que, do mesmo modo que se reconhece à filha consanguínea a presunção de dependência econômica, também se deve reconhecer em favor da filha afetiva ou de criação a mesma condição pressuposta.

Tabela – Estudo de casos no STF e STJ		
10. Resp 1833635 Relator(A) Ministro Nefi Cordeiro Data da publicação 02.04.2020	Decisão que manteve condenação em estelionato previdenciário por adoção à brasileira e reconheceu a diferença com a filiação socioafetiva.	– Falsidade da requisição, perante o Instituto Nacional do Seguro Social (INSS), do recebimento de benefício de pensão por morte de ex-combatente marítimo, mediante o uso de uma certidão ideologicamente falsa, na qual constam como genitores o ex-combatente (instituidor da pensão) e sua esposa, os quais vinham a ser, na verdade, sua avó materna e o falecido marido desta; – A falsidade mais flagrante da certidão de nascimento, contudo, reside na informação de que a ora acusada era filha do instituidor da pensão, que faleceu antes do nascimento da ré. – Assim, é evidente que o pretenso pai e a ré nunca se conheceram e não tiveram qualquer convivência que justificasse uma eventual paternidade socioafetiva; – Também não existe nenhuma documentação deixada pelo pretenso pai, em vida, de sua eventual vontade de instituir a ré como filha.
11. Resp 1656616 Relator(A) Ministro Og Fernandes Data da publicação 29.10.2019	Decisão que dá parcial provimento ao recurso especial para reconhecer a filiação socioafetiva e o direito ao recebimento da pensão por morte da recorrente.	– O direito à pensão por morte deverá ser examinado à luz da legislação que se encontrava vigente ao tempo do óbito do militar instituidor do benefício, por força do princípio tempus *regit actum*; – Considerando a data do óbito do militar, aplica-se ao caso o artigo 7º, II, da Lei nº 3.765/60, em sua redação original, que estabelece o deferimento da pensão aos filhos de qualquer condição, exclusive os maiores do sexo masculino que não fossem interditos ou inválidos, admitindo, portanto, que as filhas maiores, plenamente capazes, independentemente do estado civil, fossem consideradas pensionistas; – O artigo 7º, II, da Lei nº 3.765/60, ao utilizar a expressão "filho de qualquer condição", e o artigo 227, § 6º, da Constituição Federal, pretendem afastar qualquer tipo de discriminação entre filhos biológicos e adotados, bem como entre aqueles concebidos na constância do casamento e os extraconjugais, bem como os filhos de criação.
12. Aresp 1061558 Relator(A) Ministro Og Fernandes Data da publicação 05.02.2019	Decisão que deu provimento ao recurso especial para anular o acórdão recorrido, devendo o Tribunal de origem julgar novamente o recurso de apelação e a remessa necessária, admitindo a possibilidade de a filha de criação ou afetiva ser beneficiária da pensão prevista na Lei n. 3.373/1958.	– Discute-se o direito da autora ao restabelecimento da pensão por morte de seu "tio-avô", servidor federal aposentado, sob alegação de que vivia sob a dependência econômica do falecido; – A Administração Pública ao rever o ato de concessão de pensão por morte à apelada, beneficiária na condição de filha maior solteira (na época com 22 anos), não ocupante de cargo público permanente, verificou que o grau de parentesco da apelada com o ex-servidor não autorizava o pagamento da mencionada pensão por morte. Assim, exercendo seu poder-dever de rever seus atos ilegais, a Administração suspendeu o benefício da apelada;

Tabela – Estudo de casos no STF e STJ			
			– Segundo a Súmula n. 473/STF e o artigo 53 da Lei n. 9.784/99, a Administração pode e deve anular seus atos ilegais. Ademais, é evidente que o recebimento errôneo de vencimentos e gratificações poderia e pode ser confrontado com os requisitos legais pertinentes, desde a origem. Logo, não ocorreu a decadência prevista no artigo 54 da Lei nº 9.784/99. O referido dispositivo deve receber interpretação conforme a Constituição, e não interpretação que permita, em casos os mais diversos, a perpetuação da ilegalidade, em afronta ao disposto no caput do artigo 37 da Lei Fundamental;
			– Impossibilidade de equiparar a apelante à condição de filha solteira do instituidor da pensão, uma vez que não se enquadra em qualquer das hipóteses previstas no artigo 5º, inciso II e parágrafo único da Lei n. 3.373/58, vigente à época do falecimento do instituidor.
13. Resp 1695794 Relator(A) Ministro Benedito Gonçalves Data da publicação 06.09.2018		Retornou os autos ao tribunal de origem para analisar os demais requisitos fáticos de recebimento da pensão por morte, mas reconheceu a possibilidade da filha socioafetiva receber.	– O artigo 30 da Lei 4.242/63 estabelecia, como pressupostos específicos para a percepção da pensão especial ali prevista, que o beneficiário fosse ex-combatente da Segunda Guerra Mundial, da FEB, da FAB e da Marinha, que tivesse participado ativamente das operações de guerra e se encontrasse incapacitado, sem poder prover os próprios meios de subsistência, sem perceber qualquer importância dos cofres públicos;
			– O direito à pensão de ex-combatente era devido, segundo a legislação vigente à data do óbito do instituidor (antiga redação do artigo 7, II, da Lei 3765/60), aos filhos de qualquer condição, nesses compreendidos os legítimos, ilegítimos e adotivos, conforme o antigo Código Civil de 1916, não podendo ser estendido aos filhos de criação;
			– No presente caso, não obstante a parte autora tenha comprovado a condição de ex-combatente do instituidor da pensão, falecido em 30/10/1983 (fl. 20), na forma da Lei nº 4.242/63, não resta comprovado nos autos qualquer relação de filiação com o falecido militar, destacando-se que o atestado de óbito afirma que o falecido militar era solteiro e não tinha filhos e a certidão de nascimento da autora não nomeia o ex-combatente como pai da autora;
			Portanto, deve ser mantida a sentença que julgou improcedente o pedido ao fundamento de que "o direito à pensão de ex-combatente era devido, segundo a legislação vigente à data do óbito do instituidor (antiga redação do artigo 7º, II, da Lei 3765/60), aos filhos de qualquer condição, nesses compreendidos os legítimos, ilegítimos e adotivos, conforme o antigo CC/16. No entanto, tal direito não pode ser estendido aos filhos de criação.

Tabela – Estudo de casos no STF e STJ		
14. Aresp 1180307 Relator(a) Ministro Lázaro Guimarães Data da publicação 03.08.2018	Decisão que não conheceu o Recurso Especial e manteve o reconhecimento da filiação biológica simultânea com a filiação socioafetiva.	– A investigação de paternidade pelos filhos em relação aos pais biológicos é direito personalíssimo, indisponível e imprescritível da autora, sendo bastante para o julgamento de procedência da pretensão, incluindo reflexos patrimoniais, a prova genética que atesta a veracidade da alegação inicial, independentemente de qualquer perquirição acerca do desenvolvimento de vínculo socioafetivo com o pai registral; – Tema julgado no Plenário do STF com repercussão geral reconhecida, à conclusão de que a existência de paternidade socioafetiva não exime de responsabilidade o pai biológico.
15. Processo AR 6203 Relator(A) Ministra Assusete Magalhães Data da publicação 20.02.2018	Decisão que negou a tutela de urgência para cessar o pagamento, mantendo a pensão por morte e o reconhecimento da filiação socioafetiva.	– A interpretação jurídica e judicial das normas de Direito Previdenciário deve assegurar a máxima efetividade de seus institutos garantísticos. O jusprevidenciarismo não pode ser confundido com mera técnica positivista, estranha ou refratária aos valores do humanismo e da fundamentalidade contemporânea dos direitos das pessoas; – 2. O artigo 7º, II da Lei 3.765/60 garante aos filhos de qualquer condição, excluindo os maiores do sexo masculino que não sejam interditos ou inválidos, o recebimento da pensão militar, independentemente da relação de dependência com o seu instituidor; – A filha afetiva ou de criação posiciona-se na mesma situação da enteada ou da filha adotiva; é entendimento antigo, mas atualizado do STJ, que equipara-se à condição de filha a enteada criada e mantida pelo Militar, instituidor da pensão, o qual, a despeito da ausência de laços sanguíneos, dispensou-lhe o mesmo tratamento que se dá a filho biológico; – A postura que tende a criar distinções ou classes de filiação, além de avessa aos postulados humanísticos e às premissas dos direitos fundamentais da pessoa humana, afronta também a realidade dos sentimentos dos pais e a largueza de sua afeição pelos filhos; – No caso em comento, comprovado que o Militar dispensava à ora Agravada tratamento idêntico ao que as famílias devotam à filha biológica, deve ser-lhe assegurado o direito pensional decorrente do óbito do seu pai afetivo ou por adoção, sendo desimportante, nesta hipótese para a sua definição, a ausência de previsão legal expressa; em situação assim, a jurisprudência elaborou o entendimento de que, do mesmo modo que se reconhece à filha consanguínea a presunção de dependência econômica, também se deve reconhecer em favor da filha afetiva ou de criação a mesma condição pressuposta.

	Tabela – Estudo de casos no STF e STJ	
16. Aresp 1084070 Relator(A) Ministro Marco Aurélio Bellizze Data da publicação 05.06.2017	Decisão que conheceu do agravo para negar provimento ao recurso especial e não reconhecer a filiação socioafetiva de neto com avô.	– A lide versa sobre a intepretação do Tribunal de Justiça sobre os dispositivos dos artigos 42, § 1º, do ECA e 1.593 do CC, pois prosperou o entendimento no sentido de que o recorrente não poderia ter a paternidade socioafetiva de sua neta; – Nesse contexto, o recurso especial foi interposto contra o acórdão que manteve a sentença que havia extinto o processo sem resolução de mérito de ação declaratória de paternidade socioafetiva, com fulcro no artigo 267, VI, do CPC/1973; – Sustentaram que a recorrente, a despeito de ser neta do agravante, é tratada como filha afetiva, satisfazendo todos os requisitos da posse do estado de filha, merecendo a proteção dessa condição pelo Poder Judiciário; – Frisaram que o STJ já admitiu a adoção de neto por avós, quando estiver presente a necessidade de preservação do melhor interesse da criança e de sua dignidade como pessoa, elementos que não se vislumbram no caso em tela; – Não se desconhece que esta Corte Superior já acatou a viabilidade de reconhecimento de paternidade socioafetiva de neto por avós. Todavia, essa possibilidade não foi acatada pelo Tribunal de origem, por não haver "justificativa para transformar o avô em pai, a não ser viabilizar a condição de dependente perante a previdência social com o objetivo de conseguir futura pensão por morte, o que representa uma fraude ao sistema de seguridade social"; – Disse o acórdão que, "do ponto de vista sucessório, a menor está protegida, pois o avô pode deixar em testamento à neta a parte disponível da herança. E do ponto de vista alimentar, pode ser obrigado a pagar pensão se a mãe não reunir condições de sustentar a filha"; – Portanto, analisando os fatos, provas e o contexto social dos envolvidos, o Tribunal estadual afastou a possibilidade de estabelecimento da paternidade socioafetiva.
17. Processo Aresp 877013 Relator(A) Ministro Mauro Campbell Marques Data da publicação 22.04.2016	Não conhecido o agravo em recurso especial e mantida a possibilidade de reconhecimento da filiação socioafetiva.	– É possível a concessão de pensão por morte decorrente de filiação socioafetiva, desde que preenchidos os pressupostos fáticos e requisitos legais para concessão do pensionamento; – Entendimento defendido também pelo Conselho da Justiça Federal, conforme Enunciado n. 256 da III Jornada de Direito Civil: "Artigo 1.593: A posse do estado de filho (parentalidade socioafetiva) constitui modalidade de parentesco civil"; – Documentação colacionada que se revela suficiente para demonstrar o vínculo de filiação socioafetiva; – Dependência econômica presumida, nos termos do artigo 14, § 5º da Lei Estadual n. 5.260/2008, já que o autor é interditado e esteve oficialmente sob a curatela do segurado até a data do óbito deste último.

Tabela – Estudo de casos no STF e STJ		
18. Resp 1201311 Relator(A) Ministra Maria Isabel Gallotti Data da publicação 15.12.2015	Decisão que nega seguimento ao recurso especial para manter o reconhecimento da filiação socioafetiva.	– A partir das normas estabelecidas nos artigos 231 e 232 do Código Civil de 2002 e segundo entendimento consolidado na Súmula 301, o acórdão recorrido presumiu a paternidade, não por desprezar a paternidade socioafetiva, mas diante dos demais elementos probatórios dos autos, que revelaram expressivos indícios de que o genitor do ora recorrente é o pai da autora da ação; – O exame de DNA realizado nos autos afastou, com inquestionável precisão, a possibilidade do pai registral ser o pai biológico da autora; – As provas testemunhais produzidas nos autos atestaram o relacionamento amoroso entre o investigado e a mãe da autora da ação no período da concepção; – O ora recorrente esquivou-se reiteradas vezes em submeter-se a exame de DNA; – Restou incontroverso nos autos que o Segundo Réu não é pai biológico da Autora, consoante revela o Exame de DNA; – Assim, resta perquirir se a paternidade da Suplicante atribuída pela sua Genitora procede; – A tese segundo a qual a paternidade socioafetiva sempre prevalece sobre a biológica deve ser analisada com bastante ponderação, e depende sempre do exame do caso concreto. É que, em diversos precedentes desta Corte, a prevalência da paternidade socioafetiva sobre a biológica foi proclamada em um contexto de ação negatória de paternidade ajuizada pelo pai registral (ou por terceiros), situação bem diversa da que ocorre quando o filho registral é quem busca sua paternidade biológica, sobretudo no cenário da chamada "adoção à brasileira"; – A legitimidade para ajuizar ação de inexistência de filiação, baseada em falsidade ideológica por quem tenha interesse legítimo ou moral (artigo 348, do Código Civil de 1916, correspondente ao artigo 1604 do Código Atual), não abrange o interesse que não esteja "desvinculado do objetivo central, que é o fortalecimento da família", porque, "quando existe apenas o interesse econômico oriundo de relação jurídica não protagonizada pelos titulares de relações familiares, a legitimação ativa não pode ser reconhecida, sob pena de desqualificar o próprio sentido da busca da paternidade real; – Nos presentes autos o efeito patrimonial constitui-se em simples decorrência do reconhecimento da relação de parentesco.
19. Resp 1327936 Relator(A) Ministro Ricardo Villas Bôas Cueva Data da publicação 03.11.2015	Decisão que negou seguimento ao recurso especial e manteve o reconhecimento da filiação socioafetiva póstuma.	– A adoção póstuma somente pode se consumar em favor do adotando na medida em que haja sido ajuizada a respectiva ação ou quando houver em interpretação extensiva do artigo 42 § 5º ECA, início de prova documental que revele o inequívoco propósito dos falecidos adotantes em acolher a adotada como filha.

Tabela – Estudo de casos no STF e STJ		
20. Resp 1524558 Relator(A) Ministro Humberto Martins Data da publicação 26.05.2015.	Decisão que não conheceu o recurso especial e manteve o reconhecimento da filiação socioafetiva na pensão por morte.	– Reconhecida a existência de parentalidade socioafetiva com servidora pública falecida e tratar-se de incapaz, faz jus ao recebimento de pensão por morte, nos termos do artigo 12, IV, da Lei Complementar n. 769/2008.
21. Aresp 107299 Relator(A) Ministro Marco Buzzi Data da publicação 10.10.2014	Decisão que não deu provimento ao agravo e não reconheceu a filiação socioafetiva.	– Ação de reconhecimento de filiação socioafetiva *post mortem* ajuizada com o intuito de ser reconhecido o estado de filha, para fins de habilitação à pensão militar; – Não ficou demonstrado que o casal falecido pretendeu ter a autora como filha, nem tratava desse modo, mas como afilhada, por isso improcede o pedido de reconhecimento da filiação socioafetiva.
2. Acórdãos		
Número do Processo Relator Data de julgamento	Decisão judicial com relação ao reconhecimento da filiação socioafetiva para fins da concessão da pensão por morte	Ementas com os principais fundamentos utilizados para reconhecer ou negar a filiação socioafetiva no caso concreto
22. Agrg No Aresp 71290 /MG Agravo Regimental No Agravo Em Recurso Especial Relator Ministro Napoleão Nunes Maia Filho Data do julgamento 02.08.2016	Decisão que negou provimento ao agravo regimental e manteve o reconhecimento da filiação socioafetiva.	– A interpretação jurídica e judicial das normas de Direito Previdenciário deve assegurar a máxima efetividade de seus institutos garantísticos, por isso não pode ficar restrita aos vocábulos que os expressam, sob pena de comprometer os seus objetivos e transformar o jusprevidenciarismo em mera técnica positivista, estranha ou refratária aos valores do humanismo e da fundamentalidade contemporânea dos direitos das pessoas; – O artigo 7º, II da Lei 3.765/60 garante aos filhos de qualquer condição, excluindo os maiores do sexo masculino que não sejam interditos ou inválidos, o recebimento da pensão militar, independentemente da relação de dependência com o seu instituidor; – A filha afetiva ou de criação posiciona-se na mesma situação da enteada ou da filha adotiva; é entendimento antigo, mas atualizado do STJ, que equipara-se à condição de filha a enteada criada e mantida pelo Militar, instituidor da pensão, o qual, a despeito da ausência de laços sanguíneos, dispensou-lhe o mesmo tratamento que se dá ao filho biológico; – No caso em comento, comprovado que o Militar dispensava à ora Agravada tratamento idêntico ao que as famílias devotam à filha biológica, deve ser-lhe assegurado o direito pensional decorrente do óbito do seu pai afetivo ou por adoção, sendo desimportante, nesta hipótese para a sua definição, a ausência de previsão legal expressa; em situação assim, a jurisprudência elaborou o entendimento de que, do mesmo modo que se reconhece à filha consanguínea a presunção de dependência econômica, também se deve reconhecer em favor da filha afetiva ou de criação a mesma condição pressuposta;

Tabela – Estudo de casos no STF e STJ		
		– A 2ª Seção do STJ tem orientação firme e construtiva no sentido de reconhecer em casos como este, segundo afirmado pela douta Ministra Fátima Nancy, a maternidade/paternidade socioafetiva tem seu reconhecimento jurídico decorrente da relação jurídica de afeto, marcadamente nos casos em que, sem nenhum vínculo biológico, os pais criam uma criança por escolha própria, destinando-lhe todo o amor, ternura e cuidados inerentes à relação pai-filho (REsp. 1.274.240/SC, DJe 15.10.2013); – Também o eminente Ministro Marco Aurélio Belizze, em atenção às novas estruturas familiares, baseadas no princípio da afetividade jurídica (a permitir, em última análise, a realização do indivíduo como consectário da dignidade da pessoa humana), a coexistência de relações filiais ou a denominada multiplicidade parental, compreendida como expressão da realidade social, não pode passar despercebida pelo direito (REsp. 1.328.380/MS, DJe 3.11.2014).
23. Resp 1688470 / RJ Relatora Ministra Nancy Andrighi Data do julgamento 10.04.2018	Decisão que conheceu e desproveu o Recurso Especial e manteve o reconhecimento da filiação socioafetiva póstuma.	– O propósito recursal é definir se é possível reconhecer a existência de maternidade socioafetiva entre a parte e filho maior, com genitora biológica conhecida, após a morte de ambos, especialmente para o fim de que a parte possa receber a pensão decorrente da morte do pretenso filho; – A pretensão de reconhecimento da maternidade socioafetiva post mortem de filho maior é, em tese, admissível, motivo pelo qual é inadequado extinguir o feito em que se pretenda discutir a interpretação e o alcance da regra contida no artigo 1.614 do CC/2002 por ausência de interesse recursal ou impossibilidade jurídica do pedido; – A imprescindibilidade do consentimento do filho maior para o reconhecimento de filiação post mortem decorre da impossibilidade de se alterar, unilateralmente, a verdade biológica ou afetiva de alguém sem que lhe seja dada a oportunidade de se manifestar, devendo ser respeitadas a memória e a imagem póstumas de modo a preservar a história do filho e também de sua genitora biológica.

  Da análise do conteúdo ficaram constatados os argumentos que, nas decisões do STJ e do STJ, são essenciais para o reconhecimento da filiação socioafetiva, como requisito prévio para a concessão da pensão por morte. Algumas premissas se fazem fundamentais. A principal delas é que cabe ao filho (a) se sentir como filho (a) numa relação existencial de afetividade com o pai (mãe).

  Ademais, essa prova deve ser produzida de maneira inconteste no âmbito processual para que seja reconhecida a filiação socioafetiva. Ou seja, é preciso tomar posse do estado de filho (a), e essa posse do estado de filho (a) nada mais é do que todos os pressupostos extrínsecos da filiação socioafetiva, ou seja, constitui a filiação socioafetiva de fato, para que ocorra o vínculo de filiação reconhecido pelo Direito, juntamente com a convivência entre pai (mãe) e filho. Da mesma forma, cabe também ao (à) pai (mãe) se sentirem como tal.

Nesse sentido, também é possível o reconhecimento da paternidade socioafetiva póstuma.[82] Para que isso ocorra, deve ser ajuizada uma ação declaratória pedindo o reconhecimento de que havia entre o (a) suposto (a) pai/mãe e o (a) suposto (a) filho (a) uma relação de paternidade/maternidade socioafetiva, ou seja, que o (a) falecido (a) era seu/sua pai/mãe socioafetivo (a).

Tal ação deve ser proposta contra os herdeiros do (a) pai/mãe, pois haverá, para eles, a afetação de suas relações jurídicas caso a filiação seja reconhecida. Na ação, serão aceitas provas documentais, como fotos, bilhetes, vídeos, postagens nas redes sociais como WhatsApp, Facebook, TikTok, Twitter, YouTube, Instagram, dentre outras, e quaisquer outros documentos que provem a relação de afeto como pai e filho. Serão aceitas também provas testemunhais ou qualquer outro meio de prova capaz de comprovar a relação de afeto. Ademais, seria possível ao juiz da causa previdenciária reconhecer a filiação socioafetiva para fins de reconhecimento da condição de dependente, se fosse o caso, ou da condição de herdeiro, assim como o faz quando reconhece a existência de união estável para fins previdenciários.

A jurisprudência dos tribunais superiores (STF e STJ) se consolidou, com relação à filiação socioafetiva, sendo necessária a comprovação inequívoca de duas circunstâncias muito bem definidas para que seja reconhecida a filiação socioafetiva, quais sejam: (i) a vontade clara e inequívoca do suposto pai ou da suposta mãe socioafetivo (a) de ser reconhecido (a) de maneira voluntária; e (ii) a configuração da posse de estado de filho, que é compreendida por meio de três características: o nome, o trato e a fama. O nome significa como o pretenso filho (a) traz consigo o sobrenome do apontado pai/mãe. O trato significa que pai/mãe e filho (a) se tratam mutuamente como tal, de parte à parte. A fama significa o reconhecimento pela família e pela sociedade da relação de filiação, que deve apresentar-se de maneira sólida, pública e duradoura.[83]

Ademais, as hipóteses de adoção previstas no artigo 42 do Estatuto da Criança e do Adolescente[84] não são as únicas hipóteses lícitas para o reconhecimento da

---

82. BRASIL. Superior Tribunal de Justiça. 3ª Turma. REsp 1.500.999-RJ. Rel. Min. Ricardo Villas Bôas Cueva, julgado em 12.04.2016 (Info 581). Disponível em: https://www.stj.jus.br/publicacaoinstitucional/index.php/informjurisdata/article/view/3946/4171. Acesso em: 14 out. 2022.
83. BRASIL. Superior Tribunal de Justiça. 3ª Turma. REsp 1.328.380-MS. Rel. Min. Marco Aurélio Bellizze, julgado em 21.10.2014 (Info 552). Disponível em: https://processo.stj.jus.br/jurisprudencia/externo/informativo/?acao=pesquisarumaedicao&livre=%270552%27.cod. Acesso em: 16 out. 2022.
84. Artigo 42. Podem adotar os maiores de 18 (dezoito) anos, independentemente do estado civil. (Redação dada pela Lei nº 12.010, de 2009)

filiação socioafetiva. Para a 3ª Turma do STJ, quando se interpreta observando o objetivo essencial da lei, que é a inserção do adotado em família estável, é possível conceber outras hipóteses de adoção, aqui compreendidas como uma forma de filiação socioafetiva. Com essa fundamentação, a Turma negou provimento a recurso especial interposto pela União, que pretendia anular a adoção de uma criança feita por uma mulher, juntamente com seu irmão já falecido.[85]

No Recurso Especial, a União alegou que a adoção *post mortem* só pode ser deferida na hipótese prevista no artigo 42, § 6º, do ECA. Alegou ainda a violação do artigo 42, § 2º, do ECA, segundo o qual, para a adoção conjunta, é indispensável que os adotantes sejam casados civilmente ou mantenham união estável, comprovada a estabilidade da família.

Tal argumento não prosperou. A ministra relatora, Nancy Andrighi, entendeu que o artigo 42, § 6º do Estatuto da Criança e do Adolescente não impede que a adoção *post mortem* seja deferida caso o adotante tenha falecido no curso do processo de adoção, desde que comprovada a manifestação inequívoca de adotar em vida.

Com relação à alegação de violação do artigo 42, § 2º, do ECA, a relatora entendeu que se deve buscar o melhor interesse do adotado e que, em que pese a lei ter restringido a adoção conjunta aos que, casados civilmente ou que mantenham união estável, comprovem estabilidade na família, é necessário buscar o sentido teleológico do texto da lei, de maneira a flexibilizar e adequar às transformações sociais que dão vulto ao anacronismo do texto de lei. O pensamento zetético se adequa a essa busca pelo sentido teleológico da norma.

---

§ 1º Não podem adotar os ascendentes e os irmãos do adotando.

§ 2º Para adoção conjunta, é indispensável que os adotantes sejam casados civilmente ou mantenham união estável, comprovada a estabilidade da família. (Redação dada pela Lei nº 12.010, de 2009)

§ 3º O adotante há de ser, pelo menos, dezesseis anos mais velho do que o adotando.

§ 4º Os divorciados, os judicialmente separados e os ex-companheiros podem adotar conjuntamente, contanto que acordem sobre a guarda e o regime de visitas e desde que o estágio de convivência tenha sido iniciado na constância do período de convivência e que seja comprovada a existência de vínculos de afinidade e afetividade com aquele não detentor da guarda, que justifiquem a excepcionalidade da concessão. (Redação dada pela Lei nº 12.010, de 2009)

§ 5º Nos casos do § 4º deste artigo, desde que demonstrado efetivo benefício ao adotando, será assegurada a guarda compartilhada, conforme previsto no artigo 1.584 da Lei nº 10.406, de 10 de janeiro de 2002 – Código Civil. (Redação dada pela Lei nº 12.010, de 2009)

§ 6º A adoção poderá ser deferida ao adotante que, após inequívoca manifestação de vontade, vier a falecer no curso do procedimento, antes de prolatada a sentença. (Incluído pela Lei nº 12.010, de 2009) Vigência. BRASIL. Lei nº 8.069, de 13 de julho de 1990. Estatuto da Criança e do Adolescente. Disponível em: http://www.planalto.gov.br/ccivil_03/leis/l8069.htm. Acesso em: 08 out. 2022.

85. BRASIL. Superior Tribunal de Justiça, Resp 1217415/RS. Relatora: Ministra Nancy Andrighi, Data do Julgamento: 19.06.2012. Disponível em: https://scon.stj.jus.br/SCON/GetInteiroTeorDoAcordao?num_registro=201702003965&dt_publicacao=13/04/2018. Acesso em: 05 out. 2022.

Isso porque, o que define a estabilidade de um núcleo familiar são os elementos subjetivos relacionados diretamente aos laços afetivos e isso independe do estado civil dos adotantes. Ademais, a Constituição não permite que o conceito de núcleo familiar estável fique engessado e restrito às fórmulas clássicas de família, devendo ser ampliado para abarcar a noção plena de família. Os demais Ministros da turma acompanharam a relatora, em decisão unânime.

A busca pelo sentido teleológico do texto da lei supera a lógica formal e foca sua atenção para o fim que a norma procura alcançar, ou seja, o bem jurídico tutelado pela norma. A conclusão advinda do exercício interpretativo deve conduzir necessariamente à preservação desse valor determinado pelo bem jurídico tutelado, extrapolando o raciocínio da lógica formal para introduzir um elemento material, que se preocupa com os efeitos consequenciais da decisão jurídica.[86]

Foi o que aconteceu com a reforma introduzia pela Lei nº 13.655/18 na Lei de Introdução às Normas de Direito Brasileiro (Decreto-Lei nº 4.657/42), que positivou elementos consequencialistas, a fim de tornar obrigatória a observância os efeitos práticos das decisões nas esferas administrativa, controladora e judicial.[87]

No mesmo sentido, a decisão monocrática proferida pelo relator, Ministro Gilson Dipp, no Processo Recurso Extraordinário nos Embargos Declaratórios no Recurso Especial 1217415, publicada em 20 de maio de 2013, assim entendeu:

> A existência de núcleo familiar estável e a consequente rede de proteção social que podem gerar para o adotando, são os fins colimados pela norma e, sob esse prisma, o conceito de núcleo familiar estável não pode ficar restrito às fórmulas clássicas de família, mas pode, e deve, ser ampliado para abarcar uma noção plena de família, apreendida nas suas bases sociológicas.[88]

---

86. AGUIAR JÚNIOR, Ruy Rosado de. Interpretação. *AJURIS*, v. 16, n. 45, p. 7-20, mar. 1989.
87. A título de exemplo de inserções consequencialistas na Lei de Introdução às Normas de Direito Brasileiro, é oportuno citar os artigos 20 e 21: artigo 20. Nas esferas administrativa, controladora e judicial, não se decidirá com base em valores jurídicos abstratos sem que sejam consideradas as consequências práticas da decisão. (Incluído pela Lei nº 13.655, de 2018). Parágrafo único. A motivação demonstrará a necessidade e a adequação da medida imposta ou da invalidação de ato, contrato, ajuste, processo ou norma administrativa, inclusive em face das possíveis alternativas. (Incluído pela Lei nº 13.655, de 2018). Artigo 21. A decisão que, nas esferas administrativa, controladora ou judicial, decretar a invalidação de ato, contrato, ajuste, processo ou norma administrativa deverá indicar de modo expresso suas consequências jurídicas e administrativas. (Incluído pela Lei nº 13.655, de 2018). Parágrafo único. A decisão a que se refere o *caput* deste artigo deverá, quando for o caso, indicar as condições para que a regularização ocorra de modo proporcional e equânime e sem prejuízo aos interesses gerais, não se podendo impor aos sujeitos atingidos ônus ou perdas que, em função das peculiaridades do caso, sejam anormais ou excessivos. (Incluído pela Lei nº 13.655, de 2018).
88. BRASIL. Superior Tribunal de Justiça. Recurso Extraordinário nos Embargos Declaratórios no Recurso Especial 1217415-RS. Relator: Ministro Gilson Dipp, publicada em 20 de maio de 2013. Disponível em: https://processo.stj.jus.br/processo/pesquisa/?src=1.1.3&aplicacao=processos.ea&tipoPesquisa=tipoPesquisaGenerica&num_registro=201001844760. Acesso em: 02 out. 2022.

Dessa maneira, as decisões têm entendido que o núcleo familiar estável é a finalidade perseguida pela norma, e, para atingir tal finalidade, a interpretação teleológica realizada pela moderna hermenêutica jurídica sob o olhar filosófico do pós-positivismo permite que esse núcleo familiar possa ser formado por dois irmãos, um casal homossexual, um trisal, um pai apenas, um pai e uma avó, dentre outros olhares da família pós-moderna.[89]

Ademais, o corpo de pesquisa evidenciou a impossibilidade de o pai que registrou o filho em erro, e, posteriormente desenvolveu vínculo de afeto, pleitear posteriormente à formação do vínculo de afeto a ação negatória de paternidade, prevista no artigo 1.601 do CC/2002. Isso porque, além dos requisitos de inexistência de origem biológica e presença de vício de consentimento no momento do registro do filho, o Superior Tribunal de Justiça pacificou o entendimento de que é necessário um terceiro requisito para o êxito da referida ação: a ausência de paternidade socioafetiva.[90]

O corpo da pesquisa jurisprudencial analisado também evidenciou que não é possível pleitear o reconhecimento da afetividade fundada em fins exclusivamente patrimoniais. Evidentemente que a metodologia de busca proposta relacionava o reconhecimento da relação socioafetiva a um benefício de caráter eminentemente patrimonial. No entanto, a jurisprudência dos tribunais superiores se consolidou no sentido de que os benefícios advindos do reconhecimento da relação socioafetiva sejam consequências da relação de caráter existencial. Assim entendeu o Ministro Menezes Direito, no Recurso Especial 467028/RS, julgado em 08 de novembro de 2005:

> Ação de investigação de paternidade. Legitimidade ativa. Precedentes da corte.
>
> 1. Como já assentou precedente desta Terceira Turma, a ação de investigação de paternidade não pode ser ajuizada por mero interesse econômico, bem avaliada a realidade dos autos.
>
> 2. Recurso especial não conhecido.
>
> (REsp 467028/RS, Relator: Ministro Carlos Alberto Menezes Direito, Órgão julgador: Terceira Turma. Data do julgamento: 08.11.2005, data da publicação/fonte: DJ 17.04.2006 p. 197).[91]

---

89. O termo pós-moderno é controvertido e aparece no final do século XX marcando um possível afastamento dos ideais propostos pelo modernismo do início do século XX. De maneira geral, o termo é utilizado nesta pesquisa para descrever o atual momento histórico vivenciado pela família, caracterizado por uma postura cética e irônica às ideias do que então se definia como família tradicional contemporânea do modernismo do início do século XX, com uma crítica à racionalidade proposta, de buscar apenas os laços, sejam sanguíneos ou civis, previamente estipulados como válidos à época, por meio do Código Civil de 1916. GIDDENS, Anthony. *Modernidade e identidade*. Rio de Janeiro: Jorge Zahar Ed., 2002.
90. BRASIL. Superior Tribunal de Justiça. Recurso Especial 1201311. Relator(A) Ministra Maria Isabel Gallotti. Data Da Publicação: 15/12/2015. Disponível em: https://www.stj.jus.br/websecstj/cgi/revista/REJ.cgi/MON?seq=55973922&tipo=0&nreg=200701982976&SeqCgrmaSessao=&CodOrgaoJgdr=&dt=20151215&formato=PDF&salvar=false. Acesso em: 18 out. 2022.
91. BRASIL. Superior Tribunal de Justiça. Recurso Especial 467028/RS, Relator: Ministro Carlos Alberto Menezes Direito, Órgão julgador: Terceira Turma. Data do julgamento: 08/11/2005, Data da Publicação/fonte: DJ 17.04.2006 p. 197. Disponível em: https://scon.stj.jus.br/SCON/GetInteiroTeorDoAcordao?num_registro=200201069342&dt_publicacao=17/04/2006. Acesso em: 10 out. 2022.

Isso é importante, pois muito se fala em socioafetividade como uma relação existencial e muito se fala na constitucionalização do Direito Civil. Ocorre que, da análise jurisprudencial proposta, fica evidente a associação da relação existencial com a relação patrimonial, tendo em vista a consequência lógica do reconhecimento da relação socioafetiva ser o provimento patrimonial do ente familiar reconhecido.

Por isso, é imprescindível realizar a análise crítica da aplicação do princípio da afetividade nessa relação, e a principal crítica que se propõe é: os tribunais superiores não reconhecem o direito à pensão por morte nas relações entre dependentes advindos de relacionamentos socioafetivos, quando não se comprova a relação direta de afetividade, mesmo no caso da relação entre enteados e padrastos. Porém, um pai biológico pode ser condenado à indenização por não dispender, ao filho, o afeto necessário. Ora, a decisão judicial rompe com o princípio da afetividade quando a relação de afeto é relacionada ao enteado, e não ao filho biológico. Não seria essa uma forma de discriminação?[92]

Outra decisão importante ocorreu na Quarta Turma do STJ, em um processo sigiloso, porém que gerou o Informativo 753, de relatoria do Ministro Marco Buzzi: "inexiste qualquer vedação legal ao reconhecimento da fraternidade/irmandade socioafetiva, ainda que *post mortem*, pois a declaração da existência de relação de parentesco de segundo grau na linha colateral é admissível no ordenamento jurídico pátrio, merecendo a apreciação do Poder Judiciário".[93]

Dessa forma, a Quarta Turma entendeu ser possível o reconhecimento jurídico do vínculo de irmãos socioafetivos, por meio da chamada posse do estado de irmãos. Não há a necessidade da prévia declaração de maternidade ou paternidade socioafetiva como requisito para o posterior reconhecimento do vínculo de irmãos socioafetivos. Não há a necessidade de que, em linha reta seja reconhecida a filiação socioafetiva para posteriormente e apenas depois disso poder ser reconhecido o vínculo de irmãos socioafetivos. O que a ação deve comprovar no caso concreto é a posse do estado de irmãos, mesmo que *post mortem*.

A parte mais complexa e que demanda uma hermenêutica jurídica mais aguçada é, sem sombra de dúvidas, o reconhecimento dos vínculos familiares socioafetivos. Depois do reconhecimento, analisar a possibilidade de concessão do benefício da pensão por morte fica mais simples, tendo em vista que é pelo reconhecimento das relações familiares socioafetivas que ocorre a caracterização do vínculo de dependente, essencial para a concessão do benefício previdenciário em questão.

---

92. Precedentes que negaram filiação socioafetiva de enteado por não comprovar afeto: ARE 1326600/RJ e ARESP 1720928 que se tratam do mesmo caso e ARESP 1720928, todos analisados na tabela.
93. BRASIL. *Informativo 752 do STJ*. Disponível em: https://processo.stj.jus.br/docs_internet/informativos/PDF/Inf0753.pdf. Acesso em: 05 nov. 2022.

7
CONCLUSÃO

A presente pesquisa evidenciou que a família mudou. O que une pessoas em laços familiares é, principalmente, o afeto, e não apenas questões biológicas. Isso não significa um aval para que pais biológicos sejam desincumbidos do seu dever legal de prover os filhos. A doutrina da proteção integral protege crianças e adolescentes com total prioridade, obrigando os pais biológicos ou não ao sustento. O que não pode ser negado é a paternidade ou maternidade socioafetiva, seja simultânea ou não à maternidade e paternidade consanguínea.

O conceito de família não mais se funda unicamente da união formal do casamento, sendo que diversas novas formas de família são reconhecidas pelo Direito. Não é possível catalogar formas de família, pois tal limitação seria uma forma de segregação e preconceito. A família faz parte do Direito privado e as partes são livres para constituírem a família como quiserem, desde que não firam a lei.

A sociedade mudou: na pós-modernidade as relações sociais, em especial as relações socioafetivas, sofrem a influência dos paradigmas bem evidenciados por alguns sociólogos. Essa pesquisa destacou as teorias sociólogas de Luhmann, com sua teoria dos sistemas sociais, Bauman, com a modernidade líquida, Morin, com a sociedade complexa, Ulrick Beck, com a sociedade do risco e Castells, com a sociedade em rede. Todas essas teorias sociológicas buscam paradigmas para uma nova modernidade.

Luhmann construiu uma teoria da sociedade que utiliza uma base conceitual para além dos limites da sociologia, incorporando vários conceitos decorrentes das ciências biológicas, por meio da teoria da autopoiese. Luhmann ressalta a diferença do sistema biológico, com seu elemento fundamental que é a vida, do sistema social, no qual o elemento fundamental é a comunicação, entendendo a sociedade como um sistema autopoiético. A partir da premissa fundamental da sociedade como um sistema autopoiético, estabelece o modo de funcionamento desse sistema, que é fechado para operar e aberto cognitivamente para aprender. Ademais, estabelece que o sistema social é tido como um grande gênero de sistema, dos quais são espécies o Direito, a Política, a Economia, dentre outros. Cada um desses, são conceituados como subsistemas desse grande sistema social, e operam da mesma forma: cognitivamente abertos para aprender e fechados para operar.

Para Bauman, a liquidez influencia as relações socioafetivas e é caracterizada pela velocidade e fluidez das mudanças sociais, fazendo com que o indivíduo tenha de se adaptar de maneira constante, impedindo que sua própria forma de agir possa se consolidar como um hábito, gerando instabilidade das relações sociais na atualidade, caracterizadas pela efemeridade.

Para Morin, a complexidade não possui relação direta com a completude ou com a ausência de simplicidade, e sim com o fato de todo conhecimento ser provisório, inacabado e incompleto. Nesse contexto, a complexidade decorre da transdisciplinaridade, sendo considerado inadequado e insuficiente para a ciência a tendência do conhecimento cartesiano.

Com relação à sociedade do risco de Ulrich Beck, a sociedade moderna se organiza em resposta ao risco, especialmente consequências da degradação do meio ambiente, de forma tal que os aspectos negativos ou riscos se destacam por superar os aspectos positivos, surgindo a necessidade de desenvolvimento de uma cultura de risco.

O termo sociedade em rede designa a sociedade que é organizada a partir de um sistema comunicacional intermediado por TIC's. Através da internet, novos sistemas de comunicação e informação foram criados, formando uma verdadeira rede. Considerando a sociedade como um sistema de interações humanas e o termo rede como um conjunto de coisas interligadas, a expressão sociedade em rede é concebida por Castells como um fenômeno de longo prazo representado por redes tecnológicas de informação e comunicação que desenvolvem um sistema de interações humanas baseadas em um ciberespaço.

Resumidamente, enquanto Luhmann propõe um novo pensamento sistemático dos fenômenos sociais, sob o fundamento da teoria da autopoiese, Morin destaca a questão da complexidade, sob o olhar transversal; Bauman concebe a instabilidade, fragmentariedade e provisoriedade das relações sociais; Beck ressalta os aspectos do risco social como evidentes, decorrentes das mudanças no meio ambiente, diante da prevalência dos aspectos negativos sobre os positivos, e que a sociedade vive sob esse risco atual e Castells demonstra que a forma como a sociedade se comunica mudou para a instantaneidade, afetando todas as relações humanas. Todos esses paradigmas contribuem para a mudança das relações familiares como facilitadores para o reconhecimento social da paternidade socioafetiva.

No entanto, os resquícios da família tradicional na cultura da sociedade ainda hoje fazem prosperar as mais diversas injustiças e violações de direitos fundamentais, e não podem ser empecilho para a concessão do benefício previdenciário da pensão por morte.

Diante disso, a essência da finalidade do benefício previdenciário da pensão por morte deve ser preservada, devendo o referido benefício ser concedido levando-se em consideração as relações familiares socioafetivas. A essência da proteção da pensão por morte é o provimento dos dependentes que, diante do risco social morte, não podem ficar desamparados pelo ordenamento jurídico.

O recorte desta tese foi para o direito ao benefício da pensão por morte ao filho socioafetivo, mas, da análise de conteúdo desenvolvida no capítulo 6, restaram evidentes outras relações familiares importantes. Em que pese a doutrina da proteção integral ter contribuído para a concessão do benefício da pensão por morte na filiação socioafetiva, há casos igualmente importantes.

Por exemplo, o reconhecimento da socioafetividade entre irmãos, caso recente reconhecido por meio do informativo nº 573 do STJ[1] e a concessão da adoção póstuma conjunta para dois irmãos, no caso de família anaparental, informativo nº 500 do STJ.[2]

Inegavelmente, a grande contribuição da presente pesquisa foi em delimitar os requisitos para a concessão da pensão por morte, sob a perspectiva do pensamento sistêmico, em detrimento do pensamento problemático.

É possível perceber que que o fundamento filosófico do Direito do século XX sofre uma transformação do positivismo para o pós-positivismo, ao mesmo tempo em que o pensamento científico do Direito sofre uma transformação do pensamento sistemático para o pensamento problemático e sistêmico. Dessa maneira, tanto a Filosofia do Direito quanto a Ciência do Direito do século XX sofre as influências decorrentes da necessidade que o sistema do Direito encontrou de se servir dos valores, carecendo de um intercâmbio criativo com os sistemas externos ao Direito, especialmente o sistema moral e ético.

A hermenêutica jurídica como ciência da interpretação entra em evidência nesse momento jusfilosófico do pós-positivismo, para tornar científica a interpretação da norma jurídica além da pura interpretação gramatical, característica marcante do positivismo. A teoria da interpretação passa a aceitar, então, outras naturezas interpretativas, para além da interpretação meramente gramatical. O pós-positivismo passa a interpretar a norma levando em consideração os valores.

---

1. BRASIL. Superior Tribunal de Justiça. Informativo 753. Disponível em: https://processo.stj.jus.br/jurisprudencia/externo/informativo/?acao=pesquisar&livre=afetividade&operador=e&b=INFJ&thesaurus=JURIDICO. Acesso em: 11 nov. 2022.
2. BRASIL. Superior Tribunal de Justiça. Informativo 500. Disponível em: https://processo.stj.jus.br/jurisprudencia/externo/informativo/?aplicacao=informativo&acao=pesquisar&livre=@cnot=013360. Acesso em: 11 nov. 2022.

Ou seja, partiu-se da análise pós-positivista das normas, considerando não apenas as regras, mas também os princípios, com o seu alto grau de abstração, e também os valores, ao questionar a essência da relação socioafetiva de filiação sustentada no afeto, analisando a sociedade (pós-moderna) chegou-se à resposta de quais os requisitos essenciais para a concessão da pensão por morte na filiação socioafetiva.

A posse do estado de filho, ou de irmão, aparece então como requisito ensejador da configuração da relação socioafetiva. Nada mais é do que se sentir efetivamente como filho. A posse do estado de paternidade ou maternidade, ou de irmão, da mesma forma. Outro requisito importante, é que a demanda a fim de reconhecer a socioafetividade não possua caráter meramente patrimonial. O laço existencial da relação deve ser preservado.

A principal crítica à teoria da posse de estado, já amplamente perpetuada pelos tribunais superiores, seja STF ou STJ, é na relação entre enteado e padrasto ou madrasta.[3] A crítica aqui realizada consiste no fato de que o STJ decidiu por algumas omissões em casos de reconhecimento da filiação socioafetiva para fins de pensão por morte para um enteado que conviveu apenas uma parte do tempo da vida com o padrasto, e no momento da morte já se encontrava em outro núcleo familiar, decorrente do próximo relacionamento conjugal.

Ocorre que a criança e o adolescente gozam da proteção integral. Tal proteção ocorre justamente porque são pessoas em fase de desenvolvimento da personalidade, não possuindo capacidade plena. A pessoa com deficiência também. Ora, se essas crianças são protegidas, e se, até mesmo o pai biológico pode ser responsabilizado por abandono afetivo, por qual razão seria negada a pensão por morte a uma criança ou pessoa com deficiência, filho socioafetivo, somente pelo fato de que, no momento da morte, o padrasto possuía outra companheira e vivia em outro núcleo familiar com filhos biológicos? Tal decisão seria um aval para que pessoas abandonassem núcleos familiares sem responderem efetivamente pela devida obrigação familiar e seria também uma forma de discriminar filhos não biológicos.

Outro questionamento interessante é o seguinte: o casamento tradicional ou qualquer forma de família pode ser dissolvida a qualquer momento com base nos afetos, não há dúvidas com relação a isso. Ocorre que todas as pessoas envolvidas na configuração da família possuem direitos e obrigações, sejam elas afetivas ou patrimoniais, principalmente no que diz respeito ao provimento financeiro das

---

3. A título exemplificativo, o seguinte julgado do STJ discute a relação socioafetiva entre enteado e padrasto: BRASIL. Superior Tribunal de Justiça. Recurso Especial nº 1873365. Relator(A) Ministra Assusete Magalhães. Data Da Publicação: 02/09/2020. Disponível em: Acesso em: 05. nov. 2022.

pessoas em desenvolvimento da personalidade, crianças e adolescentes até os 18 anos, bem como a proteção especial às pessoas com deficiência e às pessoas que se encontram incapacitadas, dentre outras tantas obrigações patrimoniais.

Inclusive, uma grande conexão entre o Direito de Família e o Direito Previdenciário se faz justamente no benefício previdenciário da pensão por morte, que surge como uma forma de conter o risco social ocasionado pelo evento morte na sociedade do risco.

Considerando a liberdade da pessoa humana para sair de um núcleo familiar e ingressar em outro núcleo familiar com base unicamente no afeto, a pessoa que aceita iniciar uma união afetiva conjugal com outra pessoa, seja como casamento ou como união estável, para o fim de constituir núcleo familiar, não deveria ser responsabilizada pelo provimento do núcleo familiar que assume livremente, com base no afeto. E se a relação de filiação não pode ser desfeita, depois de uma vez constituída, como na adoção, ou como na filiação biológica, também é assim na relação socioafetiva de enteado/padrasto/madrasta.

Nesse sentido é possível tecer uma crítica até mesmo à teoria da posse de estado de filho, pois, quando a pessoa assume o risco e a liberdade de mudar de núcleo familiar, ao entrar em um novo relacionamento conjugal, a pessoa assume o risco da paternidade ou maternidade do possível filho(a) que está neste próximo núcleo familiar, independentemente da condição de estado de filho, principalmente no caso de serem menores ou com deficiência, mas em qualquer situação. Pensar o contrário, seria criar uma diferença entre enteado e filho, que seria discriminatória e ilegal.

REFERÊNCIAS

AGUIAR JÚNIOR, Ruy Rosado de. Interpretação. *AJURIS*, v. 16, n. 45, p. 7-20, mar. 1989.

ALEXY, Robert. *Teoria dos direitos fundamentais*. São Paulo: Malheiros, 2015.

ALMANSA PASTOR, José Manuel. *Derecho de la seguridad social*. 7. ed. Madrid: tecnos, 1991.

ALMEIDA, Maria Cristina de. Paternidade biológica, socioafetiva, investigação de paternidade e DNA. Congresso Brasileiro de Direito de Família, 3. Belém. Anais... Belo Horizonte: IBDFAM, 2002.

ALVES, Helio Gustavo. *Teoria Pentadimensional do Direito*: pura e prognosticada. São Paulo: Ltr, 2019.

AMERICANO, Jorge. *Comentários ao Código de Processo Civil no Brasil*. 2. ed. São Paulo: Saraiva, 1958. v. 1.

ANDRADE, Christiano José de. *Hermenêutica jurídica no Brasil*. São Paulo: Revista dos Tribunais, 1991.

ARISTÓTELES. *Física I-II*: prefácio, tradução, introdução e comentários: Lucas Angioni. Campinas, SP: Editora da Unicamp, 2009.

AZEVEDO, Álvaro Villaça. *Comentário ao Código Civil*. São Paulo: Saraiva, 2003. v. 19.

BALERA, Wagner. *A seguridade social na Constituição de 1988*. São Paulo: Revista dos Tribunais, 1989.

BALERA, Wagner. *Da proteção social à família*. Revista do Instituto dos Advogados de São Paulo, 2003.

BALERA, Wagner. FERNANDES, Thiago D'Avila. *Fundamentos da seguridade social*. São Paulo: LTr, 2015.

BALERA, Wagner. MUSSI, Cristiane Miziara. *Direito previdenciário*: seguridade social, regimes previdenciários, custeio, processo administrativo e benefícios. 13. ed. Curitiba: Juruá, 2022.

BALERA, Wagner. *Noções preliminares de direito previdenciário*. São Paulo: Quartier Latin, 2010.

BALERA, Wagner. *Previdência Social comentada*. São Paulo: Quartier Latin, 2008.

BARBOSA, Mohana Ribeiro. Alexandre Koyré e a Revolução Científica do século XVII: formulação de um novo conceito para a ciência experimental. *XXVI Simpósio Nacional de História*, p. 01-14, 2011.

BARDIN, Laurence. *Análise de conteúdo*. São Paulo: Edições 70, 2011.

BARROSO, Luís Roberto. Fundamentos Teóricos e Filosóficos do Novo Direito Constitucional Brasileiro (Pós-modernidade, Teoria Crítica e Pós-Positivismo). In: BARROSO, Luís Roberto (Org.). *A Nova Interpretação Constitucional*: Ponderação, Direitos Fundamentais e Relações Privadas. 2. ed. Rio de Janeiro: Renovar, 2006.

BAUMAN, Zygmunt. *Amor líquido*. Acerca de la fragilidad de los vínculos humanos. Trad. Carlos Alberto Medeiros. Rio de Janeiro: Jorge Zahar, 2004.

BAUMAN, Zygmunt. *Modernidade Líquida*. Rio de Janeiro: Editora Zahar, 2001.

BEAUVOIR, S. de. *A Força da Idade*. Rio de Janeiro: Nova Fronteira, 1984.

BEAUVOIR, Simone de. *O Segundo Sexo*. 5 ed. Rio de Janeiro: Nova Fronteira, 2019.

BECK, Ulrich. *O que é globalização?* Equívocos do globalismo: respostas à globalização. São Paulo: Paz e Terra, 1999.

BECK, Ulrick. *Sociedade do risco*: rumo a uma outra modernidade. Trad. Sebastião Nascimento. São Paulo: Editora 34, 2011.

BERTALANFFY, Ludwig Von. *Teoria geral dos sistemas*: fundamentos, desenvolvimento e aplicações. 4. ed. Petrópolis: Vozes, 2009.

BIAS, Rafael Borges de Souza. Provimento n. 63/17 do CNJ e adoção simulada: reflexões a partir da jurisprudência do STJ. *Civilistica.com*. Rio de Janeiro, a. 10, n. 1, 2021. Disponível em: http://civilistica.com/provimento-n-63/. Acesso em: 9 out. 2022.

BÍBLIA. Português. *Bíblia Sagrada*. Traduzida e anotada por Matos Soares. 7. ed. São Paulo: Paulinas, 1956.

BINETTI, María J. La posibilidad necesária de la libertad: um análisis del pensamento de Soren Kierkegaard. Pamplona – Spain: *Cuardemos de anuário Filosófico* – Serie Universitaria, 2005.

BOBBIO, Norberto. *Da estrutura à função*: novos estudos de teoria do direito. Trad. Daniela Baccaccia Versani. Barueri-SP: Editora Manole, 2007.

BODIN DE MORAIS, Maria Celina. Constituição e direito civil: tendências. *Revista dos Tribunais*, n. 779, p. 47-63, 2000.

BODIN DE MORAIS, Maria Celina. O conceito de dignidade humana: substrato axiológico e conteúdo normativo. In: SARLET, Ingo (Org.). *Constituição, direitos fundamentais e direito privado*. Porto Alegre: Livraria do Advogado, 2003.

BOËCHAT, N. *As máscaras do cogito*: a interpretação da realidade humana pela ontologia de Jean-Paul Sartre. Rio de Janeiro: Nau, 2004.

BONAVIDES, Paulo. *Curso de direito constitucional*. 7. ed. São Paulo: Malheiros, 2000.

BONAVIDES, Paulo. *Do Estado Social ao Estado Liberal*. 11. ed. São Paulo: Malheiros, 2013.

BORDALLO, G. A. C. Adoção. *Curso de Direito da criança e do adolescente*: aspectos teóricos e práticos. 7. ed. São Paulo: Saraiva, 2010.

BRASIL, Superior Tribunal de Justiça. REsp 757.411/MG. Responsabilidade civil. Abandono moral. Reparação. Danos morais. Impossibilidade. Rel. Min. Fernando Gonçalves, 4ª Turma, julgado em 29/11/2005. DJ 27/03/2006. Disponível em: https://processo.stj.jus.br/jurisprudencia/externo/informativo/?acao=pesquisar&livre=%22REsp%22+com+%22757411%22. Acesso em: 22 set. 2022.

BRASIL. Lei nº 10.406, de 10 de janeiro de 2002. Institui o Código Civil. Disponível em: http://www.planalto.gov.br/ccivil_03/leis/2002/l10406compilada.htm. Acesso em: 15 set. 2022.

BRASIL. Lei nº 12.010, de 3 de agosto de 2009. Disponível em: http://www.planalto.gov.br/ccivil_03/_ato2007-2010/2009/lei/l12010.htm. Acesso em: 10 out. 2022.

BRASIL. Lei nº 3.071, de 1º de janeiro de 1916. Código Civil dos Estados Unidos do Brasil. Disponível em: http://www.planalto.gov.br/ccivil_03/leis/l3071.htm. Acesso em: 10 out. 2022.

BRASIL. Lei nº 8.069, de 13 de julho de 1990. **Estatuto** da Criança e do Adolescente. Disponível em: http://www.planalto.gov.br/ccivil_03/leis/l8069.htm. Acesso em: 08 out. 2022.

BRASIL. Ministério do Trabalho e Previdência. Instituto Nacional do Seguro Social. Instrução Normativa Pres / INSS nº 128, de 28 de março de 2022. Disponível em: https://www.in.gov.br/en/web/dou/-/instrucao-normativa-pres/inss-n-128-de-28-de-marco-de-2022-389275446. Acesso em: 12 jun. 2022.

BRASIL. Ministério do Trabalho e Previdência. Instituto Nacional do Seguro Social. Portaria Conjunta Dirben / INSS nº 991, de 28 de março de 2022. Disponível em: https://www.in.gov.br/en/web/dou/-/portaria-dirben/inss-n-991-de-28-de-marco-de-2022-389275082. Acesso em: 12 jun. 2022.

BRASIL. Ministério do Trabalho e Previdência. Instituto Nacional do Seguro Social. Portaria Conjunta Dirben /PFE / INSS n.º 60, de 07 de março de 2022. Disponível em: https://www.in.gov.br/en/web/dou/-/portaria-conjunta-dirben/pfe/inss-n-60-de-7-de-marco-de-2022-384513782. Acesso em: 12 jun. 2022.

BRASIL. Presidência da República. Casa Civil. Subchefia para Assuntos Jurídicos. Constituição da República Federativa do Brasil de 1988. Disponível em: http://www.planalto.gov.br/ccivil_03/constituicao/constituicao.htm. Acesso em: 17 mar. 2021.

BRASIL. Presidência da República. Casa Civil. Subchefia para Assuntos Jurídicos. Decreto nº 3.048, de 6 de maio de 1999. Disponível em: http://www.planalto.gov.br/ccivil_03/decreto/d3048.htm Acesso em: 12 jun. 2022.

BRASIL. Presidência da República. Casa Civil. Subchefia para Assuntos Jurídicos. Lei nº 8.212, de 24 de julho de 1991. Disponível em: http://www.planalto.gov.br/ccivil_03/leis/l8212cons.htm. Acesso em: 12 jun. 2022.

BRASIL. Presidência da República. Casa Civil. Subchefia para Assuntos Jurídicos. Lei nº 8.213, de 24 de janeiro de 1991. Disponível em: http://www.planalto.gov.br/ccivil_03/leis/l8213cons.htm Acesso em: 17 jul. 2022.

BRASIL. Presidência da República. Casa Civil. Subchefia para Assuntos Jurídicos. Lei nº 13.146, de 6 de julho de 2015. Disponível em: http://www.planalto.gov.br/ccivil_03/_ato2015-2018/2015/lei/l13146.htm. Acesso em: 12 jun. 2022.

BRASIL. Presidência da República. Casa Civil. Subchefia para Assuntos Jurídicos. Lei n.º 10.406, de 10 de janeiro de 2022. Disponível em: http://www.planalto.gov.br/ccivil_03/leis/2002/l10406compilada.htmAcesso em: 12 jun. 2022.

BRASIL. Presidência da República. Casa Civil. Subchefia para Assuntos Jurídicos. Código Civil dos Estados Unidos do Brasil. Disponível em: http://www.planalto.gov.br/ccivil_03/leis/1950-1969/l3807.htm Acesso em: 12 jun. 2022.

BRASIL. Presidência da República. Casa Civil. Subchefia para Assuntos Jurídicos. Código Criminal do Imperio do Brazil. Disponível em: http://www.planalto.gov.br/ccivil_03/leis/lim/lim-16-12-1830.htm. Acesso em: 12 jun. 2022.

BRASIL. Presidência da República. Casa Civil. Subchefia para Assuntos Jurídicos. Código de Menores. Disponível em: http://www.planalto.gov.br/ccivil_03/leis/1970-1979/l6697.htm. Acesso em: 12 jun. 2022.

BRASIL. Presidência da República. Casa Civil. Subchefia para Assuntos Jurídicos. Código de Processo Civil. Disponível em: http://www.planalto.gov.br/ccivil_03/_ato2015-2018/2015/lei/l13105.htm Acesso em: 17 mar. 2021.

BRASIL. Presidência da República. Casa Civil. Subchefia para Assuntos Jurídicos. Código Penal de 1890. Disponível em: http://www.planalto.gov.br/ccivil_03/decreto/1851-1899/d847.htm. Acesso em: 12 jun. 2022.

BRASIL. Presidência da República. Casa Civil. Subchefia para Assuntos Jurídicos. Decreto nº 10.410, de 30 de junho de 2020. Disponível em: http://www.planalto.gov.br/ccivil_03/_ato2019-2022/2020/decreto/d10410.htm Acesso em: 17 mar. 2022.

BRASIL. Presidência da República. Casa Civil. Subchefia para Assuntos Jurídicos. Decreto nº 4.032, de 26 de novembro de 2001. Disponível em: http://www.planalto.gov.br/ccivil_03/decreto/2001/D4032.htm#art1Acesso em: 17 jul. 2022.

BRASIL. Presidência da República. Casa Civil. Subchefia para Assuntos Jurídicos. Decreto nº 5.545, de 22 de setembro de 2005. Disponível em: http://www.planalto.gov.br/ccivil_03/_ato2004-2006/2005/decreto/d5545.htm. Acesso em: 17 jul. 2022.

BRASIL. Presidência da República. Casa Civil. Subchefia para Assuntos Jurídicos. Decreto nº 6.949, de 25 de agosto de 2009 promulga a Convenção Internacional sobre os Direitos das Pessoas com Deficiência. Disponível em: http://www.planalto.gov.br/ccivil_03/_ato2007-2010/2009/decreto/d6949.htm. Acesso em: 10 jul. 2022.

BRASIL. Presidência da República. Casa Civil. Subchefia para Assuntos Jurídicos. Decreto nº 6.949, de 25 de agosto de 2009. Disponível em: http://www.planalto.gov.br/ccivil_03/_ato2007-2010/2009/decreto/d6949.htm. Acesso em: 12 jun. 2022.

BRASIL. Presidência da República. Casa Civil. Subchefia para Assuntos Jurídicos. Decreto nº 678, de 6 de novembro de 1992. Disponível em: http://www.planalto.gov.br/ccivil_03/decreto/d0678.htm#:~:text=1.-,Toda%20pessoa%20tem%20o%20direito%20de%20que%20se%20respeite%20sua,dignidade%20inerente%20ao%20ser%20humano. Acesso em: 10 jul. 2022.

BRASIL. Presidência da República. Casa Civil. Subchefia para Assuntos Jurídicos. Decreto nº 7.030, de 14 de dezembro de 2009. Disponível em: http://www.planalto.gov.br/ccivil_03/_ato2007-2010/2009/decreto/d7030.htm. Acesso em: 10 jul. 2022.

BRASIL. Presidência da República. Casa Civil. Subchefia para Assuntos Jurídicos. Decreto nº 9.522, de 8 de outubro de 2018 promulga o Tratado de Marraqueche para facilitar o acesso a obras públicas às pessoas cegas, como deficiência visual ou com outras dificuldades para ter acesso ao texto impresso. Disponível em: http://www.planalto.gov.br/ccivil_03/_ato2015-2018/2018/decreto/D9522.htm. Acesso em: 10 jul. 2022.

BRASIL. Presidência da República. Casa Civil. Subchefia para Assuntos Jurídicos. Decreto-Lei nº 66, de 21 de novembro de 1966. Disponível em: http://www.planalto.gov.br/ccivil_03/Decreto-Lei/Del0066.htm#art3Acesso em: 12 jun. 2022.

BRASIL. Presidência da República. Casa Civil. Subchefia para Assuntos Jurídicos. Emenda Constitucional nº 45, de 30 de dezembro de 2004. Disponível em: http://www.planalto.gov.br/ccivil_03/constituicao/emendas/emc/emc45.htm. Acesso em: 17 mar. 2022.

BRASIL. Presidência da República. Casa Civil. Subchefia para Assuntos Jurídicos. Emenda Constitucional nº 20, de 15 de dezembro de 1998. Disponível em: http://www.planalto.gov.br/ccivil_03/constituicao/emendas/emc/emc20.htm. Acesso em: 12 jun. 2022.

BRASIL. Presidência da República. Casa Civil. Subchefia para Assuntos Jurídicos. Emenda Constitucional nº 103, de 12 de novembro de 2019. Disponível em: http://www.planalto.gov.br/ccivil_03/constituicao/emendas/emc/emc103.htm. Acesso em: 12 jun. 2022.

REFERÊNCIAS

BRASIL. Presidência da República. Casa Civil. Subchefia para Assuntos Jurídicos. Lei nº 12.470, de 31 de agosto de 2011. Disponível em: http://www.planalto.gov.br/ccivil_03/_Ato2011-2014/2011/Lei/L12470.htm. Acesso em: 12 jun. 2022.

BRASIL. Presidência da República. Casa Civil. Subchefia para Assuntos Jurídicos. Lei nº 13.846, de 18 de junho de 2019. Disponível em: http://www.planalto.gov.br/ccivil_03/_ato2019-2022/2019/lei/L13846.htm. Acesso em: 17 jul. 2022.

BRASIL. Presidência da República. Casa Civil. Subchefia para Assuntos Jurídicos. Lei nº 3.071, de 1º de janeiro de 1916. Disponível em: http://www.planalto.gov.br/ccivil_03/leis/l3071.htm Acesso em: 10 jul. 2022.

BRASIL. Presidência da República. Casa Civil. Subchefia para Assuntos Jurídicos. Lei nº 3.807, de 26 de agosto de 1960. Disponível em: http://www.planalto.gov.br/ccivil_03/leis/1950-1969/l3807.htm. Acesso em: 17 jul. 2022.

BRASIL. Presidência da República. Casa Civil. Subchefia para Assuntos Jurídicos. Lei nº 5.890, de 8 de junho de 1973. Disponível em: http://www.planalto.gov.br/ccivil_03/leis/L5890.htm#art1. Acesso em: 12 jun. 2022.

BRASIL. Presidência da República. Casa Civil. Subchefia para Assuntos Jurídicos. Lei nº 9.032/99, de 28 de abril de 1995. Disponível em: http://www.planalto.gov.br/ccivil_03/leis/l9032.htm. Acesso em: 12 jun. 2022.

BRASIL. Presidência da República. Casa Civil. Subchefia para Assuntos Jurídicos. Lei nº 9.528, de 10 de dezembro de 1997. Disponível em: http://www.planalto.gov.br/ccivil_03/leis/L9528.htm#art2Acesso em: 17 jul. 2022.

BRASIL. Presidência da República. Casa Civil. Subchefia para Assuntos Jurídicos. Lei Orgânica da Previdência Social. Disponível em: http://www.planalto.gov.br/ccivil_03/leis/1950-1969/l3807.htm Acesso em: 12 jun. 2022.

BRASIL. Presidência da República. Casa Civil. Subchefia para Assuntos Jurídicos. Medida Provisória nº 871, de 18 de janeiro de 2019. Disponível em: http://www.planalto.gov.br/ccivil_03/_ato2019-2022/2019/Mpv/mpv871.htmhtm Acesso em: 17 jul. 2022.

BRASIL. Superior Tribunal de Justiça – STJ. Resp 1369832/SP. Min Rel. Arnaldo Esteves Lima. Data de julgamento: 12 jun. 2013. Disponível em: https://processo.stj.jus.br/repetitivos/temas_repetitivos/pesquisa.jsp. Acesso em: 24 jul. 2022.

BRASIL. Superior Tribunal de Justiça – STJ. Súmula 358. Data de julgamento: 8 set 2008.

BRASIL. Superior Tribunal de Justiça, Resp 1217415/RS. Relatora: Ministra Nancy Andrighi, Data Do Julgamento: 19/06/2012. Disponível em: https://scon.stj.jus.br/SCON/GetInteiroTeorDoAcordao?num_registro=201702003965&dt_publicacao=13/04/2018. Acesso em: 05 out. 2022.

BRASIL. Superior Tribunal de Justiça. 3ª Turma. REsp 1.328.380-MS. Rel. Min. Marco Aurélio Bellizze, julgado em 21/10/2014 (Info 552). Disponível em: https://processo.stj.jus.br/jurisprudencia/externo/informativo/?acao=pesquisarumaedicao&livre=%270552%27.cod. Acesso em: 16 out. 2022.

BRASIL. Superior Tribunal de Justiça. 3ª Turma. REsp 1.500.999-RJ. Rel. Min. Ricardo Villas Bôas Cueva, julgado em 12/4/2016 (Info 581). Disponível em: https://www.stj.jus.br/publicacaoinstitucional/index.php/informjurisdata/article/view/3946/4171. Acesso em: 14 out. 2022.

BRASIL. Superior Tribunal de Justiça. REsp 1.159.242/SP. Civil e Processual Civil. Família. Abandono afetivo. Compensação por dano moral. Possibilidade. Relatora Ministra Nancy

Andrighi, Terceira Turma, julgado em 24/04/2012, DJe 10/05/2012. Disponível em: https://processo.stj.jus.br/jurisprudencia/externo/informativo/?acao=pesquisar&livre=%22REsp%22+com+%221159242%22. Acesso em: 03 out. 2022.

BRASIL. Superior Tribunal de Justiça. STJ. Resp 1574676/SP. Min. Relator. Napoleão Nunes Maia Filho, 1ª Turma, Data de julgamento 26 fev. 2019.

BRASIL. Supremo Tribunal de Justiça Recurso Extraordinário n. 898060. Relator Ministro Luiz Fux. Julgado em 22 set. 2016. Disponível em: http://redir.stf.jus.br/paginadorpub/paginador.jsp?docTP=TP&docID=13431919 Acesso em: 10 out. 2022.

BRASIL. Supremo Tribunal Federal. ADI 4277/DF e ADPF 132/RJ. Informativo 625. Relação homoafetiva e entidade familiar – 1. Rel. Min. Ayres Britto, 4 e 5 de maio de 2011. Disponível em: https://www.stf.jus.br/arquivo/informativo/documento/informativo625.htm. Acesso em: 07 out. 2022.

BRASIL. Supremo Tribunal Federal. STF. Habeas Corpus: 349.703-1/RS. Relator: Min. Gilmar Mendes. Data de julgamento: 03 dez 2008. Disponível em: https://redir.stf.jus.br/paginadorpub/paginador.jsp?docTP=AC&docID=595406. Acesso em: 10 jun. 2022.

BRASIL. Supremo Tribunal Federal. STF. Habeas Corpus: 466.343-1/SP. Relator: Min. Cezar Peluso. Data de julgamento: 03 dez 2008. Disponível em: https://redir.stf.jus.br/paginadorpub/paginador.jsp?docTP=AC&docID=595444. Acesso em: 10 jun. 2022.

BRASIL. Supremo Tribunal Federal. STF. Habeas Corpus: 72.131/RJ. Relator: Min. Marco Aurelio. Data de julgamento: 03 out. 1995. Disponível em: https://redir.stf.jus.br/paginadorpub/paginador.jsp?docTP=AC&docID=73573. Acesso em: 10 jun. 2022.

BRASIL. Supremo Tribunal Federal. STF. Habeas Corpus: 87.585-8/TO. Relator: Min. Marco Aurelio. Data de julgamento: 03 dez 2008. Disponível em: https://redir.stf.jus.br/paginadorpub/paginador.jsp?docTP=AC&docID=597891. Acesso em: 10 jun. 2022.

BRASIL. Supremo Tribunal Federal. STF. Súmula Vinculante 25 Relator: Data de julgamento: 09 dez 2015. Disponível em: https://www.stf.jus.br/portal/jurisprudencia/menuSumario.asp?sumula=1268#:~:text=%C3%89%20il%C3%ADcita%20a%20pris%C3%A3o%20civil,seja%20a%20modalidade%20de%20dep%C3%B3sito. Acesso em: 10 jun. 2022.

BRASIL. Turma Nacional de Uniformização – TNU. Súmula 37. Data de julgamento: 31 mai. 2007.

BRASIL. Turma Nacional de Uniformização – TNU. Súmula 27. Data de julgamento: 07 jun. 2005.

BRASIL. Turma Nacional de Uniformização – TNU. Súmula 52. Data de julgamento: 29 mar 2012. Disponível em: https://www.cjf.jus.br/phpdoc/virtus/sumula.php?nsul=52&PHPSESSID=70oijrtngko5jl8nru8hupd8m1#:~:text=Para%20fins%20de%20concess%C3%A3o%20de,por%20empresa%20tomadora%20de%20servi%C3%A7os. Acesso em: 24 jul. 2022.

BRASIL. Turma Nacional de Uniformização – TNU. Tema 114. Processo PEDILEF 0500518-97.2011.4.05.8300/CE. Rel. Juiz Federal Gláucio Ferreira Maciel Gonçalves. Data de julgamento: 13 dez. 2013.

BRASIL. Turma Nacional de Uniformização – TNU. Tema 114. Processo PEDILEF 0500518-97.2011.4.05.8300/CE. Relator. Juiz Federal Gláucio Ferreira Maciel Gonçalves. Data de julgamento: 13 dez. 2013.

BRASIL. Turma Nacional de Uniformização – TNU. Tema 118. Processo PEDILEF 0501099-40.2010.4.05.8400/RN. Relator. Juiz Federal Paulo Ernane Moreira Barros. Data de julgamento: 14 fev. 2014.

BRASIL. Turma Nacional de Uniformização – TNU. Tema 223. Processo PEDILEF 0500429-55.2017.4.05.8109/CE. Rel. Juiz Federal Atanair Nasser Ribeiro Lopes. Data de julgamento: 20 nov. 2020.

BRASIL. Turma Nacional de Uniformização – TNU. Tema 239. Processo PEDILEF 0504271-91.2018.4.05.8400/CE. Relator. Juiz Federal Atanair Nasser Ribeiro Lopes. Data de julgamento: 28 abri. 2021.

BRASIL. Turma Nacional de Uniformização. TNU. Tema 255. Processo PEDILEF 0509717-14.2018.4.05.8102/CE. Relator. Juíza Federal Tais Vargas Ferracini de Campos Gurgel. Data de julgamento: 16 out. 2020.

BRASIL. Turma Nacional de Uniformização. TNU. Tema 7. PEDIFEL 2005.63.11.006938-1/SP. Rel Juíza Federal Simone dos Santos Lemos Fernandes. Data de julgamento: 06 set. 2011. Disponível em: https://www.cjf.jus.br/cjf/corregedoria-da-justica-federal/turma-nacional-de-uniformizacao/temas-representativos. Acesso em: 24 jul. 2022.

BRASIL. Turma Nacional de Uniformização. TNU. Tema 81. PEDIFEL 050858-62.2007.4.05.8200/PB. Rel Juiz Federal Antônio Fernando Schenenkel Amaral e Silva . Data de julgamento: 11 out 2012. Disponível em: https://www.cjf.jus.br/cjf/corregedoria-da-justica-federal/turma-nacional-de-uniformizacao/temas-representativos/tema-81. Acesso em: 24 jul. 2022.

CANARIS, Claus-Wilhelm. *Pensamento sistemático e conceito de sistema na ciência do direito*. 2. ed. Lisboa: Fundação Calouste Gulbenkian, 1996.

CARNELUTTI, Francesco. *Lezioni di Diritto Processuale civile*. Padova: La Litotipo, 1986. v. 3.

CARUSO, Francisco; DE ARAÚJO, Roberto Moreira Xavier. O Espaço em Aristóteles: da bidimensionalidade do topos às seis diastaseis que definem os animais. *Revista do Programa de Pós-Graduação em Filosofia da UFRJ*. v. 12, n. 24, 2018. ISSN: 1982-5323. Disponível em: Acesso em: 11 abr 2023.

CARVALHO, Carmela Salsamendi de. *Filiação Socioafetiva E Conflitos De Paternidade Ou Maternidade*. São Paulo: Editora Juruá, 2012.

CASSETARI, Christiano. *Multiparentalidade e parentalidade socioafetiva*: efeitos jurídicos. 2. ed. São Paulo: Atlas, 2015.

CASTELLS, Manuel. *Sociedade em rede*. Trad. Roneide Venâncio Majer. São Paulo: Paz e Terra, 1999.

CLARKE, Roger. *Profiling*: a hidden challenge to the regulation of data surveillance. Journal of Law, Information and Science, Hobart, v. 4, n. 2, dez. 1993.

COELHO, Luiz Fernando. *Teoria Crítica do Direito*. 2. ed. Porto Alegre: Sergio Antonio Fabris Editor, 1991.

COIMBRA, Feijó. *Direito previdenciário brasileiro*. 11. ed. Rio de Janeiro: Edições trabalhistas, 2001.

COMTE, Augusto. *Discurso preliminar sobre o espírito positivo*. Trad. Renato Barboza Rodrigues Pereira. Edição eletrônica: Ed. Ridendo Castigat Mores, 2002.

CONSELHO NACIONAL DE JUSTIÇA. Pedido de Providências no 0001711-40.2018.2.00.0000 de 05 de setembro de 2019. Disponível em: https://cnj.jusbrasil.com.br/jurisprudencia/756840136/pedido-de-providencias-pp-17114020182000000/inteiro-teor-756840315. Acesso em: 10 out. 2022.

CONSELHO NACIONAL DE JUSTIÇA. Provimento n. 63/2017, de 14 de novembro de 2017. Disponível em: https://atos.cnj.jus.br/atos/detalhar/atos-normativos?documento=2525. Acesso em: 10 jun. 2020.

CONSELHO NACIONAL DE JUSTIÇA. Provimento n. 83/2019. Disponível em: https://atos.cnj.jus.br/atos/detalhar/2975 Acesso em: 10 out. 2022.

COVELLO, Sergio Carlos. *A presunção em matéria civil*. São Paulo: Saraiva, 1983.

CRUZ, Raimundo Nonato Bezerra Cruz. *Pensão por Morte no Direito Positivo Brasileiro*. São Paulo: Livraria Paulista, 2003.

CUSTÓDIO, Andre Viana. REIS, Suzéte da Silva. Fundamentos históricos e principiológicos do direito da criança e do adolescente: bases conceituais da teoria da proteção integral. *Revista Justiça do Direito*. v. 31, n. 3, 2017, p. 621-659. Disponível em: http://seer.upf.br/index.php/rjd/article/view/7840. Acesso em: 20 out. 2022.

DERZI, Heloisa Hernandez. *Os beneficiários da Pensão por Morte*: Regime Geral de Previdência Social. São Paulo: Lex Editora, 2004.

DIAS, Maria Berenice. *Famílias plurais*. 5. ed. São Paulo: Revista dos Tribunais, p. 40-55, 2009.

DIAS, Maria Berenice. *Manual das Sucessões*. São Paulo: Revista dos Tribunais, 2008.

DIAS, Maria Berenice. *Manual de Direito das Famílias*. 6. ed. rev., atual. e ampl. São Paulo: Revista dos Tribunais, 2010.

DIAS, Maria Berenice. O primado dos direitos humanos e a garantia do direito à afetividade. *Jus Scriptum's International Journal of Law*, v. 7, n. 1, p. 50-65, 2022.

DIAS, Maria Berenice. *União homossexual, o preconceito e a justiça*. 3. ed. Porto Alegre: Livraria do Advogado, 2005.

DINIZ, Maria Helena. *Compêndio de introdução à ciência do direito*. 18. ed. São Paulo: Saraiva, 2007.

DINIZ, Maria Helena. *Curso de Direito Civil Brasileiro* – Direito de Família. 37. ed. São Paulo: Saraiva, 2022.

DINIZ, Maria Helena. *Dicionário jurídico*. 2. São Paulo: Saraiva, 1998.

DWORKIN, Ronald. *A raposa e o porco espinho*: justiça e valor. São Paulo: WMF Martins Fontes, 2014.

DWORKIN, Ronald. *Levando os direitos a sério*. São Paulo: Martins Fontes, 2002.

ECO, Humberto. *O Facismo Eterno*. Trad. Eliana Aguiar. Rio de Janeiro: Record, 2018.

ENGISCH, Karl. *Introdução ao pensamento jurídico*. 8. ed. Lisboa: Calouste Gulbenkian, 2001.

FACHIN, Luiz Edson. *Comentários ao novo Código Civil*. Rio de Janeiro: Forense, 2004. v. 18.

FACHIN, Luiz Edson. *Da paternidade; relação biológica e afetiva*. Belo Horizonte: Del Rey, 1996.

FACHIN, Luiz Edson. *Estabelecimento da filiação e paternidade presumida*. Porto Alegre: Sérgio Fabris, 1992.

FACHIN, Rosana. Em busca da família no novo milênio. *Congresso Brasileiro de Direito de Família*, 3. 2002, Belém. Anais... Belo Horizonte: IBDFAM, 2002.

FAUSTO, Boris. *A interpretação do nazismo, na visão de Norbert Elias*. Mana, v. 4, p. 141-152, 1998. Disponível em: https://www.scielo.br/j/mana/a/NJky3cJjbdQRhsJwsh3CHjw/abstract/?lang=pt. Acesso em: 11 abr. 2023.

FERRAJOLI, Luigi. *Derechos y garantias*: la ley del más débil. Tradução para o espanhol: Perfecto Andrés Ibánez e Andrea Greppi. Madri: Editorial Trotta, 2004.

FERRAZ JÚNIOR, Tércio Sampaio. *Direito, retórica e comunicação*: subsídios para uma pragmática do discurso jurídico. 2. ed. São Paulo: Saraiva, 1997.

FERRAZ JÚNIOR, Tercio Sampaio. *Introdução ao Estudo do Direito*: técnica, decisão e dominação. 10 ed. São Paulo: Atlas, 2018.

FUJITA, Jorge. Filiação na Contemporaneidade. In: CHINELATO, Silmara Juny de Andrade; SIMÃO, José Fernando; ZUCCHI, Maria Cristina (Org.). O direito de família no terceiro milênio: Estudos em homenagem a Álvaro Villaça Azevedo. Atlas. 2010.

GAGLIANO, Pablo Stolze; PAMPLONA FILHO, Rodolfo. *Novo curso de direito civil*. 10. ed. São Paulo: Saraiva, 2020. v. 6: direito de família.

GAMA, Guilherme Calmon Nogueira da. Princípios constitucionais do direito de família. São Paulo: Atlas, 2008. GAMA, Guilherme Calmon Nogueira da. *A nova filiação*: o biodireito e as relações parentais: o estabelecimento da parentalidade – filiação e os efeitos jurídicos da Reprodução Assistida Heteróloga. Rio de Janeiro: Renovar, 2003.

GIDDENS, Anthony. *Modernidade e identidade*. Rio de Janeiro: Jorge Zahar Ed., 2002.

GONÇALVES, Carlos Roberto. *Direito civil brasileiro* – Direito de Família. 19. ed. São Paulo, Saraivajur, 2022. v. 6.

GUERRA FILHO, Willis Santiago. *Teoria da Ciência Jurídica*. 2. ed. São Paulo: Saraiva, 2009.

HART, H. L. A. El *concepto de derecho*. Trad. Genaro Carrió. Buenos Aires: Abeledo-Perrot, 1963.

HESPANA, António M. Panorama histórico da cultura jurídica européia. 2. ed. Lisboa, Publicações Europa-América, 1998, p. 43 e ss.; Pietro Perlingieri, Normas constitucionais nas relações privadas. *Revista da Faculdade de Direito da UERJ*, n. 6 e 7, p. 63-64, 1998/1999.

HESPANHA, António Manuel. *Cultura Jurídica Europeia*. Florianópolis: Boiteux, 2005.

HESSE, Konrad. A *força normativa da Constituição*. Porto Alegre: Sérgio Antonio Fabris Editor, 1991.

HIRONAKA, Giselda Fernandes Novaes. Família e casamento em evolução. *Revista Brasileira de Direito de Família*, v. I, n. 1, p. 17, Porto Alegre, abr.-jun. 1999.

HORVATH JÚNIOR, Miguel. *Direito Previdenciário*. 13. ed. São Paulo: Rideel, 2022.

HORVATH JÚNIOR, Miguel; BRIGUET, Magadar Rosália Costa. A filiação afetiva e os efeitos para a concessão de pensão aos pais e filhos afetivos e para o pensionista que já recebe pensão do pai biológico: uma análise da família socioafetiva na sociedade pós-moderna. In: VIEIRA, Lucia Helena (Org.). *Regimes Próprios*: aspectos relevantes. São Bernardo do Campo, APEPREM, 2023. v. 17.

IANNI, Octavio. *Teorias da globalização*. 15. ed. Rio de Janeiro: Civilização Brasileira, 2008.

KANT, Immanuel. *Fundamentação da metafísica dos costumes*. Trad. Paulo Quintela. Lisboa: Edições 70, 2007.

KELSEN, Hans. *Teoria Pura do Direito*. 7. ed. São Paulo: Martins Fontes, 2006.

KIERKEGAARD VIVO. *Kierkegaard Vivo*. Colóquio UNESCO, 1963. Madrid, Espanha: Encuentro, 2005.

KIERKEGAARD, Soren. *O Conceito de angústia*. Trad. Torrieri Guimarães. São Paulo: Hemus, 1968.

LÉVY, B.-H. *O Século de Sartre*. Rio de Janeiro: Nova Fronteira, 2001.

LIBERATI, Wilson Donizeti. *Comentários ao Estatuto da Criança e do Adolescente*. 12. ed. São Paulo: Malheiros, 2015.

LÔBO, Fabiola Albuquerque. *Multiparentalidade* – efeitos no Direito de Família. São Paulo: Editora Foco, 2021.

LÔBO, Paulo Luiz Netto. Princípio jurídico da afetividade na filiação. *Congresso Brasileiro de Direito de Família*. 2. Fortaleza. Anais. Belo Horizonte: IBDFAM, 2000.

LOSANO, Mario. *Sistema e estrutura no direito*. Trad. Carlos Roberto Dastoli. São Paulo: Martins Fontess, 2008, p 17. V. 1: das origens à escola histórica.

LUHMANN, Niklas. *Introdução à Teoria dos Sistemas*. 3. ed. Petrópolis-RJ: Vozes, 2011.

LUHMANN, Niklas. *Sociología del riesgo*. México: Universidad Iberoamericana, 2006.

MACHADO, Martha de Toledo. *A proteção constitucional de crianças e adolescentes e os direitos fundamentais*. Barueri: Manole, 2003.

MADALENO, Rolf. *Revista Brasileira de Direito de Família*, n. 37, p. 148, 2006. In: GAGLIANO, Pablo Stolze e Rodolfo Pamplona Filho. *Novo Curso de Direito Civil Direito de Famílias*. As famílias em Perspectiva Constitucional. São Paulo: Saraiva, 2011. v. VI.

MAHEIRIE, K. *Agenor no mundo*: um estudo psicossocial da identidade. Florianópolis: Letras Contemporâneas, 1994.

MAIA, Renato. *Filiação Parental e seus efeitos*. São Paulo: Saraiva, 2008.

MALUF, Carlos Alberto Dabus. As presunções na teoria da prova. *Revista Da Faculdade De Direito*, Universidade De São Paulo, 79, 192-223. Disponível em: https://www.revistas.usp.br/rfdusp/article/view/67011. Acesso em: 10 jul. 2022.

MARIA CELINA BODIM DE MORAES. Sobre o Nome da Pessoa Humana. *Revista Brasileira de Direito de Família*, n. 7, p. 43. Porto Alegre, IBDFAM / Síntese, out./dez. 2000.

MARMELSTEIN, George. *Curso de direitos fundamentais*. São Paulo: Atlas, 2008.

MATOS, Alexandra Gomes dos Santos. A família e a sexualidade no Direito: uma proposta de fortalecimento da democracia brasileira por meio do letramento vernacular. *Revista Direito e Sexualidade*. ISSN 2675-3596. Salvador, v. 3, n. 1, p. 59-78, jan./jun. 2022.

MAXIMILIANO, Carlos. *Hermenêutica e Aplicação do Direito*. 6. ed. São Paulo: Freitas Bastos, 1957.

MAZZUOLI, Valério de Oliveira. *Controle jurisdicional da convencionalidade das leis*. 5. ed. Rio de Janeiro: Forense, 2018.

MELLO, Celso Antônio Bandeira. *Curso de Direito Administrativo*. 34. ed. São Paulo: Saraiva, 2019.

MENDES, Gilmar Ferreira. *Jurisdição Constitucional*. São Paulo: Saraiva, 1996.

MIGUELI, Giuliano Rossi de. *Inquérito Policial*: efetividade à luz do princípio da dignidade humana. Curitiba: Juruá, 2021.

MIOZZO, Pablo Castro. O problema da criação judicial do direito: da jurisprudência dos conceitos a Hans Kelsen. *Revista Eletrônica Direito e Política*, v. 6, n. 3, p. 1.069-1.092, 2011.

MIRANDA, Pontes de. *Comentários à Constituição de 1967 com a Emenda n. 1 de 1969*. 2. ed. São Paulo: Ed. RT, 1970.

MONTEIRO, Washington de Barros. *Curso de direito civil*. Direito de Família. 42. ed. São Paulo: Saraiva, 2022.

MORIN, Edgar. *Introdução ao pensamento complexo*. Lisboa: Instituto Piaget, 1991.

MORIN, Edgar. *O paradigma perdido*: a natureza humana. Lisboa: Europa-América, 1973.

MOUTINHO. *Sartre*: existencialismo e liberdade. São Paulo: Moderna, 1995.

NADER, Paulo. *Curso de Direito Civil*. Rio de Janeiro: Forense, 2016. v. 5: Direito de Família.

NICOLAU JÚNIOR, Mauro. *Paternidade e coisa julgada*: limites e possibilidade à luz dos direitos fundamentais e dos princípios constitucionais. Curitiba: Juruá, 2006.

NOGUEIRA, Jacqueline Filgueras Nogueira. *A filiação que se constrói*: o reconhecimento do afeto como valor jurídico. São Paulo: Memória Jurídica, 2001.

OLIVEIRA, Eliana Maria Pavan de. SANTANA, Ana Cristina Teixeira de Castro. Paternidade socioafetiva e seus efeitos no direito sucessório. *Revista Jurídica Uniaraxá*, v. 21, n. 20, p. 87-115, Araxá, ago. 2017.

OLIVEIRA, Flávia Roberta Gusmão. CABRAL, Vera Lúcia da Silva. O reconhecimento da filiação socioafetiva e da multiparentalidade no registro civil brasileiro à luz dos princípios que regem o direito de família. *Revista Esmat*. v. 13 n. 21, p. 193-214, 2021. Disponível em: http://esmat.tjto.jus.br/publicacoes/index.php/revista_esmat/article/view/435. Acesso em: 08 out. 2022.

PEREIRA, Rodrigo da Cunha. *Dicionário de Direito de Família e Sucessões*. 2. ed. São Paulo: Saraiva, 2018.

PEREIRA, Tânia da Silva; COLTRO, Antônio Carlos Mathias. A Socioafetividade e o cuidado: o direito de acrescer o sobrenome do padrasto. In: DIAS, Maria Berenice Dias (Org.). *Direito das Famílias*. São Paulo: Ed. RT, 2009.

PERLINGIERI, Pietro. O *Direito Civil na Legalidade Constitucional*. Trad. Maria Cristina de Cicco. Rio de Janeiro: Renovar, 2008.

PERSIANI, Mattia. *Direito da Previdência Social*. São Paulo: Quartier Latin, 2009.

PESSOA, Leonel Cesarino. *Em torno da distinção entre as perspectivas zetética e dogmática*: nota sobre a pesquisa jurídica no Brasil. Prisma Jurídico, São Paulo, 2005. v. 4.

PONTES DE MIRANDA, Francisco Cavalcanti. *Comentários ao Código de Processo Civil*. Rio de Janeiro: Forense, 1974.

PÓVOAS, Mauricio Cavallazzi. *Multiparentalidade*: a possibilidade de múltipla filiação e seus efeitos. Florianópolis: Conceito, 2012.

POZZOLO, Susanna. Neoconstitucionalismo y especificidad de la interpretación constitucional. *Doxa*, v. 21, n. II, p. 339, 1998. Disponível em: https://doxa.ua.es/article/view/1998-v-2-n21-neoconstitucionalismo-y-especificidad-de-la-interpre. Acesso em: 19 out. 2022.

PULINO, Daniel. *A aposentadoria por invalidez no Direito Positivo Brasileiro*. São Paulo, LTR, 2001.

REALE, Miguel. *Filosofia do direito*. 20. ed. São Paulo: Saraiva, 2002.

REALE, Miguel. *Lições Preliminares de Direito*. 24. ed. São Paulo: Saraiva, 1998.

REALE, Miguel. *Lições Preliminares de Direito*. 25. ed. São Paulo: Saraiva, 2000.

RODOTÀ, Stefano. *Intervista su privacy e libertà*. Roma/Bari: Laterza, 2005.

ROSENVAL, Nelson; FARIAS, Cristiano Chaves. *Direito das Famílias*. Bahia: Juspodivin, 2011.

SARTRE. *Esboço para uma teoria das emoções*. Porto Alegre: L&PM Pocket, 2007.

SARTRE. *O Ser e o Nada*: ensaio de ontologia fenomenológica. Petrópolis: Vozes, 2005.

SEVERINO, Antônio Joaquim. *Metodologia do Trabalho Científico*. São Paulo: Cortez, 2013.

SILVA, De Plácido. *Vocabulário jurídico*. 32. ed. Rio de Janeiro: Forense, 2016.

SPIEGELBERG, H. *The Phenomenological Movement*. A historical introduction. 2 ed. Louvain: Martinus Nijhoff, 1976.

STRECK, Lenio Luiz. *Verdade e Consenso*: constituição, hermenêutica e teorias discursivas. 4 ed. São Paulo: Saraiva, 2011.

TARTUCE, Flávio. *Direito Civil*. 12. ed. rev., atual. e ampl. Rio de Janeiro: Forense, 2017. v. 4.

TELES, Ana Terra. *Paternidade socioafetiva*: o direito à inclusão do pai socioafetivo no direito brasileiro. Belo Horizonte: Ed. Dialética, 2021.

TOMÁS DE AQUINO, Santo. *Suma de Teologia*: primeira parte – questões 84-89. Tradução e introdução de Carlos Arthur Ribeiro de Nascimento. Uberlândia: EDUFU, 2016.

VASCONCELLOS, Maria José Esteves. *Pensamento sistêmico*: o novo paradigma da ciência. Campinas-SP: Papirus, 2002.

VASCONCELOS, José Mauro. *Meu pé de Laranja Lima*. 3. ed. São Paulo: Melhoramento, 1968.

VENOSA, Silvo de Salvo. *Direito Civil*: Direito de Família. 21. ed. São Paulo: Atlas, 2022. v. 5.

VIEHWEG, Theodor. *Tópica e jurisprudência*: uma contribuição à investigação dos fundamentos jurídico-científicos. 5. ed. Trad. Kelly Susane Alflen da Silva. Porto Alegre: Sergio Antônio Fabris Editor, 2008.

VIEHWEG. Theodor. *Tópica y filosofía del derecho*. 2 ed. Barcelona: Gedisa, 1997.

VILLELA, João Baptista. Desbiologização da Paternidade. *Revista da Faculdade de Direito da Universidade Federal de Minas Gerais*, n. 21, p. 400-418, Belo Horizonte, 1979. Disponível em: https://www.direito.ufmg.br/revista/index.php/revista/article/view/1156. Acesso em: 13 out. 2022.

WARAT, Luis Alberto. *Mitos e Teorias na Interpretação das Leis*. Porto Alegre: Síntese, 1979.

WELTER, Belmiro Pedro. *Igualdade entre as filiações biológica e socioafetiva*. São Paulo: Revista dos Tribunais, 2003. Teoria tridimensional do direito de família. Porto Alegre: Livraria do Advogado, 2009.

ZAGREBELSKY, Gustavo. *El derecho dúctil*. 7 ed. Tradução de Marina Gascón. Madrid: Trotta, 2007.